湛庐文化
Cheers Publishing
a mindstyle business
与 思 想 有 关

PRESENTING TO WIN

The Art of Telling Your Story

魏斯曼演讲圣经

说的艺术

[美] 杰瑞·魏斯曼（Jerry Weissman）◎著

尹碧天◎译

中国人民大学出版社

·北京·

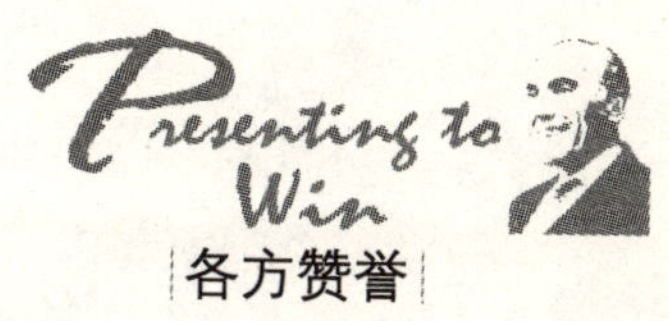

各方赞誉

思科公司在 IPO 路演中大受欢迎，成功以每股 18 美元售出 280 万股，其中至少 2~3 美元的股票增值要归功于魏斯曼。

唐·瓦伦丁

思科董事会主席，红杉资本创始人之一，苹果、甲骨文早期投资者

打造一场完美的演讲是极具挑战性的工作，但魏斯曼却把它变得如此轻松和简单。读一读这本书吧，你将获益匪浅！

蒂姆·库格尔

雅虎首任 CEO

在快节奏的今天，对于每一位商业人士来说，进行清晰、简练、有效的交流是必不可少的。魏斯曼为我们提供了一种可以迅速掌握的简单技巧，使我们每一次交流的成果最大化。

休·博斯特罗姆

思科高级副总裁

从事营销工作 30 年来，我一直在倡导：一切都要沟通，直到大家恍然大悟般地喊出“啊哈”。现在，魏斯曼为大家找到了有效沟通的秘诀。对于商业人士来说，这本书恰逢其时！

塞尔希奥·齐曼

可口可乐前首席营销官，齐曼营销集团创始人

富有魅力的领袖必须具备强大的沟通能力，这是他们得以激发追随者，打动整个国家和市场的必备素质之一。而这本书，恰恰为我们详细阐释了如何培养这些能力。

比尔·戴维德

英特尔营销与销售部高级副总裁，风险投资家

魏斯曼在书中为我们详细讲述了演讲各方面的技巧，无论何时何地这些技巧都非常有用，早在十多年前，我在微软推荐新产品的实践中就已经获益匪浅了。

杰夫·雷克斯

比尔和梅琳达·盖茨基金会CEO，微软商务软件部前总裁

人们对客观的认知如果不能说比客观事实本身更重要，至少也是同等重要。而在创造这样一种认知的过程中，出色的演讲比出色的内容更重要。在这一方面，还没有人比魏斯曼更有经验。

维诺德·科斯拉

风险投资四大巨头之一，

凯鹏华盈投资公司合伙人，科斯拉风险投资公司创始人

对于任何演讲者来说，本书就是你赢得掌声和荣誉的捷径，它是PPT时代的“演讲圣经”。本书详细介绍了演讲技巧的各个方面，并提供了真实有效的案例。这本书真的非常有用！

斯科特·库克

直觉公司创始人

在让沟通变得清晰、准确、流畅方面，魏斯曼是名副其实的专家。他教给领导者沟通交流的技巧，帮助他们增强沟通效果，彰显领导魅力。

詹姆斯·布莱耶

全球顶级风险投资公司Accel合伙公司普通合伙人

本书就像一位真正的音乐大师在弹奏自己的得意之作。络明网络在最艰难的市场环境中还能募集到 8 000 万美元，其中的关键因素就是魏斯曼的演讲技巧。他的演讲准则极富说服力、对听众影响巨大。在我所知道的成功企业家中，每个人都获益匪浅。

狄克逊·多尔

美国最大的创业投资机构 Doll 资本管理公司创始人

本书提出的有效沟通建议非常实用，对于有志进行有效管理的经理人来说也很关键。无论你是在推销一个商业创意还是一个公司，这些建议都有很大帮助。

阿伦·弗格森

国际顶级私募股权投资公司 3I 集团前高级合伙人

魏斯曼对 CEO 演讲的完善和改进，往往能为公司在机构投资者那里多创造 15%~25% 的价值。

桑福德·罗伯逊

全球知名高科技私募基金公司 Francisco 创始人、合伙人

魏斯曼会帮你把精力集中在演讲的内容上而不仅仅是形式上，他会让你清晰、简练地思考，这样一来，不仅听众更加理解你的演讲，你自己也是。

克里斯托弗·斯普雷

美国十大风险投资公司之一 Atlas 高级合伙人

在耗费数年心力打拼出自己的事业之后，突然之间你会发现自己在企业市场价值的创造上遭遇了现实的瓶颈。在这个节骨眼上，硅谷没有人比魏斯曼更能从市场中发掘出更多的亮点。他已经证明了自己有效指导他人建构和化解任何议题的能力，这些内容都写在了这本书里。

比尔·泰

美国知名风险投资公司 Charles River 普通合伙人

很多人不知道魏斯曼是谁，也不知道他为什么被称做“奇迹魔法师”。但是对那些有幸与他合作或者接受过他指导的人来说，他受到了“演讲学教授”般的尊敬。本书确立了成为演讲大师的简单原则，并且用耳目一新的方式传授给听众。魏斯曼和那些行业翘楚之间合作的个人经历可以帮助读者看到演讲过程实际的一面。你很快就会发现，自己非常希望在下一次大型演讲时魏斯曼能够成为团队一员。

彼得·托马斯

ATA 风险投资公司联合创始人、总经理

我怀着极大的兴趣阅读了这本书：内容详实、有趣，写作手法简单、易懂。如果演讲领域也有 MBA 的话，他的书就是“MBA 圣经”。

梅尔·莱维特

美国知名投行 C. E. Unterberg Towbin 前副董事长

所有需要演讲的商业人士，不论是面向公司内部还是外部，都应该读读这本书。作为科技领域的投资银行家，我已经工作了 15 年，见过成千上万的 IPO 路演和公司演讲，其中有很多演讲都没有采用本书中的建议和技巧。数年来，我已经有几十位客户接受了魏斯曼的演讲培训，最后，他们的演讲也都更加简洁、清晰、有力。

迈克尔·里克特

加拿大帝国商业银行下属投行前总经理

谈到说服人心的艺术，魏斯曼是最佳人选。读读这本书吧！如果读过之后，说服力没有得到提高，那么问题肯定在于你。

盖伊·川崎

硅谷创意大师

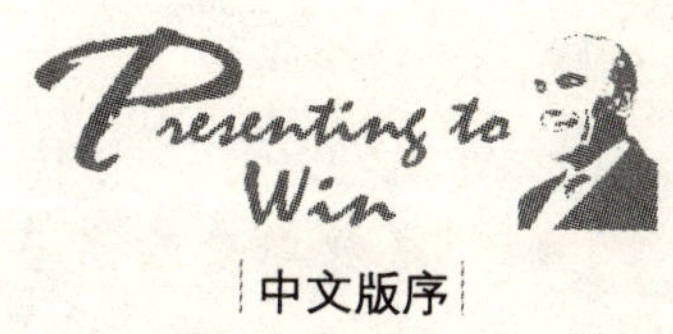

商业演讲三部曲

我虽然从未有幸拜访过中国，但却感觉与这里的文化和人民有着某种特殊的联系。随着全球化的推进和环太平洋地区各国联系的加强，我在美国硅谷（Power Presentations公司所在地）也见过很多经过这里或居住在此的中国人。我们的交流多发生在Power Presentations的培训课上、研讨会上以及单独指导的时候。由于这些培训指导强度很高，需要密切合作，我得以亲身经历并深刻体会到了中国人擅长学习的特质，的确名副其实。所以，我十分高兴这三本介绍演讲技巧的书能够译成中文并出版。

这三本书分别是：

□《魏斯曼演讲圣经1：说的艺术》（*Presenting to Win: The Art of Telling Your Story*）

□《魏斯曼演讲圣经2：答的艺术》（*In the Line of Fire: How to Handle Tough*

Questions...When it Counts?）

□《魏斯曼演讲圣经3：臻于完美的演讲》（*The Power Presenter: Technique, Style, and Strategy*）

最初写作时，我并没有想过把这三本书写成一个合集，它们是彼此独立的。这样，我就能够针对每一种演讲的每一个基本要素为读者提供一个详细的方法。

这些基本要素包括：

□怎样组织清晰严谨的内容；

□怎样设计简洁明了的幻灯片；

□怎样说话充满信心、不失威信；

□怎样应对棘手的问题；

□怎样将上述要素糅合成一场完美的演讲。

演讲就像链条一样，最弱的一环决定了整体的强度：

□如果演讲内容清晰严谨，很有说服力，但是演示幻灯片有致命伤，演讲就失败了。

□如果演讲内容清晰严谨，很有说服力，演示幻灯片也遵循寓繁于简的原则设计，但是演讲者站在听众面前时却突然不知所措，就像在车前战战兢兢的小鹿一般，演讲就失败了。

□如果演讲内容清晰严谨，很有说服力，演示幻灯片也遵循寓繁于简的原则设计，演讲者站在听众面前陈述时带着罗纳德·里根那样的自如，但是在面对听众的一个尖锐问题时却畏首畏尾，演讲就失败了。

这三本书为解决以上每一个基本要素都提供了方法。这些方法源自我的演讲培训课程，培训课程又发展自我之前在电视制作行业工作的经历：我曾在哥伦比亚广播公司（CBS）纽约电视台担任过公共事务和新闻节目制片人、导演，有十年之久。

那段时间我的主要工作就是每天审阅几个小时的新拍视频和视频档案，再安排几个小时的访谈，浏览一堆又一堆的报告，然后把所有这些信息压缩成一档清晰严谨、具备说服力的时长28分40秒的节目。

在CBS，我们还有价值几百万美元的控制室。里面有尖端的图表制作设备：从低端的字幕机到高端的色键应有尽有，但我们只用这些复杂的科技制作符合寓繁于简原则的图片。

我的另一部分工作就是邀请商界、政界、学界和卫生、科学领域的人士走进演播室，他们之前都没有任何演播经验。我要帮助他们在摄像机前，在这种压力环境中感觉自在，看起来轻松。这么多年来，我发现最紧张的就是那些站起来发表重要演讲的商务人士。

一旦请来的嘉宾感到自在了，我又会问一些尖锐的问题让他们变得不安起来。

所有这些问题和我在CBS用到的其他技巧，为我发展出完整而全面的演讲技巧和方法打下了良好的基础。

大约25年前，我把这套方法带到了商界。自那以后，它经历了超过500场IPO路演的实战检验，涉及的公司包括思科、雅虎、杜比实验室、eBay和Groupon。我还用相同的方法帮助其他500家公司，包括英特尔、微软、惠普等准备了常规场合下的演讲，比如和经理人召开的内部会议、面向消费者的产品发布会、面向合伙人的谈判会议、面向同行的贸易展以及网络上的虚拟演讲。

同样的方法也可以帮助你准备任何一场演讲，这三本书涵盖了走向成功

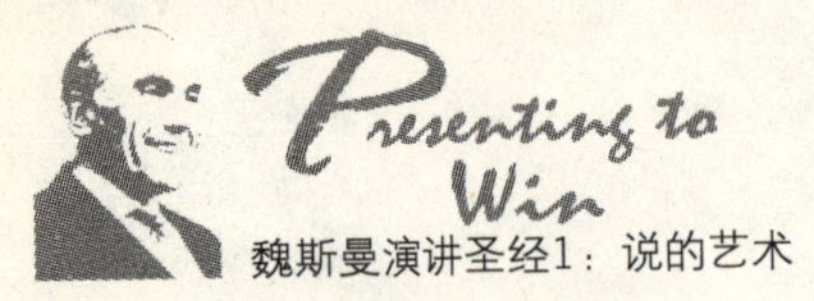

最好的实践方法。

但是，只是看一些演讲技巧和方法的书不会让你成为更好的演讲者，就像看网球方面的书不会提高你的反手击球能力一样。你必须去实践，在实践中应用这些理论。这三本书中有很多应用这些方法时需要用到的工具和练习，还有很多商业演讲的案例分析和美国政界公共演讲、辩论的分析。由于我的主要业务范围和居所都在美国，所以绝大部分案例来自美国。这一点我希望能够得到中国读者的理解，但我同样希望你们能够理解这些案例所体现出来的关于演讲的沟通因素是跨越国界的，是具有普遍性的。

这也是我想要传递给你们的主要信息：**演讲是人类所有交流形式的延伸，而不是少数人才能使用的公共演说方式，演讲并没有什么独特之处。**演讲和会议、交谈、面试以及人际交流的目标和动力一致，它们都是为了在不同的个人或团体之间传情达意，确保彼此双向互动，沟通无界。正是在这些基础上我写了这三本书。

为了进一步展示演讲的普遍性，我邀请读者登录www.powerltd.com网站，阅读我的博客。在博客文章中，我写到了演讲的各个要素是如何与广告、时事、科学、艺术、音乐、文学、影院、剧院甚至是体育运动联系的，又是如何影响这些领域的。你还能看到《魏斯曼演讲圣经3：臻于完美的演讲》中涉及的演讲者的视频，视频中我会作为旁白做出评论，指出学习要点，观看前请先在主页右下角点击注册。

作为一种普遍、自然的说话方式，演讲就是为了应对在公众面前说话的挑战，因为那常常会让很多人心生畏惧。多年前，《泰晤士报》曾经做了一项问卷调查，调查人们最惧怕的东西是什么。而名列榜首的就是在众人面前讲话，害怕它的人多于恐高的人。美国著名作家马克·吐温曾经写道：“世上有两种演讲者：紧张的和故作镇定的。”

在全球化的世界中，演讲给人带来的挑战更加严峻，因为演讲者经常不得不用外语演讲。我在硅谷的很多中国客户英语都说得很流利，但英语毕竟是他们的第二语言，因此他们演讲时面对的困难更多。不管是说母语还是外语，挑战始终存在。这三本书中提供的工具和技巧会帮助你克服这些挑战，帮助你走向成功。

我真心希望它们能对你的工作、事业有所助益！

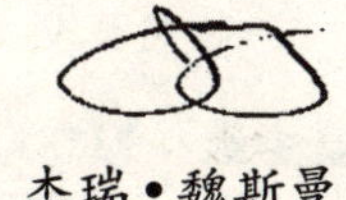

杰瑞•魏斯曼

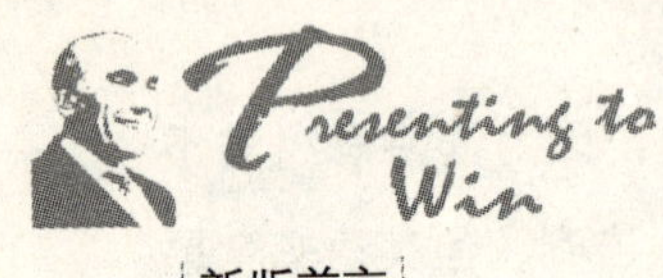

说的艺术

本书英文版自出版至今已译成11种语言，总销量突破100 000册。这本书能对广大读者产生如此深远的影响，我深感欣慰，但同时我却惊讶地发现，它对演讲事业本身的影响还不够。尽管有来自世界各地的读者通过邮件、书信、电话等表达他们对这本书的赞赏和感激，也源源不断地有客户要求参加作为本书素材来源的Power Presentations课程，但我还是发现，大部分演讲者在读过本书或者学习了相关课程后，仍然没有在实践中运用书中的一条主要理论。

简单来说，这条理论就是本书的副书名：**说的艺术**。书中也确实为“说”这门传统的艺术提供了各种技巧，但这部分内容也只占了全书篇幅的三分之二，剩下的三分之一则是关于演讲中PPT的设计。也许你会发现，这三分之一的内容并没有体现在书名里，但这种有的放矢的谋篇布局其实是我有意为之。

之所以如此强调“说”，是因为说的内容涵盖广泛，包括听众迫切关注的焦点、条理清晰的结构、前后叙述的紧密联系、对叙述对象特征令人信服的描述，甚至还有特定场合下起积极作用的絮叨和重复，而且内容本身比 PPT 重要得多。**没有人会仅仅因为 PPT 肯定一场演讲，也没人仅仅依据 PPT 就做出决策、购买产品、与人合作、批准一项计划或者领导一个国家**。回想一下那些曾经深深打动你的演讲，从国情咨文到毕业或就职典礼上的讲话，从对某人的提名或颂词到牧师的布道，从方针政策的演说到更衣室里教练给球员的鼓励，都没用到过 PPT。

由此可见，**演讲者说了什么以及如何说，比他展示了什么更重要**。这也是为什么本书的大部分内容都在帮助你提高说的能力，同时也是我为什么在另一本书《魏斯曼演讲圣经 3：臻于完美的演讲》中讲述了如何把你的想法传递给听众，包括通过肢体语言、眼神交流和你的声音等。

那么，这是否意味着我建议所有上台演讲的人都不要使用 PPT 呢？当然不是。如今，PPT 已经成为从小学教室到企业董事会会议室都在使用的媒介，而且图表确实可以在演讲中产生积极作用，它可以演示关键信息、强化信息传递效果、提醒演讲者接下来的内容，等等。因此，还是要好好掌控这个强大的工具。

我只是希望通过本书传授的技巧，演讲者能正确地使用 PPT。这其中必不可少且最重要的原则就是主次分明，要明白，**你才是演讲的主角，PPT 只是配角**。

然而，就是这个看似简单的道理却鲜有人做到。人们普遍认为演讲就是演示 PPT，演讲的成败也是由 PPT 的好坏决定的。在各行各业各种形式的演讲中，大家也都是按照“演讲就是演示 PPT”的观念来操作的。从金融业到制造业，从医药业到房地产业，从传媒业到消费品行业，从 IPO 路演到私募融资，从新品发布到产业会议，从董事会议到产品推销，从信息科技到生命科学，都是如此。我指导演讲这么多年，上述每一种情形都曾见过，其中 PPT“喧宾夺主”的情况多到令人咂舌。

那么，为什么本书还要用三分之一的篇幅来介绍演示技巧呢？简要回顾一下演讲的历史，我们就知道答案了。

在20世纪中叶那个天昏地暗的年代，演讲以一种交流的形式出现了。那时，公司里的同事会几个人聚在一起彼此交换想法，地点则在一块夹纸白板旁边。在这种场景下，夹纸白板作为所有参与者都可以看见并交换想法的平台，自然成了中心。同时，它还可以用来记录大家的想法，以便稍后整理并分享给未参与的人。相对于黑板写完就得擦的弱点，夹纸白板是一个显著的进步，并由此迅速成为商业中广泛使用的演示媒介。

> 在它的早期应用中，板上的白纸有两个作用：一是会议中的演示，二是会后作为文件存底以便将来整理、传阅。这种功能的双重性可以称为“演示–记录综合征”（Presentation-as-Document Syndrome）。

但是从一开始，演讲的立足点就完全错了。将演示和记录功能合而为一，也就是草率地假定：这两种功能在一起可以各自发挥作用，但事实却是两种功能都发挥不出来。演示和记录毕竟不一样。**演示是为了在演讲中展示自己的观点，记录则是为了在演讲结束后供人查阅、参考。**

这种先天缺陷在科技进步的催化下不断变异和发展，直至演变成今天越来越糟糕的演讲实践。

在20世纪60年代，演讲使用的媒介是一种老式投影仪，需要人工一张张换透明胶片。这种笨重的机器开始只在普通的保龄球馆使用，后来步步高升进入豪华的会议室、董事议事厅，成为美国企业的会议设备中必不可少的一项。

归根结底，这种投影仪只是“演示-记录综合征”的又一个表现。塑料胶片的记录功能是那些关注演讲却不能到场的人的福音，这让他们在缺席的情况下仍能获知演讲内容，只需要说一声“嘿，给我复制一份胶片”就能搞定。这句话后来也在职场广为流行。

到了 20 世纪 80 年代，演示媒介由普通胶片进化成了约 35 毫米胶卷大小的幻灯片，演示看起来也更加专业。但是功能的双重性问题依然困扰着这种新的媒介形式。新的形式也提升了其作为文件的记录功能。这些胶片的副本不仅可以在演讲后分发出去，还可以在演讲前就发出去。胶片可以在演讲过程中用做“小抄”，提醒你要点，也可以作为“摆事实”的利器，或者以此为准统一公司上下信息的传达。

> 伴随这种改变而来的，是曾经的那句“嘿，给我复制一份胶片”变成了“嘿，给我复制一份幻灯片”。[①] 而演讲者在演示幻灯片的同时想到日后得存档，不得不在上面写满详尽的文字说明，填满数字和图表。结果，这种密密麻麻的幻灯片给听众带来了巨大的视觉“挑战”，用来帮助听众理解演讲的媒介却成了演讲的障碍。

到了 20 世纪 80 年代后期，电脑代替幻灯机成为演示的主要媒介，软盘则用来保存资料并成为分发媒介（medium of distribution）。这时，再说“给我复制一份幻灯片”就落伍了，但是会前会后听得最多的还是这句话。虽然媒介工具改进了，但人们的说话习惯却保留了下来。

1990 年，微软凭借其开发的办公软件 PowerPoint 进军演讲媒介领域。这款软件的命名很恰当地反映了它的特点：用强大的（power）制图能力帮助演

① 少数公司例外，例如，业已使用电脑辅助完成演讲的今天，英特尔的员工仍然使用“胶片”一词。——作者注

讲者表达他们的观点（point）。与此同时，用做记录的媒介不断发展，从软盘到光盘再到网络传输，但不变的还是那句“嘿，给我复制一份幻灯片”。但迫于商场的瞬息万变，同一份 PPT 仍然会被时间紧迫的演讲者既用做演示又作为资料分发出去。现场演示和事后查阅、参考的功能还是混淆在一起。

媒介虽然换了一代又一代，但第一代夹纸白板对演讲的影响却残留至今。这一影响主要就是“演示-记录综合征”。鱼和熊掌不可兼得，功能的双重性反而抑制了单个功能的有效发挥，降低了听众的参与效果。

如果你需要保留演讲的所有信息，那就用文字处理软件创建一个文档；如果你需要一个演示文稿，那就用演示的专门软件。也就是说，做什么工作就要用什么工具。

对于平衡演讲中个人讲述与 PPT 使用的关系，最好的典范莫过于电视新闻：播报者侃侃而谈，而他身后的荧幕上显示的一页页专业图片则仅仅列出了提要。

一定要记住：**演讲的主角是你，而不是 PPT。**

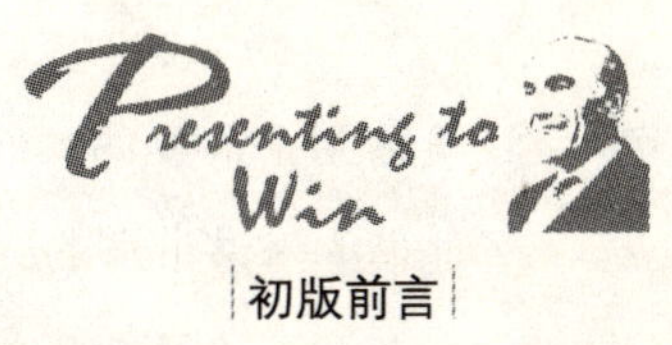

过往的一切拉开了今天的序幕

我第一次感受到话语的力量是在 1941 年的 12 月 8 日，“珍珠港事件”之后。那时我还是个孩子，和爸爸妈妈一起在家里的飞歌（Philco）收音机旁，听富兰克林·罗斯福总统振奋人心的“耻辱日”演讲。我永远不会忘记，在演讲的最后，罗斯福总统用他那浑厚的嗓音说道：“我们相信我们的军队，我们的人民有无比坚定的决心，因此胜利必定属于我们！愿上帝保佑我们！”在那个群情激越的时刻，罗斯福铿锵有力的话语一扫笼罩着我们的阴霾，提升了全民的士气，恢复了我们对国家的信心，让我们对未来又重燃希望。

后来，我在斯坦福大学的演讲与戏剧系（Speech and Drama Department）读研究生，在学习过程中了解了更多话语所产生的影响。期间，我研读了很多伟大的古希腊演说家的作品。后来，我成为哥伦比亚广播公司纽约电视台新闻和公共事务制片人，工作后，我接触到了很多伟大的民族领袖——从肯尼迪总统到马丁·路德·金，也见证了他们的演讲带来的巨大影响力。

但是，全面领略交流对于每个人的意义是在离开媒体进入商界之后。在商业世界里，我们选择的交流媒介是商业演讲。我很快就发现了它蕴涵的能量：**一个糟糕的演讲可以毁了一桩交易，而一个有说服力的演讲可以成全一笔价值连城的生意。**刚刚步入商界，我就有幸指导了思科的IPO路演，亲历了思科股票市值自上市后增长超过4 000万美元这一伟大历程。

这件事给我的最大触动，就是让我意识到，**每一次交流都是一次IPO路演。**我们每个人每天都要交流，你我都不例外。每次交流的结果也只有一个：不是成功就是失败。我要做的，就是帮助你在每次交流中都取得成功，就像我帮助思科取得IPO路演成功那样，就像我帮助数以百计像微软和英特尔这样的企业那样，就像我帮助数以千计的个人客户那样，他们也和你一样是企业主管、经理或者销售人员。我要做的，**就是帮助你在每一次演讲中说服每一位听众。**

其实，推动思科成功的所有原则都可以追溯到亚里士多德的经典理论。同样的原理也存在于亚伯拉罕·林肯杰出的修辞运用中，它曾经治愈了被美国南北战争拖得四分五裂的国家之殇；它也存在于富兰克林·罗斯福的“炉边讲话”中，它曾经重振一个国家的信心，带领各族裔美国人取得胜利，捍卫了全世界的自由；它也存在于温斯顿·丘吉尔鼓舞人心的演讲中，存在于马丁·路德·金领导民权运动的发人深省的演讲中。

它也同样存在于你的销售推介中，存在于说服潜在客户、争取融资的演说中，存在于寻求更多物质支持的请求中，存在于想获得晋升、需要别人响应、寻求成功的路上。

这些基本理论，也是你今后演讲制胜的金科玉律。

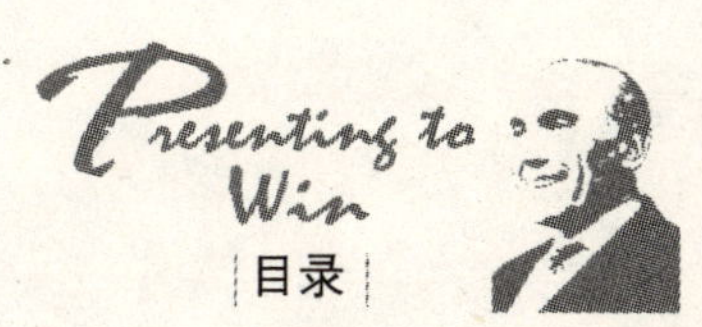

各方赞誉 I

中文版序
商业演讲三部曲 V

新版前言
说的艺术 X

初版前言
过往的一切拉开了今天的序幕 XV

引 言
奇迹魔法师 001

第一部分
演讲，说服的艺术

第1章
从听众出发 019

警惕演讲“五宗罪”
听众不需要知道所有的一切
说服就是从起点到终点
让听众共鸣
赢在“终点”
【**分析案例**】网存公司首席执行官丹·沃门霍芬，络明网络首席执行官亚历克斯·纳克维

第2章
“维惠”的力量 031

你能从中得到什么
触发听众利益的 6 大问题
谁是听众
【分析案例】布鲁克特里公司首席执行官吉姆·比克斯比，
奈飞公司首席执行官里德·哈斯汀斯

头脑风暴，无限可能的艺术 042

别再照搬资料
建构框架的 4 大要点
用头脑风暴高效处理资料
先定要点，再调结构
【分析案例】Adobe 公司总裁查克·葛什克

找到合适的结构 064

千万别让听众思考
16 种叙述结构
哪种叙述结构适合你
选择结构的 5 大指导因素
结构的力量
4 个关键问题
【分析案例】英特尔公司研发负责人罗伯特·科尔韦尔，
赛瑞克斯公司首席执行官杰瑞·罗杰斯，
ONI 公司首席执行官休·马丁

开场 90 秒就“抓住”听众 094

直接俘获听众
7 种经典的开场白
复合式开场白

如何过渡到“目的”
告诉听众你的演讲计划
开场 90 秒
赢得难缠的听众
【分析案例】直觉公司创始人斯科特·库克，雅虎首席执行官蒂姆·库格尔，微软移动设备全球市场部主管文斯·门迪洛

第二部分

让PPT与演讲完美结合

PPT，演讲的视觉交流形式 121

PPT 在演讲中的角色
你才是演讲的主角
寓繁于简
让听众眼睛的负担降到最低
PPT 设计的 4 种基本类型

让文本说话 135

短促的要点 VS 完整的句子
切忌要点换行
巧做要点型 PPT
用平行结构减轻听众负担
编辑要点
要点的层次要简洁
语言风格的 3 大准则
选择吸引眼球的视觉风格
文本 PPT 制作的 9 大基本原则

让数字发言 154

数字型 PPT 的价值
柱状图
饼状图
数字型 PPT 中排版的学问
图表走势，左低右高
致命的格式细节

让故事更流畅 167

全局视野
PPT 串联的 5 大技巧
以演讲者为中心
掌控全局
【**分析案例**】Modex 制药首席执行官雅克·埃辛格

第三部分

让演讲充满生命力

激活你的演讲 199

反复表达练习
间隔学习
内部串词的 12 种类型
应对 7 大措辞问题
【**分析案例**】Central Point 软件公司首席执行官查尔斯·罗森伯格

量身定制演讲内容 222

个性的力量
每一场演讲都是第一次
外部串词的 7 种类型
为量身打造搜集材料
定制化，让演讲事半功倍
【分析案例】Elevation Partners 公司创始人罗杰·麦克纳米，思科执行副总裁唐·利斯特文

让 PPT“动”起来 237

动画的说服力
遵循从左向右的认知习惯
PPT 里的电影手法
PPT 的动画效果
动画旁的演讲者

虚拟演讲的新力量 256

突破人际，超越时空
虚拟演讲的 7 大特殊原则
和看不见的听众交流
打造制胜的虚拟演讲
虚拟演讲的明天

结 语
打造一场完美的演讲 267

附录 A
演讲必备硬件 273

附录 B
工具箱 277

Presenting to Win

引言

奇迹魔法师

曾经有一段时间，我生活在加州远离硅谷的好莱坞。在职业生涯的前半段，我曾是哥伦比亚广播公司的节目制作人，也曾是独立编剧、小说作家，但我的工作重心基本都在电视节目上。我曾参与创作了新闻纪实片、故事片、戏剧和音乐片，也有幸和这个行业最有创意的一些人一起工作，比如一生传奇的迈克·华莱士（Mike Wallace）[①]。如果你了解电视节目，就知道干这一行必须面对此起彼伏的高潮和低谷，而我的低谷则更多。但是我见到了很多有趣的人，并且学到了很多东西，尤其是如何清晰地、令人信服地阐述观点。

1987年，我和老朋友本·罗森（Ben Rosen）[②] 有过一次促膝长谈，正是那次交谈改变了我的一生。

我和罗森相识于斯坦福大学，那时候罗森正在攻读电子工程学硕士学位，而我在演讲与戏剧系。一个工程师和文艺人的结识起缘起于一个女孩，一个我们同时在追的女孩。虽然我们对这个女孩的热情很快消退，但我们俩却建立了深厚的友谊。罗森一直通过电视关注我，他很清楚我对交流方法颇

---

① 美国哥伦比亚广播公司访谈节目《60分钟》主持人，曾采访过多名世界政要。1996年，获“肯尼迪新闻奖”，2003年，获“艾美终身成就奖”。——译者注

② 高科技领域著名风险投资人，当时的康柏电脑公司董事会主席。——译者注

感兴趣。同时，作为康柏的董事会主席，他也很清楚这家庞大的电脑公司面临的问题：CEO 罗德·肯尼恩（Rod Canion）管理才能卓越，却一直没能形成一种轻松、有效的演讲风格。

罗森打电话给我，把这个难题抛给了我："肯尼恩正在努力克服演讲的弱点。也有一些这方面的专家指导过他，但效果并不明显。你有兴趣飞来休斯顿，告诉肯尼恩一些你对交流的看法吗？"

这个挑战激发了我的兴趣，但是也让我有点犹豫，毕竟我对商业不是很了解。但是，罗森在最后给了我一个不同寻常的回报："康柏刚生产了一款很受欢迎的笔记本电脑。我看你还在用那个老古董，不如我用我们的新笔记本来换你的演讲指导怎么样？"当时，我刚刚用自己那台笨重的老式康柏笔记本电脑完成了第二本小说的初稿，正觊觎着这款外形漂亮但价格不菲的新品，听到这个提议，我立刻就答应了。

> 我和肯尼恩在他的办公室碰面，当我指导他如何让交流变得清晰、有效时，罗森就坐在旁边看着。一个小时后，我们稍作休息，罗森在休息室的自动售货机旁拦住了我。他被刚才的场景吸引住了。罗森打了个响指："魏斯曼，现在有个巨大的商机就摆在你眼前！我整天听那些 CEO 在我面前演讲，想让我投资，你都想象不到他们把一个演讲搞得多么复杂、多么枯燥。你应该搬到硅谷来，教这些商业人士怎么演讲。"
>
> 获得这样的称赞，我自然感到很荣幸。但是，我一直认为自己是个电视传媒人士而非商业咨询师。我回答道："我对硅谷和电脑行业可是一无所知啊。"
>
> 罗森坚持说这并不重要，他可以帮我介绍客户，告诉我商业是怎么回事，总之他会在很多方面帮助我。

我依然迟疑道："和朋友做生意可不是一个好主意。"罗森摇了摇头，暂且作罢。

但是罗森能够成功就在于他的坚持，这和其他的成功人士一样，而这次他坚持的对象是我。他时不时地和我谈起转行的事，前后持续了6个多月，但我迟迟没有同意。最后，在罗森的坚持下，我来到硅谷，见了他的同事，其中一个人就是安德烈娅·坎宁安（Andrea Cunningham）。她凭借自己为史蒂夫·乔布斯做公共关系顾问的经验，成立了自己的全国公共关系代理公司：Citigate Cunningham。

我见到安德烈娅时，她正为一个重要科技会议上的演讲而苦恼。我扫了一眼她写好的提纲，建议她把观点按照更有逻辑的顺序简单调整一下。然后，我又帮她理顺了一遍新提纲的要点。安德烈娅终于愁眉舒展并笑着说："你一定会在这一行干得很好。"

渐渐地，我也不再迟疑，同意了罗森的提议，成立了Power Presentations公司。

最"要命"的演讲

公司刚刚起步的第一年，罗森信守承诺，把我引荐给很多有影响力的人，那些大家所熟知的风险投资家，其中一位就是在硅谷呼风唤雨的唐·瓦伦丁（Don Valentine）。瓦伦丁是最著名的风投公司之一红杉资本的创始人，同时，他本人还是苹果电脑、雅达利（Atari）①、甲骨文和艺电（Electronic Arts）②的原始投资人之一。

---

① 世界第一家电脑游戏机公司。——译者注

② 全球著名互动娱乐软件公司。——译者注

瓦伦丁出于礼貌同意和我见一面，当我谈到我能带给他的帮助时，他听得很专心。最后，他对我说："我们有一家公司准备上市，结果应该还不错。不过有一个很尖端的技术，很难对投资者解释清楚。我们预计的股价是每股 13.5~15.5 美元之间，但是如果 IPO 路演能够表现好一些，没准儿股价能再涨几美元。我会把你引荐给 CEO，让他请你协助演讲。"

这家公司就是日后我们所熟知的思科，而那位 CEO 就是约翰·莫里奇（John Morgridge）。我帮助莫里奇完善演讲，看看如何向投资人解释公司复杂的网络技术。最终，投资人理解了演讲的内容。上市那天，思科以每股 18 美元开盘，收盘时竟涨到了每股 22 美元，这种涨幅在当时是前所未有的。思科很快就成为投资者的宠儿和媒体追逐的焦点。

在接受《旧金山纪事报》的采访时，唐·瓦伦丁作为思科董事会主席说道："其中 2~3 美元的涨幅要归功于魏斯曼。"而约翰·莫里奇，这位思科 CEO，似乎要"吝啬"一点，他认为"每股至少有 12.5 美分的上涨"是魏斯曼的功劳。

此后，我又参与并指导了超过 500 场 IPO 路演。我服务的客户不仅有直觉软件（Intuit）、雅虎这样的初创公司，也有为扩大业务而筹资的其他 500 强公司，其中既有上市公司，也有即将上市的公司。

那次路演以后，思科请我继续负责指导他们的演讲，从面向小规模客户的演讲，到面向大规模终端用户的演讲，如网络与通信专业人士的年会，无所不包。当时，思科的营销副总裁凯特·穆特尔（Cate Muther）要求每一位产品经理都参加我的演讲培训课程。她说："魏斯曼的演讲方法已经是我们企业文化的一部分，那些方法让我们的管理者做好了成为行业领导者的准备。"直到今天，思科和其他许多高科技公司在指导高层管理者如何有效地交流时还会请求我的协助。那些知名商业期刊也给我起了各种绰号，如《快公司》说我是"通财者"（the man "who knows how to talk to money"）、《福布斯》说我是“奇迹魔法师”（The Wizard of Aaahs）等。

IPO 路演可能是商业人士遇到的最“要命”的演讲了。IPO 路演的成功，是在最难缠的一群人中博取胜利的终极标志。投资人都集苛刻和博学于一身，他们深知投资赌注之高，每股一美元的波动往往就意味着成百上千万美元的盈亏。但是仔细想想，商业战场里遇到的哪一群人不是最难缠的，哪一场演讲不是最“要命”的呢？**每一次演讲都是走向最后成功的奠基石，任何一次失败了，都可能意味着没有重新来过的机会了。**塑造第一印象的机会，只有一次。

因此，在工作中，我把每一次演讲都视为 IPO 路演，每一次都很关键。不管是私募融资推介、新品发布，还是政策演说、小组谈论会，又或是分析会、股东会议、预算审批会，我都严正以待。你肯定还可以说出更多需要演讲的场合，不管是对外的，还是对内的，无论它们的目的是不是拿下一份重要的合约，是不是促成一次重大的合作，或者做成一笔数额可观的交易。

> 塑造第一印象的机会，只有一次。
>
> **魏斯曼**
> 完美演讲TIPS

每一次演讲都有一个相同的目标：说服别人。演讲就是说服的艺术，这门艺术应用广泛，每个商业人士都必须有所准备。具备说服力绝对是一个挑战，它决定了你是否能号召听众行动起来，是否能让听众理解并认同，让他们边拍脑袋，边恍然大悟般地喊出“啊哈”来。

如果是在动画片里，“啊哈”会通过听众脑门上闪烁的灯泡来表现。这就是一个人心中的想法成功传递给另一个人，并得到理解和认同的时刻，这也是一个让人心满意足的时刻。但这一过程的原理却很难言说，它随语言的出现而出现，却如世间的真爱一般深邃：人类通过词语和符号就能理解自己的同类，并且找到彼此的共同之处，这个共同之处可能是一个点子、一个计划，也可能是一个理想。

> 每一次演讲都有一个相同的目标：说服别人。演讲就是说服的艺术。
>
> **魏斯曼**
> 完美演讲TIPS

作为一个演讲者、推销员或沟通者，也许你曾经沉浸在这样的时刻中：那一刻，眼神交汇、微笑洋溢、点头会意，你仿佛看到了那个灯泡在闪烁。这就是“啊哈”一刻！“啊哈”就意味着听众跟上了你的演讲节奏。

这正是我写这本书的目的，为了与读者分享多年积累而来的说服技巧和手段，这些技巧每个人在日常工作中都能用得到，我的客户正是用这些方法来吸引投资人上亿美元资金的。

“说”的艺术

红杉资本的唐·瓦伦丁每年都要经历上千场演讲，其中很多都涉及企业家如何为自己新的商业创意募集资金。但是，大部分演讲都不能流畅地传达信息、说服听众，瓦伦丁对此也大为震惊。

他曾经这样总结道：“魏斯曼，没人知道该如何讲，更糟的是他们自己还不知道这一点。”

据最新统计数据显示，这个问题平均每天要重复发生 3 000 万次，也就是每个工作日全世界用 PPT 演讲的次数。而听众也一直遭受着这些冗余的话语和无聊的PPT的蹂躏，无论是迈达斯[1]般的唐·瓦伦丁，还是全体员工会议上时间紧张的管理层，无一幸免。

为什么每一个演讲者在说服别人行动时，不能像美国军队号召的那样"尽你所能做到最好"呢？原因就在于，绝大多数商业演讲的目的变成了传达数据，而不是说服听众。

刚从电视媒体转入商业我就发现，如此密集地向听众单向灌输信息，其问题在于，这根本不是交流，因为交流的重点在于它是双方共同的行为。这种单向的信息传递注定死路一条。

> 绝大多数商业演讲的目的变成了传达数据，而不是说服听众。
>
> **魏斯曼**
> 完美演讲TIPS

在电视上，观点和图像通过无线电、电缆或者卫星进行单向传播，但实际上它是有回路、有反馈、有互动交流的，这种互动以收视率、评论、广告赞助、信件、电话或邮件，有时甚至是以管理法规的形式很快地反馈给电视台。

马歇尔·麦克卢汉在他的经典著作《媒介即按摩》（*The Medium is the Massage*）[2]中分析过，当电视节目传递的信息不清楚时，当听众想看的东西没有得到展示时，结局就只有一个：节目会被取消。

---

① 在希腊神话中，迈达斯是可以点石成金的国王。——作者注

② "按摩"（massage）与"信息"（message）在英语中仅一个字母之差，且麦克卢汉关于传播的一个经典论述就是"媒介即信息"（the medium is the message），因此也引发了对该书标题的多种解读。根据《麦克卢汉传》作者特伦斯·戈登（W. Terrence Gorden）的说法，麦克卢汉不仅仅是为了避免对"媒介即信息"的老调重弹，也不仅仅是对过去观点的自嘲，而确实意在说明媒介对人体感官中枢的作用就如按摩一般，因为该书的副标题就是"传媒作用的种类"（an inventory of effects）。但麦克卢汉自己却说一开始只是印刷错误，后来发现新的标题很值得玩味，于是沿用下来。——作者注

在商业演讲中，如果要点不明确，投资人的获益不明显，那么你能得到的投资额就会下滑，就不会有人愿意购买你的产品，你的计划也就不会得到批准。这样的演讲就是失败的演讲。

在本书中，你会发现媒体对受众的敏感度理论也适用于商业领域。凭借一系列规范的技巧和服务，演讲者能够很好地号召并动员听众，获得他们的理解和认同。

受用一生的演讲技巧

在本书中你将要学到的技巧，是一系列新旧理念的融合。

当我还在担任电视台节目制作人时，每次都不得不看完几个小时的资料和影像，看完数卷录像带，浏览大量报告，整理好几叠访谈记录，再把它们浓缩到不多不少恰好 28 分钟 40 秒的节目里，并且确保内容能够抓住观众的眼球，让他们愿意看下去。为了观众，我不得不把各种资料整合为一个完整的故事并叙述出来，而且我已经将这一方法浓缩成一套简单的技巧。很多作家就是运用这些技巧，进入一种近乎本能的创作过程的，因为我们每个人其实都拥有这样的天赋。

之前，我在耗资几百万美元打造的电视台控制室里工作，那里配备了字幕机、色彩控制系统、色键插入器以及由电脑控制的动画大屏。现在，这些功能均可由微软的 PowerPoint 实现，但是，任何一个最近听过商业演讲的人都可以作证，绝大多数演讲者只不过是在用这款功能强大的软件做 MTV 视频罢了。实际上，他们应该遵从建筑巨匠路德维希 · 密斯 · 凡德罗（Ludwig Mies van der Rohe）的建议：**寓繁于简**（Less is more）。本书后面的章节会提供一套简单的准则，帮你运用凡德罗的原则来制作 PPT 以支撑自己的演讲，还会帮你设计更加清晰、更有说服力的数字和文本表格，而不至于使听众疲于应付各种数据和资料，对演讲内容感到困惑或者不知所云。

做电视节目时，我每次都同时使用胶片和数码摄像机拍摄，然后把拍出来的东西重新剪辑成一个吸引人的故事。为此，我运用了专业的电影摄影和剪辑手法，以期能够俘获观众。我已把这套复杂的方法转化为一套简单的技巧，这些技巧可以应用在PPT制作上，帮助你讲“故事”。

同时，我还从一些古典作品，比如亚里士多德的著作中学习交流和说服技巧。请不要被“古典”二字吓倒，一位智者曾经这样定义“古典”：他们能长存只是因为他们有效。在书中，你会再次发现这个定义的睿智之处。

古希腊、古罗马时期，修辞学被认为是人文科学中最重要的一支。那时的哲学家对修辞学的看法，如果用我们今天的话来说就是：精彩的叙述。你只要细细品味就会发现，亚里士多德的理念与商业演讲中所有类型的“故事”叙述都有关联。**“讲故事”就是要说服听众行动起来。**

另外，还有一些方法来自于已证实的科学认知，包括对人类大脑的最新研究发现。这些科学研究揭示了人的大脑和眼睛是如何接收信息的，这与每一位听众对接收到的数据如何反应直接相关。

你会发现，这种传统与现代相结合的交流和说服技巧，提供了一种独特但有效的方法，它将会帮助你“演讲制胜”，对于这一点我深信不疑。

你会注意到我经常强调“故事”这个词，这是我有意为之。本书和我的演讲课程最重要也是最首要的目的就是：帮助你确定“故事”元素并组织你的商业“故事”。当然，传统的演讲技巧，诸如肢体语言、姿态、声音、眼神和如何回答听众的提问也同样重要。在《魏斯曼演讲圣经2：答的艺术》

（*In the Line of Fire*）中讲述了如何应对棘手的问题，而在《魏斯曼演讲圣经 3：臻于完美的演讲》中则讲述了提高表达能力的技巧，但是本书的重点只有一个，就是组织你的“故事”。

很多客户第一次见到我时都会说：“我不需要你帮我编故事，你只需要告诉我讲话时手该放在哪里，怎么才能避免一直说‘呃’就行了。”我说，我会解决这些问题，但前提是我们得先把“故事”组织好，其中有两个原因。

第一，做好演讲没有捷径。培养一种自然而独特的讲述风格，让每个人都觉得舒服，不是一朝一夕的事。

第二，说对故事更重要。让“故事”更准确、更有逻辑，是让你的演讲更有说服力的关键因素。事实上，只要故事说对了，也就为恰当的表达方式打下了良好的基础，反之则不然。你也许是全球举止最为优雅的演讲者，但如果你的故事结构松散、焦点模糊不清，那么你的信息也无法传达给听众。

> 只要故事说对了，也就为恰当的表达方式打下了良好的基础。
>
> **魏斯曼**
> 完美演讲TIPS

这里，我来说一件轶事，并以此印证我的观点。

> 1991 年，我接到了微软公共关系部门打来的电话。他们年轻的主管杰夫·雷克斯（Jeff Raikes）要就一款新产品做一个演讲，问我是否能够帮他准备。这款产品是 Windows for Pen Computers，是 Windows 系列的新成员。
>
> 我欣然答应，并打算为杰夫安排一个为期 3 天的指导计划。

电话那头沉默了一下，然后说："是这样的，我们时间很紧迫。杰夫只有一天的准备时间但是完善他的表达技巧非常重要。他很聪明，也很了解产品，就是说话时不自在。您能在一天之内改变这种情况吗？"

"我试试吧。"我答应道。

我如约和杰夫待了一天，但没有时间改进他的声音或是肢体语言，整整一天，我们关注的焦点都在产品上。我们将围绕这个产品的设计初衷、市场定位、发展历程和用户体验这几点展开。简而言之就是，我们创造出了杰夫在演讲中要说的"故事"。

在这个过程中，我帮杰夫确定了哪些因素和主题密切相关，哪些对听众是最有说服力的，哪些技术细节是需要的，哪些又是多余的。然后我帮助杰夫组织了整个演讲，确保各个要点从头到尾自然铺开。那天结束时，我们已经梳理完了整个演讲。杰夫不仅掌握了所有材料，而且也能很自然地说出来。

那最后的结果如何呢？杰夫的演讲很精彩。后来，微软公共关系部门对我成功提高雷克斯的表达技巧大加赞赏，但事实上我们根本没有涉及这一问题。一个对的故事，完全可以让说话吞吞吐吐的演讲者变得充满活力和信心。杰夫·雷克斯此后平步青云，成了微软商业部总裁和公司最杰出、最有说服力的发言人之一。17年后，雷克斯离开微软成为比尔与梅琳达·盖茨基金会CEO。雷克斯在微软负责的最后一个项目是平板电脑，这是以Windows for Pen Computing为基础发展起来的21世纪的新科技。

由此，我们可以知道，世界上再有磁性的声音、再活灵活现的肢体语言也不能弥补一个没有重点、结构混乱的"故事"带来的缺憾，但是一个结构清晰、简明扼要的"故事"，却可以使演讲者头脑清晰，沉着应对。

> 一个结构清晰、简明扼要的"故事"，可以使演讲者头脑清晰，沉着应对。
>
> **魏斯曼**
> 完美演讲TIPS

演讲，一次心理推销

我在前文中说过，说服的艺术就是能让人边拍脑袋，边恍然大悟般地大叫“啊哈”。但是要让演讲有实效，光有“啊哈”是不够的。**一场有说服力的演讲，一定要从头至尾都有亮点在听众的脑海里闪烁。**

发表演讲很像按摩理疗。一个优秀的按摩师从不让手离开客人的身体，同样，一个杰出的演讲者也不应让自己的演讲游离在听众的头脑之外。好的演讲者从一开始就要紧紧抓住听众的注意力，引导他们关注每一个部分、每一个主题、每一个观点，绝不让听众走神，把他们牢牢地置于你的号召之中，呼吁他们采取行动。

请注意上文描述一个杰出的演讲者时用的动词：“抓住”、“引导”、“置于”。这三个词都反映了一个共同点：控制。人是商业决策中的决定因素，而控制力是投资决策中的首要因素。**一个出类拔萃的演讲者要能够有效地控制听众的思维，因此，有效的演讲归根结底就是有效的控制。**

当然，没有人会妄下结论说：一个好的演讲者就一定是一个优秀的经理、一个业务娴熟的行政人员、一个出色的主管或者一个卓越的CEO。这样说未免有点太夸张了。但是，**一个好的管理人员应该是一个优秀的演讲者。**听众在他们的潜意识中也是这么认为的。因此，如果被迫听了一场没有重点的演讲，他们就会抵制演讲的内容，也不会响应演讲者的号召。

> 一个出类拔萃的演讲者要能够有效地控制听众的思维，有效的演讲归根结底就是有效的控制。
>
> **魏斯曼**
> **完美演讲TIPS**

一些有影响力的投资家，无论是沃伦·巴菲特还是彼得·林奇，都信奉一个普遍的投资原则：只投资自己了解的领域。

如果你的“故事”要点不清晰，结构不连贯、不完整或者过分高深、晦涩，听众要听明白就很费力。最终，这种劳心费神的演讲会让听众产生抵触情绪，接着就会转化为愤怒，进而对你失去信心。

史蒂夫·克鲁格（Steve Krug）写过一本关于网页设计的书，尽管这本书和怎样表达观点无关，但是它的书名却一语中的：《不要让我费脑筋》（*Don't Make Me Think*）。

杰出的演讲者可以让听众轻松抓住重点，不会让他们有什么负担，而有效的演讲“故事”也可以带领听众走向一个水到渠成的结论，令他们无法说“不”。在这个过程中，演讲者要让听众觉得心里舒服，愿意答应他们提出的任何要求。所以，**一次演讲在本质上就是一次推销。**

当然，我们不能低估业务中那些事实的重要性，一场独具匠心的演讲并不能代替精心构思的商业计划，就好像信心十足的讲话风格不能代替良好的个人品格一样。你必须既能让人闻到牛肉香，又能把牛排端上桌。当两个势均力敌的公司或个人展开竞争时，谁的故事更有说服力，谁就能获胜。

最后，一场结构清晰、令人信服的演讲的微妙之处，可能也是最有力的影响就是：**能够讲述一个有效商业故事的演讲者，会被认为是能够掌控全局的人，也是值得听众信任的人。**你掌握了演讲内容，也就掌控了整个会场。听众会追随你的指引，进而财富、影响力、权力和成功也将随之而来。

这就是本书带给你的核心信息和价值，无论你当前在商界是什么角色、什么地位，都是如此。也许有一天你的公司会上市，那么我希望你从本书中学到的技巧能够帮助你募集到数百万美元的资金。但在那之前，你将跨越重重障碍，因为**每一个商业决策都取决于你演讲的能力。**所以，无论在这个过程中有多少演讲，请使用本书介绍的方法。

> 你掌握了演讲内容，也就掌控了整个会场。听众会追随你的指引，进而财富、影响力、权力和成功也将随之而来。
>
> **魏斯曼**
> 完美演讲TIPS

为了帮助你掌握这些技巧，书中提供了很多具体的案例，比如思科是如何说服投资者投资数十亿美元，支持一项即使在今天也没有几个人懂的技术的；雅虎是如何巧借公司品牌粗鄙的形象做了一场富有深意的投资演讲，[①] 凭借新生的互联网魅力获得投资者的青睐的；又比如络明网络（Luminous Networks），一个通信业的初创公司，是如何在市场处于史上最严重的衰退期时获得 8 000 万美元注资的。以上都是我曾亲自参与的案例，希望你们也能从中获益。

本书不但是一本关于演讲的书，而且还是一本关于心理学、关于如何讲故事、如何让听众回应你的想法的书。归根结底，这本书讲的就是说的艺术。

① YAHOO！在英文里是“农夫”、“粗汉”的意思。——译者注

第一部分

演讲，说服的艺术

Presenting to Win

第 1 章

从听众出发

警惕演讲“五宗罪”

在人类的所有活动中，很少有像演讲这样在我们的生活中如此常见，却又鲜有可圈可点之作。最近的一项统计显示，全球每天借助PPT进行的演讲有3 000万次。我敢肯定你也参加了不少，但这其中又有多少确实令人难忘，又有多少确实行之有效、打动人心呢？恐怕寥寥无几！

实际上，大部分演讲都沦为以下“五宗罪”的刀下鬼了。

- □ **要点不清**。听众听完以后摸不着头脑，不知道演讲者讲的是什么。有多少次你听完整场演讲，最后还自问：“他都讲什么了？”
- □ **听众没有获益**。演讲者没有说明听众可以从中获得什么好处。有多少次，你听完一席演讲却不停地问自己：“那又怎样？”
- □ **条理不清**。观点呈现的顺序很混乱，听众被演讲者抛到了脑后，他们跟不上演讲的节奏。有多少次，你在听演讲时突然停在那儿问自己：“等等！他是怎么扯到这里来的？”
- □ **细节太多**。陈述事实过多，不是过于技术化就是前后联系不密切，没有重点。有多少次，你在听的过程中直犯嘀咕：“这究竟是什么意思？”

□ **篇幅太长。**演讲还没结束，听众就已经失去耐心，不再聚精会神地听了。有多少次，你听过的演讲是短小精悍的？

一旦演讲者犯了以上“五宗罪”中的任何一条，就相当于在白白浪费听众的时间、精力和注意力，更致命的是会导致演讲的效果和目的背道而驰。

“五宗罪”中的每一条都彼此独立，互有区别。这就好比你我在聊天，我说：“我告诉你我昨天晚饭吃了什么吧。”这样我的陈述就有了重点，你知道我打算干什么，我就没有犯第一宗罪。

但是，我昨天晚上吃了什么和你有什么关系呢？除非之前你问我：“魏斯曼，这一带的餐厅我都吃腻了，你能推荐个新的吗？”这时候如果我告诉你，昨晚在一个很火的新餐馆吃了一顿很棒的晚餐，我就为你提供了有用的信息，也就避免了犯第二宗罪。

接下来，如果我先介绍餐后甜点，然后又讲到沙拉，再跳到乳酪，最后说到主菜，那么我的陈述顺序就乱了，不流畅。但如果我从头到尾依次从沙拉、主菜、乳酪介绍到甜点，整个流程就会井然有序，我就避免了犯第三宗罪。

介绍晚餐时，我如果按照门、纲、目、属、种介绍菜肴里的每一种动植物，就会显得太专业、太琐碎了。但如果我只是通过多种多样的形容词和简单的名词描述菜品，就避开了第四宗罪。

最后，如果我花了 5 个小时告诉你只吃了两个小时的晚饭，就太啰唆了。但如果我只用 5 分钟就说明了一切，就逃脱了第五宗罪。

这个类比也许有点极端，但是“五宗罪”的确条条属实。尽管每一条都彼此独立，但是可以用一条概括它们的所有特点，这就是“照搬资料”（Data Dump）：无节制、无意义、无结构、无目的、无计划的“倒”信息。照搬资料绝不会说服听众，反而会带来糟糕的“目光呆滞”（Mine Eyes Glazes Over，MEGO）效应。

为什么？只要仔细想一想，有哪个演讲者会对他的听众做这种事呢？如果你正在努力吸引潜在客户，你会这样做吗？如果你正在想方设法敲定一笔生意，想要对方加大投资力度或者说服分析师相信你的公司很有实力，你会这样做吗？不会！

前面提到的这些演讲，目的各不相同，但有一点是相同的，就是你在努力劝服听众按照你的指令和计划行事，无论是支持你的计划、与你签订合同、给你开立支票还是为你工作得更卖力、更有技巧，要想达成目标，必须避免触犯“五宗罪”。

听众不需要知道所有的一切

大多数商界人士，都忙于活在自己的传奇里，无暇将自己的经历说出来，即便那些成功人士也不例外。他们每天制定竞争策略、营销计划，推出新产品，分析财务状况，考虑收购兼并和销售宣传，还有其他零零碎碎又不得不做的日常事务，光这些每天就占据了他们一天 12～14 小时的时间，而你也是如此。他们每天一如既往地生活，吃饭、睡觉、呼吸、做梦，对于自己的事业，也是事无巨细事必亲躬，他们很少有机会也觉得没有必要从繁忙中抽身以审视全局，然后饶有兴味地讲述整个故事。

当这些商界中人迫于形势不得不兜售自己的业界传奇时，平时陷入琐事太深的习惯就成了障碍。他们错误地以为，为了让听众了解个中滋味，自己就不得不说出所有的事。这就好像别人问你“几点了”，你却告诉别人制造一座钟的完整方法。

解决这个问题的办法很简单，但做起来却不容易，那就是专注：**要区分良莠，只告诉听众他们想知道的。**

说服就是从起点到终点

作为一种社会动物，我们发现自己几乎每天都会迫于现实而不得不去说服别人。**说服力是人生至关重要的技能之一，每种需要说服力的情景都是迥然各异的，它们每一个都是一个独特的挑战，也是一个独特的机遇。**

但是，所有的演讲情形又都有一个共同点，那就是从起点到终点。无论是做正式的陈述、演讲、销售宣传、就某一话题展开讨论，还是面对陪审团做总结陈词或是鼓舞大家的斗志，每一次交流都是有目的的：**起点是 A 点，终点是 B 点，这种充满力量的转换就是说服力。**

认识到这一点，是我们学会说服这门艺术的前提。**你的演讲可以有趣生动、富有感染力或者令人难忘，但这不是主要目的，主要且唯一的目的是让人们做你所想，即引导人们到达终点这才是关键。**如果演讲中不把目的说清楚，就触犯了前面所说的“五宗罪”之一；但如果很明确地说出目的，就已经吹响了激励他们行动起来的号角。

> 每一次交流都是有目的的，起点是 A 点，终点是 B 点，这种充满力量的转换就是说服力。
>
> **魏斯曼**
> 完美演讲TIPS

那么，从起点到终点引导听众的过程中都有哪些挑战呢？从心理学角度来看，**起点是听众开始的一个静止点。**在这里，听众还是云里雾里，不知你要说什么。他们不了解你和你的业务，对你的业务充满疑虑，随时准备质疑你的主张。最糟糕的情况是他们会抵制你，你让他们做什么，他们就怀疑什么。

终点则是你需要听众做的。这个终点具体究竟是什么，取决于你所面对的情形。为了到达终点，你需要对听众做到“三化”：**化不解为理解，化质疑为信任，化抵制为顺从。**事实上，理解、信任、顺从并不是三个独立的目标，而是到达终点的三个阶段。毕竟，在理解你说的话、相信你传递的信息前，他们是不会按照你说的做的。

> 有一次，我指导一家公司的CEO准备IPO路演，听众都是公司的潜在投资者。这次路演的目的，是让那些投资人卖掉在英特尔和微软的部分股份转而购买这家新生公司的股份。这家公司就是现在的网存公司（Network Appliance）。
>
> 网存当时的CEO丹·沃门霍芬（Dan Warmenhoven）在路演开始时是这么说的：“我们公司的名字有什么意义呢？这个‘应用产品’[①]又是什么玩意儿？这么说吧，烤面包机就是一个应用产品。它只有一个功能，并且做得很好，就是烤面包。管理网络数据很复杂。到目前为止，这一任务都是由集诸多功能于一身的设备完成的，但是欲‘多’则不达！它们尽管功能多，但单个功能都没有得到很好的发挥。而我们公司创造出了一种产品：文件服务器。它只专注于一件事，并且对此非常擅长：管理网络数据。”
>
> 到此为止，投资者已经清楚地知道公司是做什么的，但是我告诉沃门霍芬还要锦上添花，要加上：“如果你想到了网络数据的爆炸式增长，就能预见我们的文件服务器在这种增长中占有一席之地，而且是极其重要的一席，我们公司也会成为极具发展潜力的公司。我很荣幸地邀请你加入，与我们一起发展壮大！”

最后一句话就是激发投资者行动的号角。沃门霍芬并没有直接要求投资者入股，如果那样就会显得很冒失、很突兀，也没有必要，毕竟他们来这里

① “Network Appliance”中的“Appliance”，中文字面意思是应用、装置。——译者注

就是寻找投资机会的。但是，最后补充的那段话给了沃门霍芬一个引导听众从起点到终点的机会。引导就意味着掌控，在听众的潜意识里，你就是有能力的掌控者。

心中时刻有目标

终点是每一次演讲的终局，是目标。**确保演讲取得成功的唯一方法，是在开始时就瞄准目标。**

这是一个古老的理论，亚里士多德称之为“目的论”（teleology）。目的论是一门带着事物存在的目的或结果去研究事物的学问，今天的商业领袖也推崇同样的理念。史蒂芬·柯维（Stephen R. Covey）在《高效能人士的七个习惯》一书中也强调了从开始时就瞄准目标的重要性！

> 确保演讲取得成功的唯一方法，是在开始时就瞄准目标。
>
> **魏斯曼**
> 完美演讲TIPS

现在，很少有哪个公司的高管会读亚里士多德的书，但是却有数百万人读过柯维的书，还有数不清的人从他们的朋友、同事那里听说过这个理念。但是到目前为止，这个理念还是没有渗透到人们的演讲中去。想一想自己有多少次听完整场演讲后会问一个问题：“他的目标是什么？”演讲者又犯了“五宗罪”，然而，这个缺失的目标恰恰是说服听众行动的重点所在。

令人遗憾又让人百思不得其解的是，那么多演讲都忽略了“终点”。

假设你是一名销售人员，如果不去推销，顾客又怎么会购买你的产品？假设你是公司经理，如果不明确地告诉团队成员该怎样做，并开宗明义地请求他们的协助，他们又怎么会支持公司新的商业创意？假设你是个满怀抱负的年轻人，如果你不主动要求，上司又怎么会给你加薪或提拔你呢？

这非常显而易见吧？或许如此！但令人震惊的是，很多商业人士在与人沟通时，都忘了把重点放在目的上。如果从一开始就瞄准目标，就更有可能把听众引向那里。因此，**主动向听众提出要求吧！呼吁听众行动起来！抓住重点！冲向终点！**

让听众共鸣

演讲者为了成功说服听众行动，必须要让听众对自己的所有目标等量齐观。为了实现这种平衡，我发明了一个词：听众共鸣（Audience Advocacy）。掌握并精通听众共鸣，就要学会从他们的角度审视你自己、你的公司、你的故事和你的整个演讲。

在对客户进行培训时，我时常扮演潜在投资者、消费者或者合伙人的角色。在准备培训材料时，我也都是从客户的角度出发，你们在所有演讲中也必须这样做。**从听众的角度出发，是一种既需要重新认识也需要实际行动的换位思考。**

> 掌握并精通听众共鸣，就要学会从他们的角度审视你自己、你的公司、你的故事和你的整个演讲。
>
> **魏斯曼** 完美演讲TIPS

这里，我们不得不提到说服艺术的先驱：亚里士多德。在《修辞学》中，亚里士多德指出了说服力的命脉所在，其中最重要的就是情感诉求（pathos）。[1]情感诉求，是指说者联通和感受听者的感觉、愿望、期待、恐

① 另外两个分别是理性诉求（logos）和信誉诉求(ethos)。——译者注

惧和情感的能力。我们今天所用的英语单词中也有与“pathos”这一古希腊语词根有关的单词，如“empathy”（共情）和“sympathy”（同情）。亚里士多德在《修辞学》中曾写道：**“当演讲激起听众情感的时候，说服便是水到渠成的事了。我们在欣喜和友善的状态下所做的判断，与在痛苦和敌意的状态中所做的判断截然不同。”**

现在的问题是：如何才能让你的听众欣喜、友善并且愿意按照你说的做？以我和众多客户交流的经验来看，**最好的方法就是激起听众共鸣，在演讲过程中的所说所为都必须着眼于听众的需求。**

这个理念尽管简单，但非常重要。在准备演讲的过程中，如果让听众共鸣主导你的每一个决定，演讲就会既有效又有力。

重视对方的利益

如何更全面地理解听众共鸣呢？一种方法就是遵循营销的经典法则：**区分产品特色与客户利益的不同。**这条法则在今天仍为广告营销人士推崇备至，因为它是一条根本法则。同样，该法则在推销自己的理念时也很关键。事实上，**当你将任何一场演讲的重点从自己的产品特色转移到听众的利益上时，赢得听众的机会就会大增。**

特色是一种事实或品质，它是你的公司、你销售的产品或者提倡的理念所具备的；而利益则是这种事实或品质能给听众带来什么。在尝试说服听众时，仅仅呈现出你所推销的产品或理念特色是绝对不够的，每一个特色都必须转化为对他们的利益。某个特色可能与需求无关，但是利益却始终和需求相关。不提供这种利益，就不会激起听众共鸣。人们每做一件事都需要一个理由，而且这个理由肯定是“他们”的，而不是“你的”。

这一原则适用于所有关于说服力的挑战。**特征是说者的兴趣，利益才是**

听者的兴趣，而演讲者必须从听众的利益出发。

> 人们每做一件事都需要一个理由，而且这个理由肯定是“他们”的，而不是“你的”。
>
> **魏斯曼**
> 完美演讲TIPS

了解对方的需求

要做一场卓有成效的演讲，首先必须了解你的听众：他们对什么感兴趣，他们在乎什么，他们面临哪些问题，他们有哪些偏见，他们又有什么珍视的理想。这就需要你事先做很多调查研究。比如，如果你是一个销售人员，你的首要任务就是花时间了解你的客户：他们为什么要使用你的产品，怎样使用你的产品，他们在财务上有什么限制，你又有哪些竞争对手，你的产品怎么帮助他们实现个人或企业目标。但是，在把听众当成市场代表或者客户公司代表的同时，别忘了他们也是普通人，还要了解他们作为一个普通人的恐惧、担忧、愿望、需求和爱恨各是什么，如何以自己所有为他们提供服务。

有时候你和对方的利益注定会有分歧，这就埋下了冲突和挫折的隐患。你也许十分想要那笔筹款、那份利润丰厚的合同、那笔挽救公司命运的贷款或投资，但事与愿违的是，对方也有自己的想法和麻烦。**说服不是强买强卖，你必须激起对方的共鸣：使对方相信你的所得对他也有利。**

> 说服不是强买强卖，你必须激起对方的共鸣：使对方相信你的所得对他也有利。
>
> **魏斯曼**
> 完美演讲TIPS

络明网络（Luminous Networks）是硅谷的一家公司，后来被亚川（Adtran）收购。这家公司提供光以太网接入解决方案，可以让电信运营商在单个平台上传输网络流量、提供互动服务和广播电视，还有声讯服务。在这个行业摸爬滚打多年之后，络明网络CEO亚历克斯·纳克维（Alex Naqvi）发现，电信运营商都是难缠的主儿，向他们推销产品非常困难。但是，亚历克斯学会了承认、理解并且对买主的利益和感受做出回应。他说：

> 有了我们公司的新科技，电信运营商以更小的成本提供更好的网络服务就成为可能。我们认为，所有的电信公司经理都应该使用我们的产品，这是显而易见的明智之举。但不幸的是，如果这样说我们就没有考虑买主的看法。我现在想到了一个潜在买家，一家在电信业历史悠久、举足轻重的大公司。很多和我们打过交道的管理层人员都已经在这家公司待了20年左右，他们都很保守，没准儿还有点畏惧新生的、未知的技术，而络明网络则恰恰集二者于一身。
>
> 开始，我们不知道怎样和这些买家打交道。刚进会议室的时候，我们趾高气扬地对他们说："我们的技术就是改变新世纪的典范。"我们把产品的优点说得天花乱坠，好像在暗示任何不选择我们产品的人就是"白痴"。
>
> 现在想想，我们犯了一个显而易见的错误，恰恰疏远了本应该争取过来的人。这也难怪他们不买我们的东西。
>
> 还好，我们及时改变了演讲的基调，不再那么咄咄逼人。我们开始将我们的技术描绘成在现有技术上的自然演进而不是对先前的根本改变。我们试着传递这样的信息：你们不是白痴，你们正在采用的技术对于今天已经完全足够。但是世界正在改变，络明网络已经为你和你的客户准备好了即将需要的新一代技术。

结果，采用这一方法后，我们的销售业绩有了很大提升。

可笑的是，作为工程师，我们倾向于不带感情，单纯从逻辑的角度兜售我们的故事，却忘记了对方是有感情、有思想的人。通过演讲传达的信息一定要仔细琢磨以求“对症下药”，这里的“症”就是人性的动机。不要忘了，与我们打交道的是活生生的人。

赢在“终点”

让我们回顾一下之前讨论的内容。如果演讲的内容太复杂、前后不连贯，或者听众受到打击、演讲者没有与听众建立联系，演讲即告失败。这时就会出现目光呆滞效应，结果就是什么都没有：没有投资，没有协议，也没有销售业绩。

但这不是你的目标，你需要谈成交易，需要对方在听完后问你：“好吧，我该在哪里签字？”这才是说服的本质。

说服就是一门引导听众从起点到终点的艺术。在起点他们也许还摸不着头脑，不感兴趣，甚至还怀有敌意，但是通过一步步地引导，他们会到达终点，在这里他们会成为你的投资人、你的客户、合伙人，或者是你理念的支持者。

只有把听众的需求作为演讲的核心，遵循引起听众共鸣的原则，才能引导他们到达终点。引起听众共鸣的核心，就是代表对方的“利益”而不是坚持自己的“特色”。

很少有演讲者能够从头到尾都赢得赞誉和认同，但只要采纳本书中的方法，大部分演讲者都可以做得更好。

Presenting to Win

第2章

“维惠”的力量

你能从中得到什么

引起听众共鸣的关键，就是不断回答一个核心问题：你能从中得到什么。这样才能使你在演讲时紧紧抓住听众利益，而不是仅仅把焦点放在产品特色上。它来自于一个非常普遍的问题："我能从中得到什么？"但是，我特意将"我"换成"你"以转移焦点。在这里，听众才是焦点。这种改变强调了所有参与交流的人都必须对外关注听众的需求，而不是在乎自己的需要。这就是引起听众共鸣的本质要求。

为了行文方便，我把"你能从中得到什么"称做"维惠"（WIIFY）①。**在说服别人时不断寻找对方利益的切入点，就可以确保演讲围绕着最紧要的问题进行，也就是从一开始就引领听众走向设定好的目标。**因为你给了他们一个跟着你走的好理由。

"维惠"就是利益问题，在演讲中就是指听众的利益。通常都会有一个主导利益，这个利益可以统筹整个演讲，同时也是说服别人的核心。

---

① "What's in it for you?" 的首字母缩略词"WIIFY"的音译，同时有维护听众利益和实惠的意思。——译者注

> 引起听众共鸣的关键，就是不断回答一个核心问题：你能从中得到什么。
>
> **魏斯曼**
> **完美演讲TIPS**

比如，一个信心满满的CEO和他的管理团队进行IPO路演，这里的“维惠”就是：投资给我们，你就会有可观的回报。

如果换成是猎头和一个很抢手的年轻人谈工作待遇，这里的“维惠”就是：如果加入我们公司，你就能干一番惊天动地的大事业，会有不菲的薪金、吸引人的挑战和有朝一日跃升公司高管的前景。

如果是一个市场咨询公司合伙人对《财富》500强企业的首席运营官陈述商业提案，这里的“维惠”就是：如果你雇用我们，我们将以己之长改善你们的营销计划，增加你们的市场份额，并提高利润。

触发听众利益的6大问题

除了以上这些“大恩大德”之外，还有很多“小恩小惠”，它们更加具体、细化，但对于听众来说却同样重要，所以完善演讲的每一个细节都至关重要。事实上，演讲的每个细节都必须和“维惠”紧密相连。

在演讲过程中，有6个句式可以触发“维惠”问题，这6个问题可以用来提醒演讲者在每个环节都紧扣听众利益展开。在指导客户演讲时，如果听到任何一个要点、事实、叙述或者细节与听众利益没有明确的联系，我就会打断他并提出以下问题：

- □ 这对您很重要，因为……（补充听众的利益）
- □ 这对您意味着什么呢？（紧接着从听众的立场解释）

☐为什么我和您说这些？（紧接着从听众的立场解释）

☐谁在乎呢？（“您应该在乎，因为……”）

☐那又怎样？（说出结果）

☐还有就是……（说出听众的利益）

记住这些句式，下次准备演讲的时候用它们来提醒自己：演讲的中心环节是“维惠”。你也可以在附录中找到这6句话，复制下来贴在墙上不断启发自己。如果团队人员都在准备演讲，那么对你的同事提出这些问题，并鼓励他们一起使用。虽然一遍一遍地重复也许会招来一两个厌烦的眼神，但经此准备，演讲的质量一定不负所望。

在演讲中，使用为听众着想的措辞表达观点很重要。

吉姆·比克斯比（Jim Bixby）曾是布鲁克特里公司的CEO。这家公司为电子生产商制造定制集成电路，后来被科胜讯系统公司（Conexant System, Inc.）收购。在准备IPO路演时，吉姆和我一起排练，我扮演富达投资（Fidelity）的资产管理经理，决定富达的共同基金是否要投资于布鲁克特里公司。在介绍产品时，吉姆举着厚厚的一叠手册说：“这是我们的产品目录，这个行业还没有哪家公司的产品种类像我们的这么多。”

然后他就放下产品手册，开始下一个主题了。就在这时，我举手抛出了一个事关“我”利益的问题：“你说你产品种类多，这和我有什么关系？”

几乎未作停顿，吉姆就又举起手册答道：“如此广泛的产品种类，可以确保我们的收益不受订单周期性变化的影响。”

“啊哈！”这才是公司财政实力的最有力证明，但却差一点被忽略，究其原因仅仅是由于吉姆忘了问自己：“听众能从中得到什么？”**你必须随时找到“维惠”之所在，并把它们说出来。**

在任何一场演讲中，在介绍自己要讲的内容或者公司提供的产品和服务之前，先停下来问一下自己：“维惠”是什么，能给我的听众带来什么。如果对方不能从中有所收获，那么这一点就只是你们自己的兴趣点，也许是产品的一个特色，但却不是对方的利益点。如果对听众有帮助，就一定要明确地说出来，强调它的作用。正如吉姆后来所做的那样。

现在，你也许有话要说：“等一下，我的听众又不傻，无论我说与不说他们都知道好处在哪里。如果我啰唆半天，他们没准儿还以为我小瞧他们呢！”

这倒未必。不要忘了第1章里的“五宗罪”，其中之一便是“听众没有获益”。而且，关于听众共鸣的一个基本事实就是，很多商业人士对于过多的信息、职责和义务已经应接不暇，在听演讲的时候，他们不一定能够聚精会神。即使他们只用几秒钟就能在你所说的产品特色与他们自己潜藏其中的利益之间建立联系，但等他们回过神儿来时，你都已经讲到下一点了，这样他们就没有时间思考和体会前一个好处，或者听不到你要讲的下一点。如此一来，你也就失去了听众，也许是永远失去。

> 你必须随时找到“维惠”之所在，并把它们说出来。
>
> **魏斯曼**
> 完美演讲TIPS

明确地说出带给听众的利益，你就把握住了一次机会。即使听众可以自我启发，但由你说出来，就是在把他们往你预设的终点引导。这样一来，你就影响了他们的决策，这才是在说服他们，也是在为自己、为你的“故事”、为你的演讲注入自信。此外，也许还会有意外收获。听众可能在你明确说出以前刚刚明白此中的利益，现在你再说一遍，就得到了他们的认同。他们会点头赞许，心中暗想：说得没错，我以前怎么从来没有遇到过有人能说得这

么精炼、这么到位呢？这就是对听众有效地控制。

产品特色和听众利益是有区别的。CEO在对投资人演讲时可能会说明主要产品的最大特色，比如“我们生产出了更好的捕鼠器”，但投资者关心的不是产品的优劣而是市场的大小。出色的CEO紧接着就会陈述对投资者的利益，“……这样一来，全世界都会争着来买我们的产品”，捕鼠器可是大有市场。**只要利益点找准了，每个人都是赢家。**

事实上，“维惠”的魅力甚至可见于我们的日常生活。

黛比经营着一个规模不大但生意火爆的餐厅。过去，她周末基本不用工作，她的丈夫里奇也对此非常感念。但现在她接到了一单生意：为当地艺术馆的接待活动提供餐饮。这够她忙碌整个秋、冬两季，甚至连周末都不能休息。这单生意不仅会带来丰厚的利润，还会提高知名度，因此黛比难以拒绝，但她得说服丈夫支持她。一天晚上吃完饭，黛比头头是道地说了一番这笔生意会如何提升公司声誉，却只字未提“她丈夫能得到什么”。

实际上，为了赢得支持，黛比应该这样说：“这笔生意会让公司明年的利润增加50%。这样明年我就可以雇一个助理帮我照看三周的生意，我们就能实现梦寐以求的欧洲之旅了。”

由此可见，为了清楚地表达“维惠”问题，黛比不能仅仅换个方式说出心中所想，她还要兼顾丈夫的感受来调整计划，这样里奇才能从中有所收获。**构建一个周密的利益点的好处之一就是，如果之前没有得出一个让彼此获益的双赢方案，那么这个利益点会推动你找到那个方案，在改进演讲的同时也能改善双方的实际处境。**

正如温莎公爵夫人（Duchess of Windsor）曾经说过的那样，“你永远不会嫌自己太苗条或者太富有”，我在后面又加上一句：“或者提供了太多的‘维惠’。”

谁是听众

然而，“维惠”原则也有一点是很多商业人士的死穴，就是搞不清听众到底是“谁”。

> 我的一个客户马克，是一家公司的CEO，这是一家生产高品质、准精度牙根管治疗设备的企业。马克之前是另一家口腔设备公司的最佳销售员，现在作为这家公司的CEO，马克正准备让公司上市。我还是和以前一样通过事先排练指导他的IPO路演，排练中我依然扮演富达投资的基金经理。
>
> 马克流利地陈述了公司的优势，主要集中在了产品的高质量上。他还以公司新开发的口腔设备作为例证。马克手里拿着一个设备，看着我说道：“有了这样的设备，您就可以实现更高质量的牙根管治疗，不仅更快，而且痛苦更少。”
>
> 我打断了他：“这没问题，但我是一个投资者，你忘了吗？我可不做牙根管手术。”
>
> “唔……”马克笑着，想了会儿然后又举起设备说，“你们应该知道这个国家有成千上万的牙医，跨出国境还有成千上万的牙医，他们都需要一台这样的设备以更好地完成治疗，而他们只能从我们这里购买！”

这才是一个出色的CEO，一个“懂”听众的演讲者。

马克的问题是在阐述“你能从中得到什么”的过程中，心中丢了听众，没了“你能从中得到什么”中的那个“你”，反而“舍近求远”去满足产品的使用者牙医的利益，这与他原来做口腔设备销售时面对牙医所说的一样。但他现在面对的是投资人，要引起他们的兴趣，马克必须仔细应对投资者的诉求，专注于产品的市场份额。

你能搞清楚自己面对的是谁吗？听众有能力将你说的第三方利益和自己联系上吗？即使可以，他们也不得不为此分神。这时，他们得自己思索，不再听你演讲。所以，**不要让听众思考！**

谨记激起听众共鸣时要遵循的原则：演讲容易理解，听众自然会听得进去。

> 你能搞清楚自己面对的是谁吗？做一个“懂”听众的演讲者。
>
> **魏斯曼**
> 完美演讲TIPS

如果听众确实走神，去思考你所说的和自己的切身利益有什么联系怎么办？如果这发生在马克的例子中，他就会失去引导听众跟随自己走向终点的最佳机会。

这个问题其实非常普遍。我们大多数人都不得不在多元化的主顾面前推销自己，推销自己的“故事”，他们每个人都有着不同的偏见、不同的目的、不同的喜好、兴趣和诉求。我们很容易就忽视了当下的听众，转而关注其他听众的“维惠”问题。

里德·哈斯汀斯（Reed Hastings）是奈飞公司（Netflix）的CEO。这家公司经营DVD在线出租业务。2002年春，奈飞上市。我和里德1996年就在一起共过事，那时他经营另一家软件公司PureAtria。当时我就不厌其烦地告诉里德，要弄清不同演讲对象的诉求，他们之间的区别也许细微但很重要。尽管如此，里德将奈飞的IPO路演草稿通过邮件发给我时，其中一页演讲用的幻灯片是这样描述他的核心业务的（见图2—1）。

里德来参加我的演讲训练课程时，我还是扮演投资人的角色。我打趣地说道：“里德，这场演讲都让我蠢蠢欲动，想注册成为奈飞的用户了。但你今天不是来让我注册的吧。如果是那样，我可以直接在网上注册。你要把我当投资人看啊。”

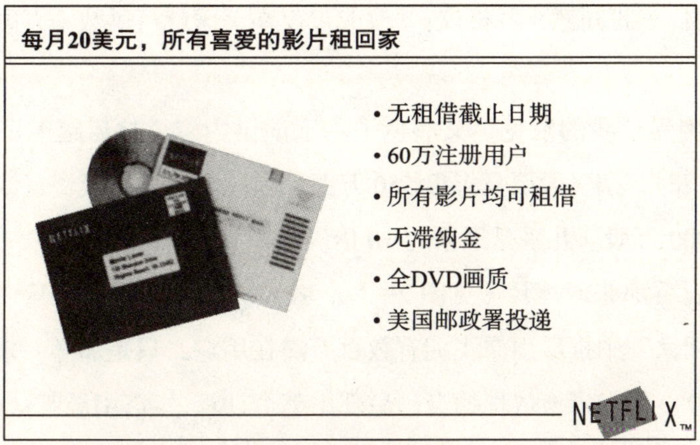

每月20美元，所有喜爱的影片租回家
• 无租借截止日期
• 60万注册用户
• 所有影片均可租借
• 无滞纳金
• 全DVD画质
• 美国邮政署投递
NETFLIX

图 2—1　介绍奈飞业务的幻灯片：第一稿

里德笑了，他说：“那该怎么办？”

我在电脑上修改了里德的幻灯片（见图 2—2）。

可供数百万电影迷租借DVD的在线网站
• 无租借截止日期
• 60万人注册用户
• 所有影片均可租借
• 无滞纳金
• 全DVD画质
• 美国邮政署投递
• 每月20美元即可加入
NETFLIX

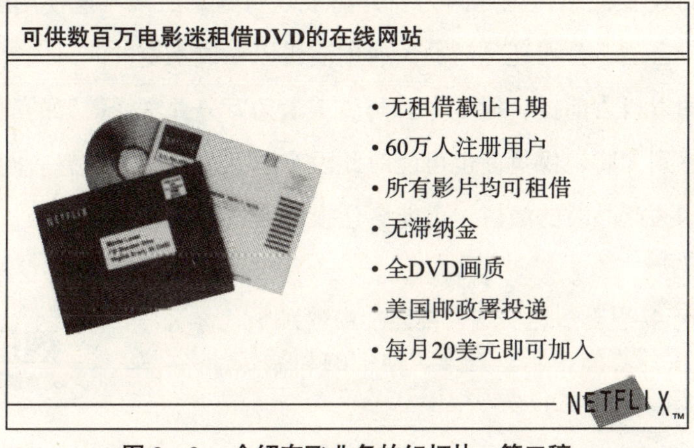

图 2—2　介绍奈飞业务的幻灯片：第二稿

整个内容的侧重点立刻从对顾客的吸引力，转移到了对企业市场前景的说明上，这也是里德的听众——投资人，更着重考虑的因素。

里德憨笑着说：“改成数千万电影迷怎么样？”

“好啊！”我同意，并提议：“改成仅仅在美国就可供数千万电影迷租借怎么样？”

里德接受了我的意见，又润色了一下演讲内容，然后踏上了IPO路演之路。上市时，奈飞股票只售出550万股，但一个月后，投资者认购的股票达到了5 000万股，几乎是原来的10倍。

再来看看那张幻灯片（见图2—1），投资人确实可以自己从“所有喜爱的影片租回家”中推导出奈飞拥有数百万潜在用户，只是那样一来投资人就得自己推算。但如果换成里德自己呈现出整个计算过程，引导听众得出结论，并由此树立听众对奈飞的信心，这样他就抓住了机遇。

永远不要想当然地认定“维惠”中的那个“你”，永远需要深思熟虑听众是谁，他们的利益是什么。如果唱错了戏，就会跌得很惨。

另外，还要注意：正是因为要弄清谁是听众，所以不能使用通用演讲，无论是关于自己、公司还是产品。通用演讲以一成不变的演讲内容可以符合不同听众的胃口为前提，但是令公司员工激动万分并深受鼓舞的演讲很可能会让顾客感到无聊，供货商也可能对此没有感觉或者感到愤怒。同样，说服专业客户购买产品时的演讲，可能会让投资人不明所以。

永远不要想当然地认定“维惠”中的那个“你”，永远需要深思熟虑听众是谁，他们的利益是什么。如果唱错了戏，就会跌得很惨。

魏斯曼
完美演讲TIPS

对此，最好的诠释来自于络明网络的前CEO亚历克斯·纳克维，我们在前一章提到过他。络明网络创立于1998年，在它准备上市时正面临2001年艰难的市场形势，因此，亚历克斯和他的团队决定通过私募而非公募的方式融资。亚历克斯说道：

> 我们演讲前都会在投资人身上做功课，深挖他们的技术背景。如果他们来自科技行业或者电信行业，我就会以不同的方式演讲，会用他们才听得懂的行话；如果投资人以前是投资银行家，我又会改变策略。关键是让每一个听众都熟悉我所说的。
>
> 我们一共做了60场演讲。当时的大环境很糟糕，金融市场不景气，但是最后，演讲帮助我们融到了所需的资金，一共8 000万美元。我把这件事告诉别人的时候，他们都不相信我们可以在市场如此恶劣的情况下取得这样的成绩。

尽管这一章讲的是“维惠”的力量，但它也可以看做是“你”的力量。正是“你”（即听众）产生了有效的诉求，只有解决这些诉求才能说服听众。“你”无处不在，因此，我在写书、写文章、写信、写邮件时都会用到“你”字原则。在发出任何书面文字之前，我都会回顾一遍确认有没有遗漏对方的任何诉求。仅仅在这一章，“你”就出现了很多次，这还不包括“您”、“对方”、“听众”这些同义词。

比如，我要是遇见了一个商业人士，我可能会给他写这样一封邮件：

> 很荣幸我们能在这次会议上相识，我很期待以后的会面。

但如果运用“你”字原则，就应该这样写：

> 很荣幸能在这次会议上遇见您，我很期待以后再见到您。

自己试试“你”字原则。它会使语气更亲密，拉近彼此的距离，还可以加深你所写的任何书、文章、信件和邮件对对方的影响。

Presenting to Win

第3章

头脑风暴，无限可能的艺术

别再照搬资料

如你所知，打造一场势在必得的演讲，内容正确是首要的，这里的内容就是你要讲的“故事”。诚然，声音洪亮、举止得当、应付刁钻问题的技巧也很重要，但这些都不足以构成一场影响深远的演讲，除非演讲内容本身很清晰，可以领着听众径直走向你期望的目标。

打造演讲，首先就从构造内容开始，这也首当其冲成为传统演讲方法容易出错的地方。

还记得“目光呆滞效应”吗？如果一场演讲堆砌太多目的不明、结构不清、逻辑不顺的事实，听众就会感觉无聊，“目光呆滞”。这时，演讲就沦落为机械地照搬资料：演讲者没有条理清晰地说出自己知道的关于主题的任何东西。

很多商业人士为此煞费苦心，就因为他们错误地以为听众只有听到所有细节才会理解一件事。结果，他们做了一场场“内容翔实”的演讲，但充其量只是照搬资料：先给他们看看市场增长的数据，然后还有最近两次的客户满意度调查结果；再加进去一些产品发布以来媒体报道的摘要和管理团队成员简历上的亮点；还有财务报表……反正有多少用多少，越多越好。这就是弗兰肯斯坦[①]方法（Frankenstein approach）：将迥然各异、没有联系的各个部分拼凑在一起。

面对这种演讲，听众深受其害，但有时"受害者"也会奋起反击。在被铺天盖地的文字和幻灯片淹没之后，听众最本能的反应就是痛苦地打断演讲者："你想说什么"或者"那又怎样"，然而这种打断不是粗鲁的表现，他们仅仅是想保护自己。对于演讲者来说，这种反应正如莎士比亚所说的："错不在我们的命运，而在我们自己。"

但愿你永远不要用这些资料、数据轰炸听众。尽管如此，广泛地收集资料依然很有必要，它是成功演讲不可或缺的一部分，**但数据和资料只是演讲的一部分，而并非演讲本身。**在准备阶段收集好资料，但不要在演讲时"和盘托出"。英语中的"obscene"一词在古希腊语中常指不可以在舞台上表演的戏剧行为，比如"谋杀"，字面意思就是"上不了舞台，不能出现在场景中的"，因为这些行为不适宜在公共场合表演。从这个角度看，照搬资料式的演讲也可以算是一个难登大雅之堂的行为。

> 数据和资料只是演讲的一部分，而并非演讲本身。
>
> **魏斯曼**
> 完美演讲TIPS

既然资料只是演讲的一部分，就需要一个可行的环节将各种资料融合到整个演讲中去，这个环节就是头脑风暴。头脑风暴可以帮助你考虑到演讲需要或不需要涉及的所有信息，同时激发参与者自由联想、迸发创意、发现偶然的联系并且畅所欲言。头脑风暴的后半段，就可以将这些信息进行归类、筛选、取舍，整理出一份逻辑通顺、说服力强的演讲稿，它可以让听众心甘

① 弗兰肯斯坦是小说《弗兰肯斯坦》中疯狂科学家的名字，他用许多碎尸块拼接成一个"人"，并用闪电将其激活，成为一个怪物。——译者注

情愿跟着你走。头脑风暴之初，关键是不要以是否符合逻辑的眼光来审视这些材料。把所有材料摊在桌子上，一张张过一遍，确定是否有价值，然后再进行分类。先提炼，再组织，先确定内容要点，再确保结构流畅。

要想更好地理解头脑风暴，关键是在发挥创造性准备演讲时要考虑各种不同的思维方式和技巧。以下这些都是我当年在媒体工作时，与那些创意无限的专业媒体人一起开展头脑风暴积累而来的经验。

对所有材料都要先提炼再组织，先确定内容要点，再确保结构流畅。

魏斯曼
完美演讲TIPS

左脑还是右脑

很久以来科学家一直都醉心于研究人脑的各个部分是如何各司其职的。大部分高端的脑部活动都发生在大脑，而大脑又分为左脑和右脑。很多科学家相信，左右大脑的推理形式是不同的。左脑控制逻辑，与结构、形式、顺序有关，遵循线性运作模式——先怎样，后怎样。而右脑则负责创造，与概念密切相关。它是发散的，围绕着这些概念不断跳跃，捕捉概念间非逻辑性的联系。

演讲是一个创作的过程，所以应该从右脑开始。

但问题是，很多演讲者在准备阶段却把右脑的活儿交给左脑做。右脑的各种概念还在不停地碰撞，他们就想直接切换到左脑，通过逻辑的线性思维得出演讲的终稿。

究其原因，商业人士都是务实的唯结果论者，比较不在乎过程。我敢保证：和多数商业人士一样，你在面对企业长期战略、产品设计或者处理问题这些决策性事务时，会更注重过程。但是，这些都是准备阶段需要考虑的问题，是台下工夫。

但是，如果遇到一个只看结果的任务，比如在一个重要听众面前演讲，你就会迫切地想通过捷径取得成果。你会认为右脑的思维过程事倍功半，但如果右脑还在自由联想时，就开始逻辑思考，结果很可能是在那条看似便捷的路上来回折腾，迷失方向，最后做出一个照搬资料式的演讲。

解决这一矛盾的方式是计时。这并不意味着投入更多的时间，而是如何合理使用已有的时间。因此，大脑的工作顺序很重要：在左脑构建逻辑结构前，先让右脑完成"意识流"的过程。先确定内容要点，再确保结构流畅。

> 在左脑构建逻辑结构前，先让右脑完成"意识流"的过程。
>
> **魏斯曼** 完美演讲TIPS

左、右脑功能大相径庭的生动写照就是口语，它反映了右脑是如何自发运作的：人们说话时经常语法混乱，前言不搭后语。

让我们回想一下小布什和阿尔·戈尔竞选总统时的电视辩论，那时小布什是得州州长，戈尔是副总统，2000 年 10 月 17 日，他们之间展开了一场"市政厅会议式"[①]的辩论。美国公共广播电视台主持人吉姆·莱勒（Jim Lehrer）担任辩论主持人。每个候选人都有一次机会回应普通公民提出的问题。针对"你的征税草案将怎样影响一个 34 岁、没有亲人的中产阶级单身女子"的问题，小布什是这样回答的：

① 美国总统选举辩论的一种形式。普通市民均可参加，他们可以发表意见，也可以向候选人提出问题。——译者注

在我的方案中你会得到税收减免，你也是税收计划的一部分，每一个纳税人都会得到减免。如果你还在家照顾老人，减免额还会更多。

我还认为你需要关注的不是眼前的利益，而是它能给你的医疗保险（Medicare）带来什么。这个方案将处方药包含在内，能够给你更多选择。现在，我希望人们知道如今的医疗保险是……是……是很重要，但是他跟不上新药发明的速度。这就意味着如果你参加了医保，想要公费医疗，就得不到最新的治疗方法。你就像卡在了时间隧道里，很多方面都这样。所以新方案是一个能够紧跟时代步伐的医保系统，它相信你能为自己做出各种选择。

你们将生活在一个和平的世界里。这会是一个和平的世界，因为我们在强大的军事力量基础上奉行的外交政策会更加清晰。我们还肩负支持友邻的使命，这个使命不可能让所有人满意。正当使用军事力量有助于维护世界和平。

我希望你们生活在一个教育更普及的世界，这样你就更不可能被邻里伤害。你知道，一个受过教育的小孩更有可能变得积极乐观。你们将生活在这样一个世界，你知道，这符合我的哲学，就是努力工作。你越努力工作，你拥有的就越多。这就是通往“美国梦”的道路。

政府不应该过多干涉，而这正是现任政府所做的。政府应该只起辅助作用，我刚刚所说的税收方案会起到很好的辅助作用。

别忘了，这里最初的问题是候选人的税收计划怎样影响一个34岁、没有亲人的单身女子。但小布什州长（很快就是小布什总统了）给出的回应却答非所问，从头到尾都没有正面回答这个问题，除了一开始笼统地、象征性地声称：“在我的方案中你会得到税收减免。”但是，他并没有解释能够减免多少或者是哪种减免。

小布什州长一开始就谈到给照顾老人的人更多的税收减免，实际上他已经忘记了或者说并不理会一个事实，即提出问题的人已经明确指出她无所依托，没有亲人。

紧接着，他跳到了医疗保险的话题（这对于一个34岁的人来说，不是一个那么迫在眉睫的问题），然后小布什离题越来越远，谈到了世界和平、军事政策和教育，最后还说到了劳动观念。

说完这6个不相干的话题后，大概是为了呼应那个和税收有关的问题，小布什州长终于又提到"我刚刚所说的税收方案"，而全然不顾自己根本没有提到任何税收方案。

我这不是有意针对小布什。人所共知，一些很有魄力的政治领袖都会这种顾左右而言他的说话方式（艾森豪威尔就是一个）。当然，一个政治领袖说话简明扼要、逻辑严谨，也不能保证他就有政治才能和智慧。你也许觉得小布什这样会让人怒由心起，也可能觉得他很风趣幽默或者平易近人，这都取决于你的政治观点和个人喜好。

但我想说的则更笼统一点：一段话被记录、打印出来以后，无论如何都不会和精心雕琢的散文一样。以我的个人经历为例，我最近把自己和客户的一段对话记录了下来，对话的内容都是说了20年的东西。但当看到记录稿时，我被自己遣词造句的不规则吓到了。究其原因，其实就是口语是由右脑控制的。在右脑运作时，思维是跟随想法自由流淌的，而不是禁锢在逻辑、语法、句法和前后连贯这些规则里。

与此相对，书面语言一般由左脑掌控。大多数人在写书信、备忘录或者报告时，思维首先需要的是左脑功能：逻辑、语法、拼写和标点。与思维的跳跃不同，在琢磨一些可能说清楚也可能说不清楚的名字、出处和概念时，写书面文字的人会一点一点有条理地进行，并在这一过程中一丝不苟地修改句法和逻辑错误。

这样做的结果就是，一份书面文件从技术角度看都是正确的，不会出现像小布什所说的残句和断句："你们将生活在这样一个世界，你知道，这符合我的哲学，就是努力工作。你越努力工作，你拥有的就越多。"也不会出现重复："现在，我希望人们知道如今的医疗保险是……是……是很重要。"

但是，如果作者的思维完全被左脑控制，就阻碍了想法的自由流淌。这样，写出的文字就会遗漏必需的要点，更糟的是会包含多余、琐碎或是不相关的内容。

你可能自己也有过这样的经历：僵硬地坐在电脑前，一边匆匆忙忙地打出一封邮件、一份备忘录或者信件，一边修改它的语法和内容。如果是这样，你就会发现，当事后再读这份东西时，自己竟完全忘了提及一个重要的事实或者要点，或者写得完全都是无关的细节。这就是左脑支配的自然结果。

从需要左脑考虑的逻辑、顺序、语法和遣词造句（或者PPT的颜色、风格和设计）开始打造一场演讲，其效果是不理想的。演讲是一个创作过程，必须从挖掘右脑才有的思维"富矿"开始。用正确的大脑做正确的事。

你的大脑无论如何都会从右脑开始工作，那就从右脑开始构建演讲内容：跟着意识自由流淌，捕捉头脑风暴中迸发的思维火花。

> 演讲是一个创作过程，必须从挖掘右脑才有的思维"富矿"开始。
>
> **魏斯曼**
> 完美演讲TIPS

建构框架的4大要点

如果要召集人讨论一场面对重要客户的演讲，会从考虑演讲时穿什么衣服开始吗？我想不会。会从考虑那天演讲结束后的日程安排开始吗？我认为也不会。这当然不是说服装、日程和演讲都没有关系，但这些都无足轻重，不需要在头脑风暴中涉及。

头脑风暴开始前，先略过那些无足轻重的议题。为此，你可以从建构框架（Framework Form）开始。

把演讲想象成一块装在木柜里的空白油画布，你要在这块白布上开始头脑风暴。为了紧扣重点，必须设定演讲的范围，主要这包括以下 4 点。

目标（B 点）

既然大多数演讲都会要点不清（“五宗罪”之首），那么为什么不从一开始就解决它呢？换句话说，先为演讲设置一个清晰的目标，其他所有内容都为这个目标服务。这条原则也融合了亚里士多德和史蒂芬·柯维两人的智慧。

听众

现在你已经理解引起听众共鸣的重要性，就必须分析听众已经知道了什么，如果想让他们了解、相信并对你的设想做出反应，还需要知道什么。这种分析可以借助以下三个标准：

1. 身份、角色

听众都有谁？他们都是什么角色？

2. 知识水平

“五宗罪”之一就是过于技术化。除非你了解听众，并且准备好用他们能听懂的语言与之交流，否则不可能有效地激起他们的认同。所以，在准备阶段花时间分析听众，预测他们知道哪些、不知道哪些非常重要。

为了评估他们的知识水平，我开发了一个简单的理解力曲线图，这个图从严格意义上来说不是非常科学。纵轴从“0”（对演讲主题一无所知）到顶点（一般只有演讲者才具备的对主题的了解程度）表示知识水平，横轴表示听众中具有相应知识水平的人数。

这个曲线图的使用方法是，沿着横轴标出相应纵轴上每一个知识水平的听众人数。比如一个关于高科技产品的演讲，听众中大部分人不谙此道，还有少部分工程师和其他懂行的专家，据此做出的图表可能如图 3—1 所示。

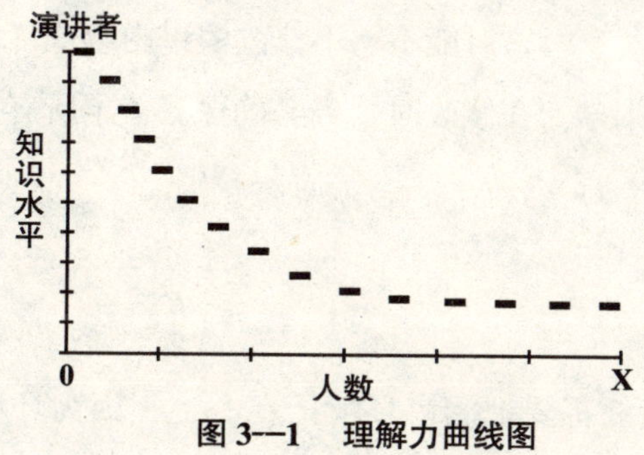

图 3—1　理解力曲线图

在收集和选用演讲所需资料时，应该时刻记得曲线的具体走向。如果只有一小部分听众拥有和你类似的技术和行业背景（这种情况最常见），就不能用大量时间讲述专业内容，而要投入很大精力，通过语言、实例和类比让演讲变得通俗易懂。

如果使用行业术语在所难免，可以通过附带说明（parenthetical expansion）的方式先给听众普及知识：停下来，解释一下复杂的概念和术语，然后给出一个简洁的定义。

3.“维惠”问题

这个毫无疑问是分析听众时最重要的因素，谨记“五宗罪”中还有一条就是“听众没有获益”。问一问自己：听众想要什么？演讲的主题怎么才能紧扣这一利益？怎么才能把这一利益清晰地传递给听众？

外部因素

外部因素，顾名思义是外部世界的一些条件，它们不以你和听众的意志为转移，但却可以影响信息传达的效果。外部因素有些是正面的，有些则是负面的。比如，在为公司寻找投资时，产品的市场份额不断提升就是一个正面因素，而一个有竞争力的对手的出现就是负面因素。在准备阶段，必须考虑到所有的外部因素。有时，可能不得不修改演讲内容或者结构以应对一些影响异常显著的外部因素。在修改时，务必确保涵盖了所有抵消负面影响的因素。

环境

在准备阶段，始终都要把演讲环境记在心上，因为环境也可能影响内容。那怎么分析环境呢？可以借助以下新闻报道的必备要素进行。

1. 人物

都有谁参加演讲？你是唯一的演讲者吗？如果不是，在你前面和后面出场的还有多少人？你如何在这些演讲者中分配内容？

2. 时间

什么时候演讲？你有多少时间？有与听众交流的时间吗？有没有问答环节？

3. 地点

演讲是在公司的会议室进行，还是在听众的地盘，或者在第三方场地。会议室是怎样布置的？环境是私密的还是公开的？如果会场较大，只有你自己有麦克风，很可能整场演讲都不会被人打断。但如果会议室较小，听众只要开口就能打断你。为了保证连贯，可以在演讲中预留时间，集中回答听众疑问。

4. 事件

你使用什么视听辅助手段？会不会现场演示产品？如果会，场地是否允许？听众能否看清？什么时候做演示，演讲前、演讲中还是演讲后？

在头脑风暴开始前，就要确认目标、听众、外部因素和环境，并且把它们置于整个大框架中进行考虑。在讨论时，可以使用如图 3—2 所示的框架表格收集上述信息。

尽可能清晰、具体地确定这些影响因素。要知道没有一种演讲适用于所有场合。所以，我们要建构的演讲是一组演讲者在一个特定场合，为了一个特定目的，面向一类听众，讲述一个“故事”，如果不是一个为听众量身打造的演讲，注定缺乏说服力，也没什么效果。如果在准备阶段没有投入足够的时间使它呈现应有之貌，那为什么还费力演示给听众呢？

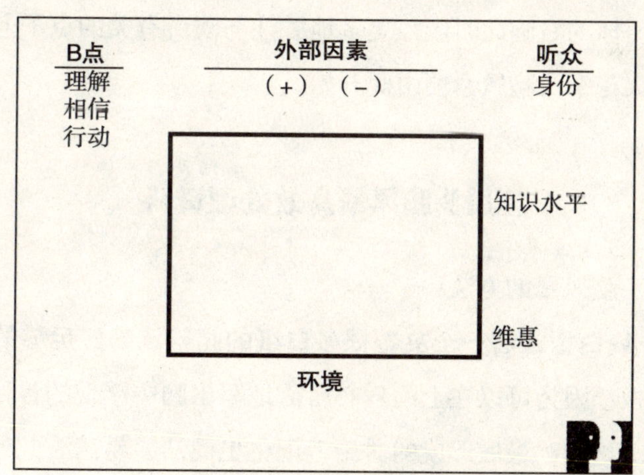

图 3—2 Power Presentations 框架表格

那么，这是否意味着关于同一个话题的每一次演讲都需要从头准备呢?这也没有必要。只要认真准备过一次，之后的每次就会驾轻就熟，花费的时间也越来越短。我踏入商界20年来，除了第一次与客户准备需要花费一个半小时，以后再就同一话题进行准备时间只会更少。不管我们面临的是什么主题，最复杂的生物科技公司也好，最简单的零售业也罢。一般情况下，第二次准备只需要15分钟，以后依次递减。

久而久之，也就学会了借鉴并参考过去的演讲内容。关键是，每一次准备都要从框架表格中的基本要素做起，这一步确保演讲的每一点都是说服成功的关键点。

千万不要跳过这一步或者在这一步偷工减料，不要想当然地认为你的团队里每一个人都知道并认同这么普通的“谁什么时间在哪里做了什么以及为什么”的问题。把这些问题事先全都放在桌面上说，这对决定什么东西应该或者不应该出现在演讲里，以及以什么形式出现都有积极作用。

现在，已经完成了背景资料的调查和要点的确定，下一步就是发掘那些潜在的想法。你的右脑此时应该更多地关注与演讲有关的点子上，捕捉脑中一闪而过的火花，头脑风暴便由此开始。

用头脑风暴高效处理资料

以下是头脑风暴的方法：

1. 放一块白板或者一个夹着很多白纸的画架，备好足够的图钉。我个人更喜欢白板，因为可以在上面随心所欲地写出脑中浮现的各种想法，写了擦，擦了写。这样，最后形成的讨论笔记也更简洁、易读。此外，再准备几支不同颜色的马克笔，用不同的颜色标记不同类别和不同层次的想法。

现在，有几种高科技电子产品能够识别手写字体，可以扫描存入电脑后打印出来（我用的是 eBeam）。虽然这些工具看着很酷，但不是必需的。其实，在头脑风暴时或结束后，可以请人抄下谈论的重点。

2. 召集团队。这个团队应该包括所有参与演讲的人及其他对此有想法或可以贡献信息的人。

3. 你或者团队里的某个人应该在白板上记下讨论时冒出的各种想法。在我参与的项目中，我都是边记录边激发他们的思维。激发他们时，我不带任何立场，不发表任何意见，只是把他们迸发出的想法全部记录下来。在头脑风暴中，没有什么不好的主意。右脑思维的根本就是要让各种观点随性而发。我还会要求每个人告诉我他们私下讨论、彼此争论和谈天说地时产生的想法，以免遗漏。然后，我会将所有想法写在白板上让所有人参考。

做记录也是如此。忠实地记录，不要打压任何观点。头脑风暴里的记录员就是世界纷争中的瑞士：永远中立。

> 在头脑风暴中，没有什么不好的主意。
>
> **魏斯曼**
> 完美演讲TIPS

4. 随意请一个人说出演讲可能涉及的内容。这样，就开始了整场讨论。那个人可能会说“管理”，你或记录员就在白板上写下“管理”然后画上圈。

5. 只要有新的概念提出，整个团队就应该进行深度挖掘。例如，如果在白板上出现“管理”二字，只要是和管理有关的想法都可以说。比如想到了公司高管：CEO、总裁、CFO、行政副总裁。这时，应该迅速记下这些，每个都画上圈，把它们和“管理”用线连上，形成一组概念。在这一组概念里，“管理”就是“母概念”，与其相连的附属想法就是“子概念”。

6. 其他概念、想法也遵循同样的方法。这些概念几乎出现在每个商业演讲中："产品"、"客户"、"市场走势"和"竞争关系"。但是也有些概念是你的演讲所特有的，这取决于演讲的具体目的及公司面临的主要问题。随着思维的不断碰撞，白板会渐渐写满各种想法，就像图3—3一样。

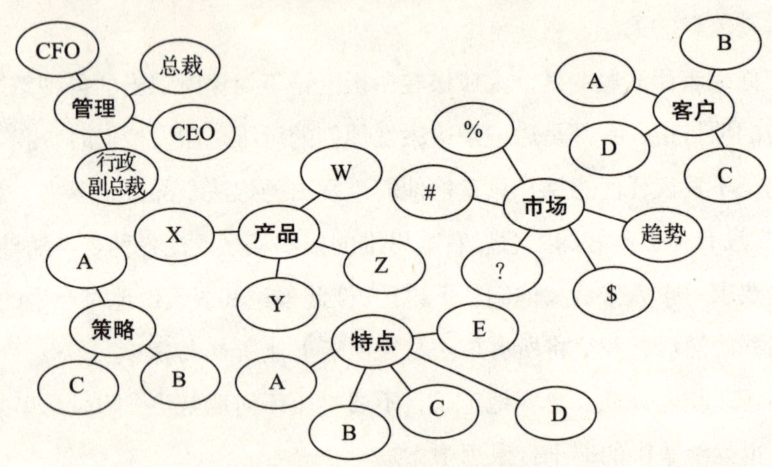

图3—3　头脑风暴要点图

7. 进行头脑风暴时，要灵活一点，不要畏惧必要的思维跳跃。团队在挖掘"市场开拓计划"这个概念时，也许某个人会突然打断："喔！我们忘了把吉姆写进管理层名单了，他可是营销副总裁。"没关系，把吉姆添到白板上。

也许有人会说："我想列入一份市场统计数据，但是不一定能搞到最新的。"这也没有关系，在与此相关的地方标出这个想法画上圈，圈里画个问号，提醒自己此处需要进一步研究。

随着头脑风暴的深入，你会发现各种想法满天飞。这些想法在涌现的过程中会到处碰撞，寻找联系。不要管它，顺其自然。在这一过程中，点与点之间的关系会自己出现或者发生改变，甚至会有新的发展，而你只管把这些变化都反应在白板上。

头脑风暴的原则

进行头脑风暴时，必须由右脑主导整个过程。大部分商业人士都惯用左脑思维，他们受教育和经验的影响习惯在一切活动中运用逻辑和理性进行思考。头脑风暴时需要克服这种习惯，同时，不要在表达想法的遣词造句上过多纠缠。在这方面花费太多精力，会阻碍新观点的出现和交流。起初，不再三斟酌辞藻会比较困难，但慢慢就会发现，它对于解放思维有着惊人的作用。

再强调一次：在头脑风暴中，没有什么不好的主意。不要过滤任何人的想法，任何人提出一个想法被泼冷水，都不会愿意再提供别的想法。不管什么想法，都把它写在白板上，哪怕在其他人看来这个想法无关大局或者不知所云。即使一个貌似无用的想法有时也会发挥作用，它可以引发别人其他的联想，而这个联想可能很重要。所以，把所有想法都记下来。不要担心信息太多，并不是白板上所有的东西都会出现在演讲里。进行头脑风暴时，**所有想法都要考虑，但不是所有想法都会用到。处理大量的信息和资料是准备阶段要做的工作，而不是演讲时！**

进行头脑风暴时，也不用去想结构框架、前后顺序或主次地位。如果新的想法不断涌现，而你却在琢磨“这一点应该放在前面”或“那一点应该放在结尾”，这就像让你同时揉胃和拍头[①]。思考结构问题会让你满脑子都是顺序、主次和其他线性思维的东西，这是左脑的运行方式。而现在，是要让各种概念自由迸发，需要的是右脑思维。请记住：**先选定内容要点，再考虑结构流畅。**

① 在左脑和右脑中，多数人都有偏好，这也就是为什么大部分人不是右撇子就是左撇子。正如人们很难同时用双手进行揉胃和拍头的动作。如果长期弹钢琴或是吉他，可能开发出“左右开弓”的本领。——译者注

讨论时给自己留有充分的时间做彻底的记录。**不要交流一暂停就立刻丢下手中的马克笔，大家可能只是让大脑休息一会儿。**很多头脑风暴都会出现“疑似终结”，之后紧接着往往就是新想法的又一轮爆发。这样反复两三次后，大家的想法才真的全部说完。

这时，白板上满眼都是圆圈。每个人都会看到演讲可能用到的所有元素，这样一来，再琢磨和组织它们就很方便了。

> 进行头脑风暴时，所有想法都要考虑，但不是所有想法都会用到。
>
> **魏斯曼**
> **完美演讲TIPS**

对于以上这些原则感到似曾相识吗？这就是跳出局限、多角度思考的方式。很多商业人士用这种方法谋划战略、研发新品或解决问题。既然演讲的主体也是商业人士，其内容也差不多是战略、产品、问题之类，那为什么不继续采用这种思考方式呢？

头脑风暴的优点之一就是，提供了一个全景式视角。这就像在照着复杂的说明书组装一辆童车前，先把它拆开，把所有零件摆在面前；又像厨师在烹调做法复杂的菜肴前，把所有原料都铺在桌上，也即所谓的“备料”。演讲前摆出需要的所有材料，可以方便你了解和掌握。

和上面的方法相对的就是左脑的线性思维。典型的左脑思维模式就是：第一张幻灯片放公司的宗旨，第二张谈一谈管理团队，第三张演示市场统计数据，等等。这种方法的问题是，在看幻灯片时，后面的幻灯片完全覆盖了前面的，因此，每次只能看到一个问题。这样，就不能形成对演讲的总体认识，也就不可能高屋建瓴地组织所有材料。

但头脑风暴就不一样了，它符合右脑天生的运作方式。这种方法让你可以自由发挥，确保所有想法，包括那些和演讲没有关系的，都在考虑范围内。然后，再用左脑组织这些“原料”。

罗马石柱：归类技巧

头脑风暴会出现很多主次不一样的想法，彼此之间的联系也不紧密。要把它们整理得井然有序，要点突出，第一步就是归类。

其实在某种程度上我们已经进行过归类了。前面说过，由某个概念出发深入扩展出一组与之有关的概念时，我们会在白板上画出一串连在一起的圆圈，这就是在归类。这些分类反映了它们的内在关系——从属关系，即母概念与子概念。

为演讲组织复杂的材料，归类是必不可少的一步。同时，它也是一个历史久远的概念，可以追溯到古希腊罗马时期。

> 有这样一个故事，尽管可能是虚构的。古罗马有一个演说家，他记忆力惊人（可能是西塞罗[Cicero]，但已无法考证），常在罗马城市广场（Roman Forum）即兴演讲好几个小时，而不用借助任何稿子。他的秘诀就是一种好的记忆方法，这一方法在今天仍在使用。当时他也许是这样对仰慕者解释自己的诀窍的：“你们问我为什么可以这样条理清晰地长篇大论，还不用打草稿。那你们今天有留意我演讲时绕着广场走路的方式了吗？”
>
> “是的，我注意到了。我认为你这样做是为了与每个角落的听众都有交流。”
>
> “这只是部分原因，”演说家回答，“还有更重要的原因。当我沿着广场四周走动时，我会在6根不同的大理石柱前停下。那些石柱就是我的记忆棒。每一根石柱象征了一组要点，走到它们

面前我就会想起相应的要点。因此我并不用记许多细节，只要回忆起这6个要点就行了。这些要点自然会引出下面的细节。”

西塞罗是不是真的在2 000年前就开始使用这个方法不得而知，但今天我真的鼓励客户用这种技巧提炼演讲要点。白板上40~50个要点通过归纳、分类可以减少为五六根罗马柱，这些石柱代表的要点统领其他细节——每根石柱背后都是一组子概念。这样就不需要组织那么多零碎的想法，只需要站在高处，把握重点。

看着写满了想法的白板，会发现有几条主线浮出水面。此时，在白板上用不同颜色的马克笔圈出其中最重要的想法，这样就可以在密密麻麻的想法中突出那些“母概念”，如图3—4所示。

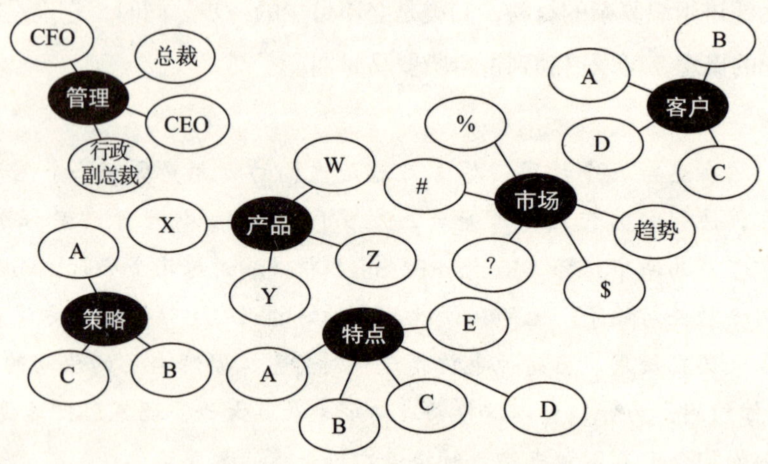

图3—4 “母子概念”关系图

大家一起进行归类时，可能会发现之前没有想到的联系。这很正常，直接在白板上画线就行，或者擦去原先的，重新画圈、连线。这时，你会发现自己在各种概念间不断切换：“把那个公司市场人口统计数据的变化归为‘主要趋势’是不是更合适？不应该归到‘市场潜力’吧。”“‘节省成本’是不是和‘顾客利益’一起，而不是和‘产品特色’放在一起更好？”有需要就改变，直到为“子概念”找到最恰当的“母概念”。

如果有些小概念看起来和所有的罗马石柱都没有联系，就应该考虑它们是不是真的有必要，或许它们根本就没有用。如果又想到新的东西要加进去，别犹豫，写上去。这就是归类。

由此可知，从归类开始我们已经引入了组织和逻辑的方法。之前我们还在刻意控制左脑发挥作用，而现在不需要了。

先右后左

你也许想省略头脑风暴这一步，缩短准备的过程。你也许会问：“为什么不从一开始就归类呢。我现在就可以列出这次演讲需要强调的 5 个要点，这会省下很多时间。”这是你理性左脑的想法，它不愿看到自由联想的混乱和失控状态，但这不是人的思维运行的方式。

人的思维运作顺序是先右脑再左脑，先散乱地抛出一堆想法，然后斟酌用词再组合成句子和段落，最后做出 PPT。

我有多年的媒体工作经验，知道很多职业作家、小说家、新闻记者、剧作家、技术文章作者、历史学家都是这样创作的。没有人会在在完成调查、斟酌题材、收集资料前动笔。他们会把灵感和想法记在任何地方：便条、索引卡、笔记本或者散乱的纸上。这些笔记当然也是他们的资料来源。

遗憾的是，只认结果的商业人士在构思演讲、撰写报告、做演讲或写备忘时根本不会按照这个步骤来。他们习惯于尽快达到目的，因此想找出一条捷径。在他们看来，完成演讲最快的方式不就是上来就写吗？听起来很合理吧？是，但合理不代表正确！

下面的例子可以说明“先右后左”的方法是怎么帮你躲避陷阱的。

本·罗森把我介绍给伟达公关公司（Hill and Knowlton Public Relations Agency）时，茱蒂·塔拉比尼（Judy Tarabini）[①]是该公司的科技部副总裁。在我成功指导了茱蒂的一位客户后，她就经常打电话让我为她的其他客户提供咨询。

1993年，茱蒂加入Adobe公司公关部门。不久，她打电话邀我与Adobe合作。她这次接手了一个高规格的演讲——Adobe即将推出Acrobat产品，他们计划让15位资深高管全部披挂上阵，参加新品发布会。茱蒂对我的课程很有信心，她说服Adobe的资深管理团队和我一起开会准备演讲内容，这其中包括一手创办Adobe的董事会主席兼CEO约翰·沃诺克（John Warnock）和联合创始人兼总裁查克·葛什克（Chuck Geschke）。

会议在Adobe当时崭新的总部会议室举行（那时还在山景城，此后公司搬入位于圣何塞更新、更先进的总部）。按照惯例，我们从头开始。

我走到白板前，开始挖掘这些主管的想法。我们从发布会的目的开始，然后探讨"维惠"问题，接着就是头脑风暴。当那些位高权重的才智人士迸发他们的想法时，我只顾拼命往白板上写。结果，白板上出现了很多组要点：Acrobat推出时间表、分销计划、Acrobat合作伙伴、产品收益、市场等。没过多久，白板就已经写满了。

然后会议室平静了一阵，大家喘口气。我环顾四周，然后说："请各位看一下白板上一组一组的想法，告诉我还有没有什么需要修改、补充或者重新归类的。"

大家静静地思索了一阵。突然传来"啪"的一声，葛什克用手拍了一下额头，然后有点局促地咧着嘴笑了："我们忘了说Acrobat的功能了。"

是不是有点不可思议？但这确实经常发生。因为太熟悉业务了反而会认为一些重要信息是不言自明的，或者会忽视和忘记对你来说已经近乎成为第二本能的东西，但听众对这些东西却很陌生。因此，**永远不要跳过头脑风暴**

① 现在改名叫茱蒂·麦克纳尔蒂（Judy McNulty）——作者注

阶段，也不要匆匆结束大家对演讲内容的讨论，要确保所有相关的东西都考虑在内。如果等到正式演讲前才发现因为少花 5 分钟时间准备而遗漏了一些东西，就太迟了。

先定要点，再调结构

我到现在都还没有讨论要点的排列顺序，这是左脑的工作。首先，开门见山，直奔主题；接下来，按照说服听众最有效的顺序呈现各个要点。在编排演讲内容时，最有创造力的顺序是：**先确定要点，再确保流畅。**

我们已经通过框架表确定了演讲的背景材料，通过头脑风暴得到了所有有用的想法，通过"归类"过程把各个要点进行了浓缩，现在，我们已经完成了准备工作，接下来就是调整结构，这也是我们下一章的主题。

Presenting to Win

第 4 章

找到合适的结构

千万别让听众思考

通过前三章，你已经走完了杰出演讲的前三步：构建了框架表格，包括演讲的目的、“维惠”问题以及听众的知识水平；通过头脑风暴自由联想出了可能有用的各个要点；并进行了提炼归类，确定了罗马石柱。这时，右脑的使命已经完成。

现在该是左脑上场的时候了，将提炼出来的各个要点按照先后顺序进行排列，组成逻辑顺畅的结构。此时，你要决定罗马石柱在整个演讲中的位置。换句话说，你需要一个清晰的思路连接起所有的罗马石柱，决定各个部分的最佳顺序，也就是说需要找到合适的结构。

说到结构对听众的重要性，我们可以读书为例。读书的一个特点就是，读者可以从任何角度、从任一章节进入作者的世界。在阅读书籍、报告或杂志时，遇到一些前面出现过的词语，但是意思或者出处记不清了，可以标记当前位置，然后翻到前面去找原来的定义或者出处。所以说，读者是可以独立穿越作者的世界的。

但是，演讲的听众不可能做到这一点。他们看待演讲内容的视角是线性的，一次只能看一张幻灯片。这就像是站在林中看整片森林，每次只能看到一棵树。

也许每一棵树你都能说得绘声绘色，听众也印象深刻，心想："这是一棵好树啊。根深，干壮，叶茂！"但是在讲下一棵树时，如果你说不清它和前一棵的联系，听众就得被迫自己推测。但他们又没有机会回头再看第一棵树，所以只能费尽周折记住它，并从中找出必要的联系。

此时，听众会出现三种可能：**陷入"目光呆滞"；打断演讲，要求进一步解释；不再专心听讲，努力找出失落的那一环。**

这三种可能都不能接受。"千万别让听众思考！"

所以，你要做的就是引导听众，先把演讲各部分的关系整理清楚，再呈现给听众。这样，他们听起来才会觉得轻松。带他们离开森林，走到高处，俯瞰全景。

为此，你需要一张地图、一个计划或者一个方案。你需要在这份引导图上标出所有罗马石柱的位置和前后顺序，就像厨师需要照着食谱才能以正确的工序调配正确的原料。

的确，要让演讲结构逻辑清楚、说服力强是有技巧和方法的。我把这些方法叫做"叙述结构"（Flow Structures），共有16种，不同类型的演讲可以根据各自不同的情况进行选择。

16种叙述结构

1. 模块型（Modular）：一系列相似的组成部分前后相接，但是各部分之间的顺序是可以互换的。

2. 历时型（Chronological）：以时间为线串联起各个部分，这种结构反映了事件发生或应该发生的先后顺序。

3. 物理型（Physical）：根据演讲内容的物理或地理位置编排顺序。

4. 空间型（Spatial）：依据物理意义上的隐喻或类比，概念化地组织演讲内容，提供一个关于主题的空间化视角。

5. 问题-解决型（Problem/Solution）：围绕一个问题，提供你的或者公司的解决办法。

6. 议题-对策型（Issue/Action）：围绕一项或多项议题，提出你打算采取的对策。

7. 机遇-手段型（Opportunity/Leverage）：以一个商业机会为契机，证明你或公司打算以什么手段抓住机遇。

8. 形式-功能型（Form/Function）：以一个商业概念、方法或技术为中心，发散出许多关于它的应用或功能。

9. 特色-利益型（Features/Benefits）：列出产品或服务的特色，说明它们带来的利益。

10. 案例研究型（Case Study）：复述一遍你或公司是如何具体解决问题或满足客户需要的。叙述时，要涵盖公司业务的所有方面。

11. 以退为进型（Argument/Fallacy）：主动提出不利于公司的观点，然后指出其中隐藏的谬论或错误进行反驳。

12. 比较-对比型（Compare/Contrast）：比较说明公司与同行的不同之处。

13. 矩阵图表型（Matrix）：使用 2 阶或更大的图表，把复杂概念简化成容易消化、理解与记忆的形式。

14. 平行结构型（Parallel Tracks）：在一系列相关要点下，以相同的结构深化每一要点。

15. 自问自答型（Rhetorical Questions）：自己提出并回答听众可能最想问的问题。

16. 数字榜单型（Numerical）：列出一连串联系不密切的想法、事实或论点。

你可以按照选定的结构整理头脑风暴中得到的各组要点。这样不但自己组织起来方便，听众也听得轻松。我们会详细分析每一种类型的结构，并附上简单的例子。这 16 种类型几乎囊括了所有你可能碰到的演讲话题。

1. 模块型

以模块形式串联起来的演讲就是，将一系列相似的组成部分前后相接，但是各部分之间的顺序是可以互换的。这种“模块化”的叙述结构是即插即用（plug-and-play）的：各部分演讲的顺序可以随意决定，只要全部呈现给听众就可以了。它是 16 种结构中组织最松散的，所以听众听起来可能还是有点难度。

但有时演讲者也没有其他选择，只能用模块型。财务演讲就属于这一类，在一场演讲中的财务部分也是如此。在 IPO 路演中，CEO 通常会选用其他 15 种类型中比较容易让人接受的一种组织演讲的主体部分。但 CFO 报告财务年报、季报、资产负债表、收益表和其他财务数据时，采用什么顺序都无所谓。财务年报放在季报之前或之后都可以，CFO 只要凭感觉定夺，然后依序逐一报告即可。

还有其他一些情况也适用于模块型结构，比如，它可以在新品发布会上用于介绍产品的新功能。

模块型叙述结构有两大优点：第一，必要时可以按照自己的意愿重新安排各个部分的顺序；第二，时间紧张时可以省略一两个部分。这样虽然方便，但听众理解起来和你演讲起来都是一个挑战。因为各类要点之间缺乏有力的逻辑联系，每个人，包括你和听众，想要跟上节奏都需要承受很大的压力。因此，这种结构要少用、慎用。即使用，也要尽量简洁，并且补充一些过渡的连接词，这些连接词我们会在第 10 章谈到。

2. 历时型

比模块型更易让人理解的结构就是历时型，它以时间为线串联起各个部分，这种结构反映了事件发生或应该发生的先后顺序，如果“变化”或者“发展”是演讲的主题，那么这种结构是理想的选择。

有时你可能需要做演讲，向听众解释某个事件是如何发展的。假设你是一家大型企业（起名为“歌利亚软件公司”）的人力资源主管，公司刚刚收购了规模较小的一个竞争对手（起名为“戴维软件公司”），这个消息的发布让双方员工都很惊讶。现在他们心里充满疑惑和担忧：为什么会这样？两家长期竞争的公司的员工要怎么一起工作？两家公司有何共同点？前景如何？于是管理层召集了一次会议。会议将在被收购的戴维软件的礼堂召开，由你负责演讲，让新加入的人员了解最新情况。你演讲的目的无疑就是帮助戴维软件的员工了解这场并购的过程，并且让他们感觉到自己是新扩大的歌利亚大家庭的一员。

在这种情况下，一种有效的组织演讲内容的方法就是历时型结构。演讲中贯穿一条时间轴，以此说明歌利亚软件的昨天、今天，说明为什么会有这场并购以及它是怎么进行的，并购后两家公司在未来又将如何携手并进。通过让听众清楚地了解歌利亚的历史，通过告诉他们这场并购是两家公司发展壮大的自然结果，你很可能就打消了原戴维软件员工的顾虑，他们就会开始建立对新雇主的信任。

3. 物理型

如果说历时型结构依照的是时间顺序，那么物理型结构遵循的就是地点逻辑。物理型结构的演讲从地理学中获得启示，根据地点的变化组织演讲。

假如你的公司是分销商，遍布全球的销售渠道就是公司最大的竞争优势。现在你要对潜在客户演讲，他们经营国际业务，正在寻找一个可以为其全球销售提供服务的合伙人，这时就可以用物理型叙述结构。

你可以这样开始："环球分销公司（Worldwide Distribution, Inc）在五大洲的 11 个重要地区都设有仓库和航运中心，我们的网络覆盖了从美国到澳大利亚、从巴西到法国、从中国到北非的广大区域。为了让各位知道我们为什么比其他公司更适合为您和您的客户提供服务，请允许我带您走进这些航运中心，看看它们是如何运作并融入我们的全球分销网络的。"这种演讲结构自然、易懂。

4. 空间型

相较物理型结构根据实体的地理位置编排顺序，空间型结构组织内容的方法是象征性的、概念化的，它依据物理的隐喻或类比，提供一个关于主题的空间化视角：由上至下、由下向上、由内向外或者由外向内。

我经常在一些行业或金融会议上演讲，其间常被问及如何才能使演讲有效果。为了清楚说明这个问题，我用的就是由下向上的空间型结构，这种结构如果以图来表示就像金字塔（见图 4—1）。

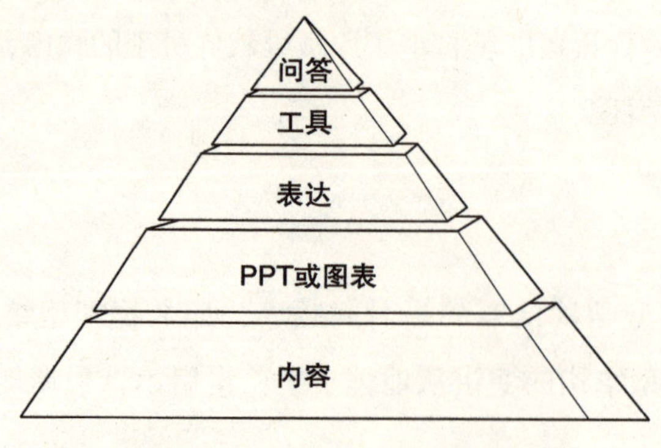

图 4—1　由下向上的空间型结构

总揽每一场演讲，都有5个主要组成部分：

□ 内容构建

□ PPT设计

□ 表达技巧

□ 工具

□ 问答技巧

一场主题为如何使演讲有效的演讲，它的目标是一个高手应该能够驾驭全部5个部分，其中内容是最基本的。在演讲中，我从金字塔底层的内容开始，逐级往上叙述各个部分，直到位于顶端的问答技巧。同时，我会提供一些技巧完善各个部分，并通过实例和轶事阐明这些技巧。

虽然在不同的会议上使用的技巧和说明方式不同，但不变的是我都会用空间型结构。这种结构会有一种视觉化效果，能创造一个画面，便于听众理解、记忆，他们还可以方便地把信息传递给他人："魏斯曼是怎么定义有效演讲的？""他说有效演讲就像一座金字塔，基础是内容，而顶端则是问答技巧。"

空间型结构也有别的使用方式，比如由上至下。

当时，英特尔公司的兰迪·斯特克（Randy Steck）和罗伯特·科尔韦尔（Robert Colwell）博士带领一组顶尖的工程师研发英特尔的下一代集成电路：P6，这一切都属公司机密。[①]当兰迪和罗伯特准备好揭开芯片的面纱时，他们邀我一起帮助其团队编排新品发布演讲，团队中还包括那时英特尔的

---

①《旧金山纪事报》曾写道："你应该把P6看做是一架战略轰炸机，而不单单是一块电脑芯片。"这段轶事也让人想起英特尔前董事长安迪·格鲁夫一本书的书名《只有偏执狂才能生存》（*Only Paranoid Survive*）。——作者注

总经理蒲大卫（Dadi Perlmutter，现任英特尔行政副总裁兼移动集团总经理）和当时的销售部门主管卢·佩斯利（Lew Paceley）。演讲时间选定在国际固态电路大会（International Solid State Circuit Conference，ISSCC）期间，这可是英特尔对手的地盘。

我被安排住进俄勒冈州希尔斯伯勒（Hillsboro）一家离英特尔芯片制造厂很近的饭店。在那里，我和罗伯特、兰迪、卢和蒲大卫一起经历前面几章讲到的环节：框架建构、头脑风暴、归类，最终把他们的想法归为以下几类：

- ☐P6 的设计理念；
- ☐P6 的产品规格；
- ☐成为最终用户产品（End-user Product）的潜力；
- ☐系统架构（System Architecture）和支持芯片（Supporting Chips）。

设计理念从最高层次描述这项科技（设计背后的思想、观念）；产品规格展示了芯片设计的成果；成为最终用户产品的潜力说明了 P6 的应用；系统架构则告诉听众所有部件的协作原理。每一个层次都会深入一步，从而形成一个由上至下的空间结构。

这次演讲结束后，科尔韦尔博士写了一份总结给我：

> 我很遗憾其他演讲人的表现不尽如人意。他们都十分紧张，而且如你所料犯了错误：对听众长篇大论地报告数据……因为我很了解整个演讲，所以尽管下面坐了很多人（大约 1 800 多人）我上台时依然很轻松……问答环节很有意思，没有人问我那些原本担心的棘手问题……我想是不是因为我看起来准备得很充分，

而且完全掌控了整个流程，导致那些本来想刁难我的人害怕说不过我而退缩了。

空间型结构也可以用在别处。例如，一个产品的市场可以表示成很多同心圆，就像一个靶子：市场的核心即靶心就是那些对产品最有兴趣的顾客，靶心外围的圈代表其他市场，且越往外代表市场越大，也越难占据。对于听众来说，这种由内向外辐射的空间型结构无论从领会、理解还是记忆上来讲都更容易。

空间型结构最简单的变体就是“建房”式的结构。地基是产品或服务平台；上层建筑的房梁代表了企业的组织结构和合伙人；房屋内部的管线表示技术。窗户、砖块和墙与墙之间的砂浆代表营销和品牌。许多不同领域的公司都是依照这种结构来完善自己的商业模式。

5. 问题–解决型

这种结构类型因为天生围绕“维惠”问题展开，所以效果极佳。它围绕一个问题和你的或者公司提供的解决之道组织演讲，借此企业的产品或服务能够给予听众的利益就自然而然地展现出来了。

很多生命科学领域（比如制药、基因研究、医疗器械、健康护理）的公司在通过 IPO 路演募集资金时，都会使用这种结构。他们先提出某个医疗难题，然后道出自己特有的产品或服务是如何解决的，并以此吸引投资人。在这些领域中，问题–解决型就是疾病–治愈型。

在和教育有关的演讲中，问题–解决型正好就是一个学习的过程。学习的本质就是以技巧补充知识的欠缺。我作为一名演讲教练，也算是教育工作者了，因此，我在 Power Presentations 课程和这本书里，都用了问题–解决型结构。回想一下第 1 章，我以“演讲的‘五宗罪’”开篇，从那以

后我几乎一直都在提供解决方案。其实，整个课程都采取这一模式解决图4—1中的每一个环节。

如果你也有意在演讲中使用这种结构，一定要知道什么是重点。很多商业人士在问题上花费太多时间，对解决方案却轻描淡写。这样一来，听众还以为自己沉沦在某部俄罗斯悲剧小说里。

时间和比重的分配问题最好通过一个类比来说明。在西方电影中，问题部分（印第安人的攻击、黑色帽檐下的坏蛋、龙卷风、森林大火）通常很长，几乎占了整部影片。因为这样可以制造悬念，并让听众对危难中的主人公感同身受。这些情绪可以深深地吸引观众，使他们买很多爆米花一直看下去。相应地，问题的解决则一带而过：美国骑兵（U.S. Cavalry）赶到，救出了男女主角。剧终，灯亮。

但如果商业演讲用问题–解决型结构，就得转移重点：问题部分点到为止，然后立刻祭出解决问题的骑兵部队，让他们佩戴整齐、雄壮威武地列队行进，最后还有嘹亮的军乐队压阵。毕竟，你最希望听众记住的就是解决之道。

6. 议题–对策型

尽管致命的癌症、创伤性手术以及吃人的鲨鱼等显然也都是问题，但如果不是在生命科学领域而是在商业演讲中使用问题–解决型，一定要谨记商业人士不喜欢别人总是纠缠自己的短处。从家庭作坊到跨国企业，当今世界每个行业都暴露在黑客、垃圾邮件、病毒和个人信息盗取者的攻击下，企业对于这些问题给他们在成本、时间、生产率和信誉上带来的负面影响有切肤之痛，他们不需要你在伤口上撒一把盐。所以，**与其告诉听众他们面临的问题，倒不如提出一个议题，然后告诉听众你准备采取什么对策。**这并不仅仅是为了指出问题时显得委婉，也表明你对此不仅仅是关注，还有了应对之道。这就是以实际行动引起听众共鸣。

那些正在转型的公司经常使用议题–对策型结构找出要应对的议题，提出解决方法，这样就可以产生如下一个列表：

概要："迟钝"公司改革计划

议题一： 支出失控

对策一： 立刻削减成本，停止雇用新人

议题二： 产品不赢利

对策二： 出售三个业务部门

议题三： 收益零增长

对策三： 加快开发两款有"希望"的产品

7. 机遇–手段型

还有一种结构类似于问题–解决型及议题–对策型，这就是机遇–手段型。在这个结构里，首先描述一个诱人的商机：巨大的新兴市场、科技变革、经济转型或其他驱动力，然后在手段部分讲解产品的优势、销售方法、合伙人关系，或公司为抓住机遇而采取的竞争策略。这种结构与问题–解决型相比不仅仅是换了种间接的说法，也不仅仅是语义上的区别，它的焦点集中在听众的利益和满足这些利益的方法上。这也是践行听众共鸣的题中之义。

机遇–手段型结构是大多数 IPO 路演的选择，因为它符合投资者利益增长的需求。你也许还记得，当初思科上市时，我帮助思科进行了 IPO 路演。当时思科的技术很先进，即使在今天，作为互联网解决方案供应商中的领袖，

思科的技术一般人也不懂，包括它的潜在投资人也尚未完全了解互联网的运行方式以及它在未来的意义。于是思科的路演团队决定，在说明网络技术的运行前，先展示网络的无穷潜力。所以，他们选择了机遇–手段型结构。

> 在演讲的提纲阶段，思科首先讲到了大型计算机向个人计算机的发展、转变。这种转变既不是问题，也没有争议，它纯粹是一个机遇。随后他们继续描绘局域网和广域网的快速增长，以及最新的科技成果给网速、带宽、传输能力带来的大幅提升。最后，他们展望了未来，预测未来商业模式会实现以企业为中心到计算机远程通信的转变。这些趋势综合起来就是机遇。
>
> 接下来，他们谈到新产品——路由器是如何连接因特网各局域网和广域网的设备的，向听众解释了路由器的生产过程、售后服务方式、销售渠道及战略合作伙伴，还介绍了企业在应用了这款产品后未来的定位。这些综合起来就是思科把握机遇的能力。

请注意这种结构是如何简化和组织演讲的：抛弃了那种给出一堆东西让演讲者解释，让听众去搞明白的方法，只抓住两点：机遇和手段。这就是典型的“登高望远”。

8. 形式–功能型

上述三种结构：问题–解决型、议题–对策型、机遇–手段型很相似，而形式–功能型结构则与此截然不同。这种结构会突出演讲中公司提供给听众的东西：解决方案、对策或应对机遇的手段，并把它们推到前台。如果你要演示单一的商业概念、方法或技术，从它们的核心理念再引申出不同的应用和功能，就可以采用这种结构。当遇到以下情况之一时就可以考虑是否适合：一个核心技术和多种应用、一个主题和几种变体、一个中心和由它发散而来的枝节、一个基本概念和多个角度的叙述。

销售人员也可以用形式–功能型结构推销多功能的产品或服务。举例来看，第一位将 3M 牌便利贴引入市场的销售人员，就可能用这种方法推销新奇的黏胶（形式），然后描述它广泛的用途（功能）。

生物科技公司经常使用形式–功能型结构，因为它不但拉近了相关科学和听众的距离，还能有效地组织复杂的内容。

BioSurface 科技公司依靠新创的组织工程（tissue engineering）技术成功上市，后来被健赞公司（Genzyme）收购。BioSurface 的这项技术基于一个事实，就是在移植手术中，人体易于接受自体（autologous）细胞或组织移植；反之，人体会因为排斥同种异体（allogeneic）细胞或组织，而在移植手术后出现排斥现象。但是对于大面积烧伤的患者来说，自己没有足够的皮肤用于移植，因此，BioSurface 发现了一种方法，只要从患者身上采集一块邮票大小的皮肤，经过三周的培养，就可以长出足够患者全身移植的皮肤。

在 IPO 路演时，Bioface 的 CEO 戴夫·卡斯塔尔迪（Dave Castaldi）首先介绍了公司这项核心的创新技术：他们是如何从患者身上提取细胞，然后经过保存、培养，最后移植到患者身上，而且不用担心排斥反应。这项技术就是演讲结构中的“形式”。

为了展示这个“形式”是如何发挥功能的，戴夫接着分别阐述了这种技术如何永久替换患者自身皮肤，如何从非血缘关系的捐献者身上取得同种异体皮肤以加速伤口愈合，如何应用于软骨组织（cartilagious tissue），最后还谈到了这种技术如何用于眼部组织。这不正是一个形式、多种功能嘛。当然，每种功能都代表了 BioSurface 一笔潜在的收益，也是投资人未来的一个商机。

换个更贴近现实的例子。如果你是“妈妈烤鸡”的 CEO，为了扩大业务到处寻找投资。在这种情况下烤鸡的配方就成了秘诀，也就是所谓的“形式”，而“功能”则包括让酱料生钱的所有方法：开设 600 家分店，提高规模效益，发展宅急送业务，通过合作式广告促销，生产 450 克的罐装秘制酱料打入超市，和航空公司合作供应一次性的袋装酱料。

再回到高端市场。吉列既产剃须刀又生产刀片，惠普既生产打印机还生产硒鼓。这些都代表了一类典型的商业模式：一次制造、多次销售。这种模式的成本主要产生于核心产品（剃须刀、打印机）的生产阶段，利润则来自不断更换的耗材，典型的“一本万利型的生意”。

9. 特色–利益型

这是一种推出产品的传统方式：先说明产品或服务的一系列特色，然后解释每种特色是如何为听众利益服务的。我再强调一次，**听众的利益要体现在演讲的每一个细节中。**

在图书市场，出版商的销售代表要把每个季度的新书介绍给Barnes&Noble这样的连锁书店、个人读者和其他独立书店。对于每本书，销售代表都应该说明它的特色及它带给读者的利益。比方说，一本新地图集的卖点可能是字体更大、着色更明亮，读者获得的利益就是阅读、使用都更方便。惊悚系列小说最新一本的特色可能是“在这本书里，克利夫登探长会遇到目前为止最致命、最邪恶的阴谋”，读者获得的则是一本爱不释手的好书，书迷们将会几宿不眠，沉浸在痛并快乐着的阅读体验中。

要是销售代表能让人相信他所说的特色和利益，对方的利益和你演讲的目标自然都能实现。销售代表可以对书店说：“你们也看到了，这些特色和带给读者的利益一定可以吸引读者蜂拥而至，争相购买（对方的利益）。这也就意味着，你们得进很多货摆在靠近书店门口的橱窗里（你推销的目标）！”

10. 案例研究型

案例研究实际上就是“讲故事”：复述一遍你或是你的公司是如何解决特定问题或满足特定顾客需求的。叙述时，对于案例的研究会涉及公司业务的所有方面，包括商业环境。案例研究型结构以一根主线串联不同的组成部分。

人们天生觉得故事，特别是自己认同之人的故事有意思。所以，案例研究型绝对是引起并保持听众注意力的好方法。这种方法简单、实用，可以让技术上复杂或枯燥产品和服务介绍变得生动，易于被听众理解，让他们觉得这和自己息息相关。

从人们的兴趣出发，在医疗行业的演讲中尤其适用。我们假设案例研究是关于一个叫约翰·史密斯的患者的。你可以描述约翰患的疾病，世界上还有多少人与他同病相怜者；这些人的医疗支出是多少；因为没有治疗办法，他们已经被病魔折磨了多久。然后你可以谈论公司的产品是如何治好约翰·史密斯的，告诉听众你们对这种药品享有专利权和药品的管理规定，阐述药品的临床治疗现状、生产成本、平均售价和预期利润率。最后，可以描述约翰·史密斯恢复得如何，医药费又是怎么报销的，这也解释了你的药品如何在有健康管理（managed-care）的情况下销售。约翰·史密斯的故事既串联起了公司的业务细节，又使听众感受到了公司以人为本的一面。

我的 IPO 客户里有一家数字电视广告公司，他们的业务是将广告数字化，然后在广告公司和电视公司之间传送，以供审查。在 IPO 路演时，我们用一则道奇汽车的广告贯穿其中，生动展示了公司所有的服务和产品都超越了普通的传送方式。道奇的案例就是这场演讲的主线，使公司的能力和商业前景变得明确而有说服力。

11. 以退为进型

有时，你不得不面对一个多疑甚至怀有敌意的听众演讲，这时，可以采用“以退为进”的方式自己率先提出不利于自己的论点，然后当场反驳隐藏其中的谬论或错误。这种方法的本质是先发制人，消除听众心中已有的偏见，为公司展示实实在在的优势，创造一个公平的环境。

但这个结构真正使用起来却是如履薄冰，因为辩驳时很容易显得自己狡辩或护短，而且语调消极。所以，这种方法是你的底牌，不到关于你或你的公司的负面言论甚嚣尘上的时刻，不要使用这种结构。

但也有公司把这种结构用得恰到好处。在一场投资说明会上，一位董事长介绍自己的公司，他把演讲题目定为“7 个‘不’投资本公司的原因”，然后从投资分析人士的报告中选 7 个负面原因，一一反驳。结果在演讲结束时，大家一致认为该公司的股票值得拥有。

12. 比较-对比型

这种结构模式就是对比、比较你或你的公司与其他人、其他公司之间的异同。你提供的产品或服务与同行的有什么区别？你如何和竞争对手抗衡？你的竞争优势在哪里？采用这种结构的演讲以一系列比较为主干，展示出到底是什么使公司在每个方面都与众不同。

和以退为进型一样，选择这个模式也要谨慎。因为把别的公司牵扯进来，甚至成为另一个焦点，会显得只有招架之力，更糟的是听众可能对对手的印象比对你的还深刻，这都是很大的风险。更严重的是，当你为了抬高自己而贬低对手时，可能无意中就冒犯了某个听众，因为他正好和那个对手公司有直接联系或者是它的股东。

因此，**除非你对听众知根知底，否则不要使用以退为进型和比较-对比**

型结构，这样才能避免给自己制造额外的麻烦。

13. 矩阵图表型

矩阵图表大家都很熟悉：就是那些 2×2、3×3 或 4×4 的格子，可以根据自己的想法或者产品特色的组合用这些格子梳理主题。商业人士都特别喜欢矩阵，大概是因为矩阵透出一种准科学的感觉，又或者是因为矩阵可以把一组复杂的概念梳理得便于理解和记忆，就像其他叙述结构一样。

矩阵图表型和空间型类似，都是用视觉形式呈现概念。两者之间的差异在于空间型结构暗含着一种动态关系或运动趋势（由上至下，由下向上），而矩阵图表型表现的则是静态或稳定的关系。

图 4—2 显示了个人理财服务市场可以依据“需求”和“收入”两个维度划分成四个象限。

		对理财指导的需求	
		低	高
收入	高	象限一	象限二
	低	象限三	象限四

图 4—2　2×2 矩阵图

整场演讲都可以围绕这个 2 阶矩阵展开，在这个过程中，听众也可以从矩阵中读懂演讲内容。你可以仔细分析每个象限，解释为什么公司选择象限二代表的这部分市场作为业务拓展中最有前景的部分。

14. 平行结构型

平行结构是矩阵图表的复合形式，它以相同结构继续分析每一个象限，或者在一系列要点下细分出同样多的次要点。以生物科技领域为例，生物科技是最复杂的演讲主题之一，要找到一个简化并组织各种信息的方法尤其困难，而平行结构就是一个效果不错的选择。

唐诚生物制药公司（Tanox, Inc.）在2007年被基因泰克公司（Genentech）购得之前是一家生物科技上市公司，开发免疫系统疾病的专利药品，包括哮喘、各种过敏、艾滋病等。对于过敏疾病，唐诚一开始专注于开发治疗哮喘、（豚草和花粉引起的）、季节性过敏鼻炎以及严重的花生过敏的药物。公司创始人兼CEO、生物化学博士唐南希（Nancy Chang）经常要向投资人解释复杂的科学流程，传达关于公司技术应用的商业前景。

唐南希就是采用平行结构安排并阐明自己那些复杂的“故事”的。她从过敏性患者的机体如何产生特定的免疫球蛋白E（IgE）开始，讲到引致病人过敏的特定过敏原，再说到IgE怎样触发组胺（histamine）的释放，引起哮喘和过敏的症状。用专业术语来说，这就是所谓的过敏症病理。然后唐南希介绍了唐诚治疗过敏症的专利药物索雷尔（又叫乐无喘或柯耐尔，Xolair）。她解释了索雷尔如何清除患者体内的IgE，从而防止过敏症发病和出现相应症状，从专业角度来讲就是药品的作用机制。最后，她谈到受益于索雷尔的患者数量，专业点说，这就是市场。

唐南希接着又谈到严重的花生过敏、艾滋病及其他免疫系统疾病，每一种疾病都按照病理、与之对应的唐诚产品、作用机制、市场大小一一分析。等她讲完公司所有的药品，听众几乎可以把这一步骤倒背如流。由此可见，平行结构可以让外行比较容易地消化一堆复杂的专业知识。

15. 自问自答型

这一结构可能是引起听众共鸣的最佳形式。演讲者要从听众的角度思考问题，并让他们参与进来，为此演讲者可能会说：“你们可能会好奇……”，然后自己直接回答。当然，你猜想的问题正合听众心意当然最好，不要自己绞尽脑汁生编硬造。因为如果问题本身就很勉强，“自问自答”就没什么效果了。

你提出的问题可以成为整场演讲的基础，每一组要点都可以与它相关，然后自己奉上答案。

赛瑞克斯（Cyrix）是一家设计、开发、销售半导体的公司。它于 1993 年上市，后来被美国国家半导体公司收购，1999 年又被威盛电子（Via Technoligies）收购。IPO 路演时，公司 CEO 兼共同创始人杰瑞·罗杰斯（Jerry Rogers）决定采用“自问自答”的方式。

在开场白中，杰瑞是这样说的：“赛瑞克斯必须与业界公认的巨头英特尔和 AMD 对抗，还要和另外两家实力雄厚的大公司竞争。所以，作为一家初创小公司，要想在业界立足，一些新客户可能会对我们设计的、与 IBM 相容的微处理器提出一些十分尖锐的问题。在此，我必须做出回应。有这样三个问题是经常被问及的：赛瑞克斯微处理器支持所有的应用软件吗？赛瑞克斯将如何与英特尔一较高下？赛瑞克斯的财务是否稳定并足以确保成功？

杰瑞继续说：“我首先要说的是，赛瑞克斯是除英特尔之外第一家生产 486 微处理器并已经出厂上市的公司。不过对于各位投资者来说，前面提到的有关兼容性、竞争力和财务稳定性的三个问题依然很重要。我今天的演讲会给各位一个答案，以证明投资赛瑞克斯是明智之选。”

杰瑞在一张幻灯片上打出这三个问题，每个问题后面都紧跟着几张幻灯片予以解答，并做了详细说明，最后一张幻灯片则以三句宣言式的结语，再一次回应了三个问题。

在此过程中，杰瑞提到了很多彼此无关的话题，例如芯片架构、生产策略、平均售价、知识产权、诉讼的预期和市场分布。但他通过把这些话题分配到三个问题里（罗马石柱）去，把它们衔接在了一起，然后又用这三根罗马石柱撑起了整个自问自答型结构。

16. 数字榜单型

最后还剩下一个“熟悉”的选择：数字榜单型。还记得这样的演讲词吗？“有 5 个理由可以说明为何我们公司很有吸引力”，然后一一列出。和模块型结构一样，这是一种非常简单甚至难以成形的结构。所以只有在其他所有结构都不适合时，才能使用。

早在 1983 年，康柏电脑就选用这种结构进行 IPO 路演。在为期两周的路演之初，演讲团队提出了 10 个投资康柏的理由。但不久就发现，这么多理由对于本来集中注意力就很困难的投资人来说更是难上加难。于是，他们马上把 10 个理由缩减到 5 个，听众果然听得入神多了。

但随着大卫·莱特曼（David Letterman）主持的《深夜秀》节目中“前 10 榜单”的火爆，人们又喜欢上像“10”这样的大数字了，并且应用到了演讲上。当 ONI 公司的 CEO 休·马丁（Hugh Martin）在罗伯森–史蒂芬投资银行科技投资说明会上演讲时，“大”数字也确实给他带来了好运。

我参加了 ONI 的演讲。和往常一样，我坐在会场后面，这样既能看到演讲者又能看到听众的反应。多数时候，因为很少有演讲者能够讲得流畅自然（“五宗罪”之一），所以听众很快就开始发呆、走神。他们左顾右盼，先低头看看自己的手机，又与旁边的人耳语一番，再回头翻翻《华尔街日报》，而且过不了多久就离开参加别的会议去了。

但是休·马丁是个例外。演讲一开始他就说：“我是大卫·莱特曼的粉丝，因此我将围绕机构投资者最关心的‘10 大问题’展开演讲。”在他逐一谈到这 10 个问题并一一回应的过程中，那些平常极度活跃的脑袋没有一个交头接耳，也没有人离席。

马丁在后来给我的回顾中写道：

罗伯森投行从那场演讲中获得了很多积极的信息，他们考虑以后也用同样的模式。这种方法效果不错，因为每个投资者都想知道其他投资者的担心。对于我，一个演讲者来说这也很方便，因为我不用担心整场演讲的衔接问题。问题与问题之间本来就是独立的。这意味着我不必事先记住下一张幻灯片的内容。一旦揭示出问题，接下来只要做出回答就自然衔接下去了。说到底，这是因为大家都知道你要从第一个问题一直说到第十个，所以自然有内在的连贯性。这种形式很好，因为听众都能听明白。而且说实话，我只要稍加练习就能大放异彩。

哪种叙述结构适合你

这么多种结构，是不是说其中一种一定比另一种好呢？不是的，只是某些结构比较适合特定的情况。比如机遇–手段型一般适合投资说明会，形式–功能型通常适用于同行之间。那么选择什么结构是否存在对错问题呢？这倒没有。其实这 16 种结构在某种程度上存在重叠，选择的关键是：整场演讲只能选择一到两个模式，风格要统一。演讲者陷入麻烦往往是由于他们在一场演讲，甚至是在一张幻灯上就用上了全部 16 种结构。这就像在餐厅点菜，菜单上有 16 道菜，你只要选其中一两道即可。

在你选出恰当的结构后，听众才能从细枝末节中挣脱出来，俯瞰全局。这样听懂演讲也就变得比较容易，而且通过这种循序渐进，你也在无形中告诉听众你能掌控大局。

> 整场演讲只能选择一到两个模式，风格要统一。
>
> **魏斯曼**
> 完美演讲TIPS

如果演讲没有选对结构，就会想到哪说到哪，一片混乱，听众也会听得糊里糊涂，这样你怎么也不可能带领听众到达终点。选出合适的结构模式很重要，但更重要的是一定要做出选择。

> 选出合适的结构模式很重要，但更重要的是一定要做出选择。
>
> **魏斯曼**
> 完美演讲TIPS

一个政界的事例足以说明这个道理：美国前总统克林顿在1995年中期选举中输掉参议院多数席位后，发表了一篇国情咨文。全文概要如下：

1995年国情咨文

变革
现状
"新约"①
成就
新议案
平衡预算
改革福利
应对犯罪
国家服务
非法移民
减税
最低工资

---

① New Covenant的概念源自希伯来语《圣经》，是上帝和人类订立的新约。这里的新约是克林顿阐述自己的政治哲学和政治议程的口号，用以形容美国政府和公民达成的"新社会契约"（new social compact）。在该国情咨文中具体到国家政策是指一条由民主党人执行的中间路线：小政府、减税、行政管制更少。——译者注

医疗卫生
外交
责任

你能看出克林顿总统用的是哪种结构吗？看不出也没有关系，因为根本没有人可以看得出。克林顿太想让这次演讲囊括所有美国人的心声了，反而让演讲琐碎、凌乱，以致《华盛顿邮报》资深政论家戴维·布罗德（David S. Broder）评论道："什么都说等于什么都没说。"

应该没有人愿意让自己的演讲获得这种评语。布罗德和多数听众想必在演讲中眼皮沉得连火柴都撑不开了。更糟糕的是，演讲耗时 82 分钟，这也创下了美国国情咨文的一项纪录。

克林顿总统（或是他的撰稿团队）显然从中吸取了教训。以下是他第二年的国情咨文概要：

1996 年国情咨文

稳固家庭
教育目标
保障经济
打击犯罪
保护环境
维护和平
挑战华盛顿

克林顿给演讲定的题目是"7 重挑战"，所以叙述结构自然就是我们的"老相识"：数字榜单型。和其他国情咨文一样，这次演讲依然漫长，但是简单的叙述结构使听众理解起来并不费事。全国上下的听众始终知道他们听到哪了，接下来会讲什么。

现在，我们跨越到2007年，来看看小布什总统在中期选举丢掉国会多数席位后的国情咨文概要。

2007年国情咨文

两党合作
平衡联邦预算
禁止议员特殊专款
完善医疗保险、医疗补助制度
挽救社会保障
强化“不让一个孩子落后”法案
实行廉价的卫生保健服务
移民改革
能源多样化
公正的司法体系
伊拉克新战略
扩军
对抗艾滋
向勇敢的美国公民致敬

历史就是这么惊人的相似。和克林顿一样，小布什也想做一个面向所有人的演讲。他的这一努力反而获得了另一个戴维，小布什的前演讲撰稿人戴维·弗鲁姆（David Frum）这样的评价：“比‘大杂烩’还乱的演讲。”

小布什总统（或他的撰稿团队）也从中吸取教训，第二年的国情咨文概要如下：

2008 年国情咨文

经济
教育
贸易
科学
移民
伊拉克 / 恐怖主义

这次的结构是议题–对策型，小布什的大部分国情咨文都使用了这个结构。

选择结构的5大指导因素

选择叙述结构时，应该考虑以下 5 大因素。

第一，演讲者的个人风格。事先试一试或者练一下，有助于找到合适的结构。其他人用得成功的模式不见得你也适用，这也就意味着结构模式没有“万金油”一说。

第二，听众的主要利益。我们都知道，不同的结构有不同的侧重点。因此应该选择迎合听众的利益或者诉求的结构。别忘了，机遇–手段型很适合投资说明会，而形式–功能型适合于同行。一家生物科技公司在 IPO 路演时用了机遇–手段型结构。他们从疾病对应的市场机遇开始，说明他们的技术将如何应对这种疾病，开发这个市场。上市不久后，该公司应邀出席一个行业会议。在这次演讲中，他们却改变了结构，先说“形式”（技术），然后再讲“功能”（该技术的市场）。

第三，内容的内在影响。有些内容本身就决定了其天然的结构，如果的确如此就要顺势而为。比如，一个面临转型的公司或产业就是历时型结构的主要选择。

第四，既定的议程。如果参加会议、讨论或其他集会，这些场合会要求演讲符合一定的格式，或者要求你必须做出针对某个特定问题的演讲，这时候就要按照这些要求选择结构 。

第五，美感。跟着直觉走。如果你有强烈的感觉，觉得演讲如果使用某种结构一定会更佳或者效果不错，那就使用这种结构，千万别把演讲塞进一个你自己都觉得别扭的结构里。只有你自己演讲时感觉舒服，这种感觉才会传递给听众，他们才会感同身受。

由此可见，挑选演讲的结构与其说是科学不如说是艺术。你也应该放开手脚搭配不同的结构、一场演讲极有可能需要用两到三种结构。尝试使用不同的结构，但也别因此而束缚自己。记住，做出选择比选择什么更重要。

千万别把演讲塞进一个自己都觉得别扭的结构里。

结构的力量

法国生物科技公司 BioVector Therapeutics 主要生产吸入式药物，在准备 IPO 路演时，公司 CEO 埃米尔・洛瑞亚（Emile Loria）博士不辞辛劳地和我反复讨论了好几次。但和很多情况一样，公司最终被收购了，未能上市。埃米尔后来成为美国一家上市生物科技公司 Epimmune 的 CEO，该公司的产品主要依托抗原决定基（epitopes）这种天然存在的物质。Epimmune 公司已经能利用抗原决定基制造出疫苗，增强人体免疫力，抵抗癌症和传染性疾病。

后来埃米尔打电话请我帮他审核一篇演讲稿，这是一场在生物技术会议上发表的演讲，他通过电邮发给了我。我下载并审阅了概述部分的幻灯片（见图 4—3）。

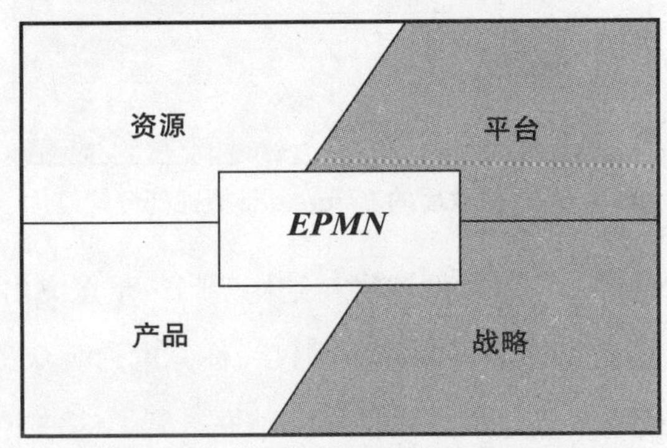

图 4—3　Epimmune 概述部分幻灯片

我给埃米尔回电话，问他用的是哪种结构。尽管我们多次共事，但他还是一下怔住了。过了一会儿才恍然大悟："啊哈！形式–功能型！"

"那好，既然如此你为什么从资源谈起呢？"

埃米尔又是一阵沉默，然后惊叫："我当然应该从 Epimmune 的平台开始啦，那才是我们的核心技术，我们的'形式'。然后再说它的功能，这时候要提到由它生产出来的产品和我们开发平台的策略。资源要留到最后，用来展示我们将如何实行我们的策略。"

"啊哈，这才对！"我答道。

我花了一分多钟，帮埃米尔调整了一下幻灯片的顺序（见图 4—4），然后微调了一下其他几张幻灯片（对这种勤勉的学生，我无须做太大调整），接着用邮件发给他。

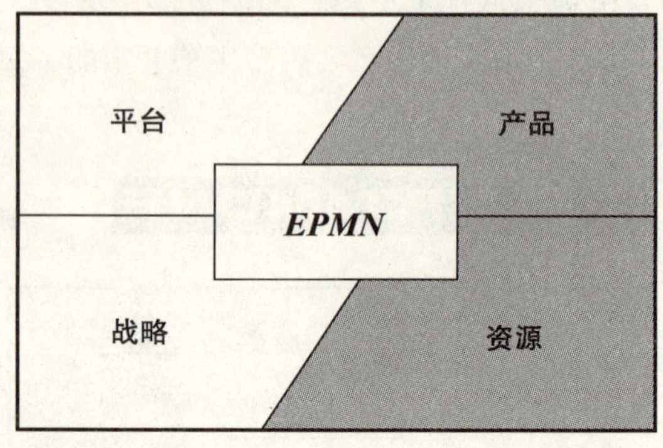

图 4—4 修改后的 Epimmune 概述部分幻灯片

前后不到 5 分钟，埃米尔的演讲就结构明晰、重点突出了。

这种用叙述结构支撑演讲的方法不仅为你，也为听众提供了一种快速、简单的方法检验想法、观点的严密性和完整性。有了这种方法，听众可以明白所有演讲。但更重要的是，他们还能轻松记住所有要点。

4个关键问题

我们回顾一下目前学到的所有内容：首先做出框架表格，然后是头脑风暴和归类，最后用特定的结构把他们排列成合乎逻辑的顺序。

这些步骤可以进一步提炼，从而落实到以下 4 个关键问题上：

☐ 你的目的是什么？

☐ 你面对的是谁？他们的诉求又是什么？

☐ 你的罗马石柱是什么？

☐ 为什么要用特定的顺序排列罗马石柱？换句话说，你选用哪种结构？

每次有客户让我审核他们的演讲稿时，我什么都不看，什么都不听，就先问他们这 4 个问题，与每个客户的每场讨论都是从这 4 个问题开始的。对于你，我的建议也一样，从现在起每一次演讲都要问自己这些问题，并一一回答。

这样，听众将会很愉快，获益的自然是你。

第 5 章

开场 90 秒就“抓住”听众

直接俘获听众

在脑子里描绘一下演讲开始前的场景。想象一群公司的潜在客户，冲着你关于最新产品的说明会而来。他们鱼贯入场，入座后一边喝着咖啡，一边查看自己的黑莓或者 iPhone。你的听众也可能是坐在豪华办公室里的银行家，他身前的桌上堆满各种文件，正等待他决定是否要贷款给你的初创公司，让你扩大规模。又或者像我的 IPO 客户遇到的一样，一屋子的机构投资者，坐在豪华酒店的宴会厅里边听演讲，边担心纳斯达克的行情。

他们的心思到底在哪里呢？很可能从演讲的开始阶段就不在你身上。他们大概思索着手机上传来的紧急情况和涨跌无常的纳斯达克指数，想着条件最好的投资申请人、下一场会面、到期的报告或刚才和另一半的争吵。

如果演讲开始就以正常节奏大谈产品、服务、技术，就会超越听众的注意力，迫使他们在后面苦苦追赶。他们就得不断回忆你前面讲了什么，而这是演讲的大忌。**不要让听众费脑筋**。

在这种情况下，你可以说一段简短的"开场白"以引起他们的注意，直接抓住听众注意力的同时，也有助于你以一种舒服的对话形式开始演讲。

在这一章，你会学到 7 种经过实战检验的开场方式。

7种经典的开场白

1. 提问式（Question）：向听众发问。

2. 陈述式（Factoid）：说出一组惊人的数据或一段鲜为人知的事实。

3. 回顾/前瞻式（Retrospective/Prospective）：向前展望或回首过去。

4. 轶事式（Anecdote）：说一个简短、温暖的小故事。

5. 引证式（Quotation）：从可靠的来源引用一段有利于你的话。

6. 格言警句式（Aphorism）：用大家都熟悉的俗语开始。

7. 类比式（Analogy）：借由两种看似不相关的东西，理清一个复杂、晦涩或模糊的主题。

1. 提问式

切入演讲的一个很好的方法就是对听众发问。一个精心选择、联系密切的问题可以瞬间激发听众的反应，打破隔膜，让他们参与进来，促使听众思考你传达的信息与他们之间的联系。

直觉软件的创始人兼CEO斯科特·库克（Scott Cook）就用过这种开场白，效果不凡。上市前，斯科特参加了在旧金山举行的罗伯森-史蒂芬投资银行科技投资说明会。会上斯科特是这样开始演讲的：

“女士们，先生们，早上好。请允许我用一个问题开始今天的演讲。在座各位有多少人理财？有的请举手？”当然，几乎每个人都举手了。

“好的，那又有多少人喜欢理财？”每个人的手又都放下了。很多人都笑了，等着看斯科特要说什么。

斯科特接着说：“这证明你们很正常，全世界有好几百万人都讨厌理财。但我们直觉公司新开发了一套Quicken理财软件，它简单、易用，会让理财变得轻松。”

斯科特如果一开始就描述 Quicken 软件的细节，肯定一败涂地，因为那样的话，听众很快就昏昏欲睡了。但他没有，他的开场问题提起了听众的兴趣，吸引他们参与进来。

但让大家举手要谨慎。听众可能会觉得在公共场合要求透露这一信息侵犯隐私，许多在场听众也许举手了，但不一定喜欢被人问得这么直接。再说，如果现场听众没有像你想的那样举手怎么办？你下一步做什么？这不是引火烧身嘛。斯科特·库克之所以能成功，是因为他早就已经是个演讲高手了。在创办直觉公司之前，他就是贝恩咨询公司（Bain and Company）的管理顾问。

为了避免太直接的问题带来的危险，可以问一个和听众息息相关的、有意义的问题，然后自己给出答案。要是这样，斯科特可能就会说：“如果我问在座各位有多少人理财，可能大多数人都会点头。”

DigitalThink 是一家提供网络学习课程软件的公司，后来被 Convergys 收购后上市。一开始迈克·波普（Mike Pope）担任公司 CFO，后来他又成为 CEO。在担任 CFO 期间，迈克的一个工作就是在全体员工大会上宣布公司战略的新重点。他很清楚新战略中有关缩减开支的政策会影响部分员工的职位，所以他把演讲的重点放在这一战略对公司整体利益的促进上。

迈克这样开始他的演讲：“如果我问你公司的战略重点是什么，你会给我一种答案。我要是问另一个人，又会得到另一种答案。事实上，也许公司有多少人，我就会得到多少种答案。你们也许都没错。因为我们就是想努力满足每个人的需要。但是这个做法不再可行了。今天在这儿，我必须指明公司的战略重点，只有这样我们才能同心协力……我们才可能获得企业意义上的成功。”

然后迈克宣布了新的战略。演讲结束时，全场掌声雷动，甚至在会后很长一段时间还反响不断。迈克正是通过提供一个结果更优的计划，也就是员工的“维惠”问题，让他们做好公司变局的准备。

由此可知，**只要提出的问题与听众利益相关且足够调动他们的神经，自问自答的形式是打破开场沉闷的极好选择。**

2. 陈述式

陈述式开场白就是说些简单但令人印象深刻的数据或事实：可以是市场增长数据以及听众不知道的关于经济走向、人口统计或社会趋势的细节。但是这些陈述必须与演讲主旨、演讲目的息息相关。陈述的内容越与众不同越让人难忘，越意外效果越好。

亚德里安·斯莱沃斯基（Adrian Slywotzky）是杰出的管理学作家，也是美世咨询公司（后来和奥纬咨询 [Oliver Wyman] 合并）的总经理。亚德里安经常面向大公司主管做演讲，解释自己对今后 10 年业务增长点的分析，告诉这些商界领袖抓住这些增长点的策略。为了吸引注意，亚德里安给 PPT 首页冠以"增长危机"（Growth Crisis）的题目，下面列出了美国好几个产业里最著名、最受人追捧的大公司。

亚德里安说："每个投资人都在寻找发展良好的公司，他们希望这些公司的业绩和利润都能以两位数的速度增长。但在这张表里，没有一家大公司能够达到这样的增长速度。一家都没有！这听起来不可思议，但却是事实。我们的调查显示，如果计算增长时不考虑兼并或者其他特殊情况，这些业界翘楚没有一家在过去 10 年间增长达到两位数。"

说到这里，很多听众都担忧起来，因为他们都是高管，他们所在的企业和 PPT 上列出的公司几乎齐名，所有人都等着听亚德里安对走出这种困境的建议。

3. 回顾/前瞻式

这种方式可以看做是对现时和彼时的剥离。回顾/前瞻式通过将听众带回过去或引向未来，带他们从眼下的烦心事中解脱。不管这个烦恼来自手机上“催命”的短信、纳斯达克的上下震荡，还是与爱人的口角争执，只有让他们脱离烦恼才有可能抓住他们的注意力。

例如，你可以指出某事过去是怎么做的，现在又是怎么做的，你预计将来又会怎么做。这种对比可以突出和强调自己公司的产品或服务带给听众的价值，从而成为切入演讲主旨和目标的引子。

如果是一家科技公司，就可以通过对比不同阶段产品之间在运行速度和功能上的不同，显示公司在产品改进方面不断提升的能力。

这种方式还能用来找工作。在我指导演讲的20年中，大部分时间都有幸与微软合作。我也经常出现在位于华盛顿雷德蒙德的微软研究院。有一次在走廊上，一位年轻人向我迎面走来，那时候这本书的第一版面世刚刚不久，他手里拿着这本书对我说：“我就是用回顾/前瞻式的开场白得到这份工作的。”我微笑着说：“不妨跟我说说吧。”

> 我走进一个会议室，有好几个面试官。我走到前面，是这么说的：还记得当初“Yahoo”，只是你开心时的口头语吗？还记得以前“网”（web）只是蜘蛛足下的杰作吗？或者“网”（net）只是打渔用的工具吗？但那都已经过去了，现在Yahoo（雅虎）是一家实力强大的网络公司，“网”已经把全世界的电脑和他们的使用者连接在一起，而只要有网络连接的地方就有微软的NET Framework。

年轻人的话给面试官留下了深刻的印象，而且他很了解微软的程序设计平台，微软很快就雇用了他。

4. 轶事式

我所说的“开场小轶事”可不是指说个笑话。我和其他人一样，也很喜欢笑话，但我给你的专业建议是：**永远不要在演讲时说笑话**。因为谁也不知道笑话的效果是正面的还是负面的，即使多数情况下能博得众人一笑，但同时也会削弱你要传达的信息的说服力。

我这里的“轶事”指的是短小精悍的故事，通常都很有人情味。它们作为开场白之所以效果不错，是因为人类天生关注和关心同类。**讲上一段轶事可以立刻建立听众对你的认同，让他们感你之所感**。就是这么一小段故事可以给你抽象、甚至枯燥的主题带来“生命”的气息。

> 永远不要在演讲时说笑话。
>
> **魏斯曼**
> 完美演讲TIPS

罗纳德·里根被称做“伟大的沟通者”（The Great Communicator）。他演讲时每过几分钟就会讲一件轶事为话题注入点“生”气。他总有一些关于勇敢的士兵、善良的护士或者令人尊敬的爷爷的小故事，要用的时候就能脱口而出。这些故事对他演绎主题很有帮助。他每次也都能赢得听众认同的点头或赞许的微笑，无一例外。

报刊和杂志也经常用轶事来吸引读者。如若不信可以去翻翻今天的报纸，肯定能找到一篇文章开头就是一段故事。每一个职业撰稿人都知道它的效果。

下面我会从不同的背景出发，举一些不同的例子来说明怎么用轶事开始一场演讲。

1996 年春，我和雅虎当时的 CEO 蒂姆·库格尔（Tim Koogle）合作了一段时间。那时他和他的团队正在计划 IPO 路演，团队里还有 CFO 加里·巴伦苏埃拉（Gary Valenzeula）和创始人杨致远（Jerry Yang）。蒂姆和加里是主讲人，但星光闪耀的杨致远也会回答听众提问。蒂姆考虑了好几种开场白后，决定用一段真实的个人经历开头。他知道这段经历可以解释一个他和在座每位听众都有的困惑。开场白大体是这样的：

> 女士们，先生们，大家好。你们也知道上市意味着没日没夜的忙碌：不仅要填写一大堆文件、与律师和审计师见面，还要准备 IPO 路演，同时又不能丢下公司的日常管理。我上周突然发现已经 4 月份了，自己的退税材料还没有准备好。你们可以想一下我当时的感受。尽管我有一堆关于退税的问题，但到现在都找不出时间和会计坐下来谈谈。
>
> 万幸的是我为雅虎工作，所以我登录雅虎账号，打开雅虎主页，点击“财经”一栏，进入“税务”……结果所有问题的答案都能找到。
>
> 除了财经、雅虎还提供旅游、娱乐、体育和健康的网络搜索服务，主题应有尽有。当你想到这些，再考虑到不断增长的网民人数，就会发现雅虎从这些网民中可以获得丰厚的广告收益。这是一个诱人的机遇。我们邀请各位和我们一起把握这个机会。

但雅虎的 IPO 故事还意外地说明了其他的演讲原则。雅虎商业模式的一个关键就是推广年轻、叛逆、乐观向上的品牌形象，这些都是通过雅虎这个名字、雅虎的广告造势，甚至是雅虎紫金色商标里的卡通字体表达出来的。雅虎团队和顾问在规划 IPO 路演时想了很多办法保留这种信心满满，甚至有点自以为是的形象，同时又不想丢掉那些成熟稳健的投资者。他们甚至一度考虑上场演讲时穿上代表公司的紫金色缎面夹克，还要在现场分发印着公司商标的亮黄色卡祖笛。最后这些计划都没通过，他们想在演讲开始播放一段简短的视频为演讲定下一个基调。这段视频以 MTV 的形式拍摄，中间不断切换场景，并选择了很多不常见的拍摄角度，表现一群活力四射的年轻人。他们跑着、跳着、搞怪地表演着，同时大喊："你雅虎了吗？"（Do you Yahoo？）

无论从什么角度看，这个视频都制作精良。你们可能认为我作为一名资深电视人会十分欢迎这种以视频开始的想法。其实，每次遇到视频我都建议往后放，这次也不例外，我推荐他们在蒂姆·科格尔讲完小故事以后再播视频。理由是：管理水平才是对方决定是否投资的主要因素，而不是花哨的视频。雅虎这家初创公司之所以将蒂姆招入帐下也是看重他的沉重冷静、能力出众，在商界受人敬重。蒂姆曾在摩托罗拉干了8年，后来又去利顿工业（Litton Industries）旗下的易滕迈集团（Intermec Corporation）担任总裁。蒂姆在这些声名显赫、经营成熟的企业的成功经历，会让投资圈不敢怠慢雅虎这帮小牛犊。既然如此，为什么不主打"管理"牌？

但是我的建议被雅虎股票的承销商否决了。这大概也是史上少有的投行因为觉得太过保守而否决媒体人的建议。最后还是决定先放视频，不过也没有影响到雅虎的股票发行。雅虎当时炙手可热，就像一辆参加欢乐巡游的花车，而那些网民就像两边的民众吵着闹着想登上它。

三年前类似的情况又发生了，当时的客户接受了我的建议。这个客户就是 Macromedia，一个多媒体编辑软件制造商，后来它被 Adobe 收购了。他们当时请我帮助指导 IPO 路演。一开始我没有参与，直到他们利用公司优势制作了一段视频用做演讲的开头时，我才介入。对那段视频我记忆犹新，是一个色彩鲜艳、活灵活现的字母"M"，舞蹈着来到屏幕上，和着欢腾的音乐旋转、跳跃。尽管如此，我还是一如往常建议把视频往后挪，先说开场白。

然后我和 Macromedia 的 CEO 巴德 · 科利根（Bud Colligan）讨论出下面这段轶事：

> 各位女士、各位先生，下午好。欢迎来到 Macromedia 公开上市说明会。去年，我还是苹果公司的一个“山头大王”，那是一份很棒的工作，我手里掌握着几乎用不完的资源，技术人员经验丰富、科研经费十分充足。诸位可能会问那你为什么要跳到这个充满未知的初创公司呢？原因就是我在苹果负责评估和开发新技术，因此我面前堆满了设计精妙的程序和装置，但真正吸引我的还是多媒体。
>
> 我敢说你们最近一定经常听到多媒体这个词，似乎每个人都在谈论多媒体。但如果随便找个人解释一下这个词，恐怕多数人说不出个所以然来。所以与其用语言定义它，不如我来给各位展示一下！

巴德说完播放了那段视频。由于前面有那一段开场白，视频也就不仅仅是看起来炫目了，它更生动地展示了 Macromedia 可以给千万顾客带来的创造力，因此又和 Macromedia 这次演讲的目标联系起来了。

现在，我们来看另一个完全不同领域的例子。Argus 是一家位于华盛顿亚基马（Yakima）的保险公司，向公司雇员销售“职场保险福利计划”，这是一种为客户量身定制的保险，雇员可以在雇主投保的基本险种基础上选择最适合自己需求、保费也在承受范围内的险种。

过去，Argus 的业务员只是简单地到各家公司拜访，将员工集中到一个

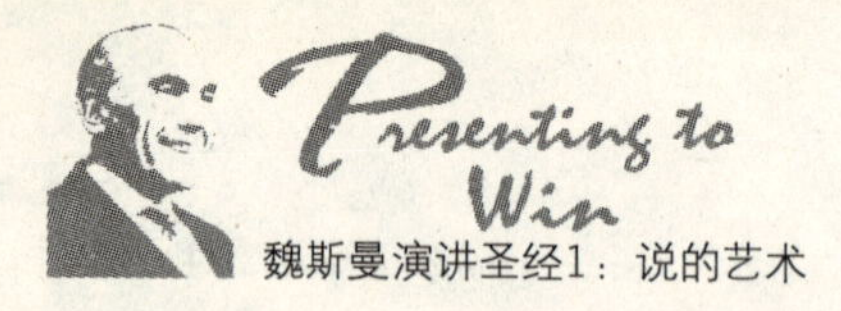

房间里看一段录像介绍 Argus 的服务；看完后，业务员再给每名员工发一本宣传手册，剩下的就是等待客户自己送上门来。这种方式拿到的订单常常寥寥无几。

我和 Argus 公司的一组人合作时，告诉他们什么是“开场白”。在我的帮助下，一名叫卡罗尔·凯斯（Carol Case）的经纪人根据自己的真实经历，想出了这样的开场白：

> 去年，公司一位客户的家里着火。没有人知道真正的起因，可能是电线短路。总之，房子在大火中烧得面目全非，里面的东西也所剩无几。这是多大的灾难啊！他们不仅没有了房子，整个家庭的经济状况都变得捉襟见肘。
>
> 这位客户和许多人一样事后才醒悟，他当初其实是有机会避免这么重大的损失的。幸好我们找到了解决办法。公司复核了原来的保单，发现承保范围里有漏洞。我们随后提供了一份保障更全面的保险，而且保费不高，这份保险覆盖了原先没有涵盖的风险。

这种事可能发生在任何人头上，因此听众都很认同卡罗尔举的例子。现在他签下的客户比过去多了很多，很大一部分原因就是这段让人信服的开场白。

5. 引证式

另一选择是引证式开场白，这并不是说让你引用威廉·莎士比亚、温斯顿·丘吉尔、约翰·肯尼迪或者汤姆·彼得斯这些人的话，当然，他们要是真说了什么和你公司有关的话也可以引用，这里说的是，如果你能从《华尔街日报》或各种本行业的刊物上，找到对你、你的产品或服务的支持或正面评价，引用起来就会很有价值。这种引言可以提起听众继续听下去的兴趣，并从一开始就为你树立信誉。

但是不要去书店或图书馆找什么《名人名言万用大全》之类的书，那上面的东西几乎派不上用场。

DigitalThink 1999年上市时，迈克·波普是CFO。当时网络泡沫正好发展到顶峰，其他很多互联网培训业的公司都在准备上市。三年后迈克成为CEO，他参加了Power Presentations的培训，当我在培训中提到“引证式开场白”的时候，迈克只是心领神会地微微一笑。

迈克笑什么呢？他解释道：“我们上市那年，几乎每一个网络教育公司的IPO路演都会引用约翰·钱伯斯的一句话：‘因特网的下一个杀手级应用将是教育。网络教育会不断发展、不断壮大，到时候电子邮件的应用和它相比就像个零头。’”当时，这个行业的任何一家公司都觉得这句话和自己密切相关，很有说服力。

6. 格言警句式

格言或俗语也可以是很好的开场白，但一定要选择与演讲主题和目标联系自然、可信的。

□ 有一家生物科技公司，是由三家在癌症研究方面技术相关的小公司兼并而成的，这家新公司一场演讲的开场白是：“整体大于局部之和。”其实欧几里得的原话是“整体等于局部之和”，但演讲者把这句话稍稍改动了一下，就立刻明确表达了新公司通过资源的整合所享有的协同优势。

- □一家生产图像显示器的公司用“眼见为实”开门见山地表达了显示器的清晰和逼真。
- □一家语音识别技术公司用的则是：“说起来容易，做起来难。”
- □还有一家小公司在行业两个巨人的夹缝中生存，他们用的是：“他们不在哪里，就在哪里击败他们。”这句格言是过去一个伟大的棒球运动员威利·基勒（Willie Keeler）说的，意思是说：“要在一场比赛中胜利，你不见得要最大或最强；专注于别人忽略的地方，你也可以取得成功。”

在以上每个案例中，格言式的开场白都在一开始就抓住了听众的注意力，这样演讲者就可以带着他们逐渐深入到主题和目标。就是这么一个简单的过程：**先让他们跟定你，再带着他们走下去。**

7. 类比式

最后一个是类比式开场白，也是用得最多、最有效的一种。类比是看似无关的两样东西之间的比较。在这本书的引言部分，我曾拿按摩师与演讲者类比，希望这样的类比引起了你们的注意。

精心构造的类比可以清晰地解释所有晦涩、模糊、复杂的问题。如果公司的产品、服务或系统在技术上很复杂，或者没有专业知识理解不了，那就找一个简单的类比，让听众能够领会演讲的精髓。

类比越简单越好。一家公司开发了一套改进版的管理数据的网络软件，如果你向投资人推销它，就可以这样介绍：“请把我们想象成维修信息高速公路的人，为此我们打算向每个使用者收取过路费。”

尽管公路常被拿来和网络类比，我发现把它稍微改变一下就可以用在生物科技公司的 IPO 路演上。TheraTech 公司，现在的犹他州华生实验室（Waston）掌握了一项技术，可以通过穿过皮肤的管线定量供药。在路演准备阶段，公司研发部门的副总裁，同时也是一位制药学博士查尔斯·埃伯特（Charles Ebert），开始谈论这项核心技术的精髓。就在查尔斯大谈公司的基质系统（matrix system）和渗透促进剂时，我请他停下来解释一下这些名词。查尔斯说：“把基质想成卡车，药是货物，皮肤是过境关卡，在那里卡车必须停下来，渗透促进剂就是拉起障碍物的电动机，可以使卡车顺利通过。”

科学很复杂，相对而言商业比较简单。通常把商业和科学放在一起谈会很难。尽管人类基因图谱序列背后的科学非常复杂，但他的商业潜力却可以通过一个类比进行解释：“因为我们公司的研究人员最先找出了导致几种重大疾病的基因并绘制出了他们的图谱，我们就可以向专攻这几种疾病的大制药公司收取使用费（royalty payments）。这就和拥有一首热门歌曲的版权，每播放一次就收一次版税一样。”

文斯·门迪洛（Vince Mendillo）曾经是微软移动设备全球市场部门的主管。有一年，微软在伦敦为欧洲的独立软件开发商（ISVs）组织了一 场移动开发商大会（Mobility Developers Conference），这些独立开发商编写了在成千上万的移动设备上运行的应用程序和其他不计其数的软件。大会开幕时文斯要做演讲，她以类比开场，但因为热情洋溢的问候，效果更好：

> 大家早上好！既然现在在欧洲，我想还应该加上 Bonjour、Buenos dias 和 Buon giorno!（分别是法语、西班牙语和意大利语的早上好。）
>
> 我本人爱好历史，也研究过祖先曾经居住过的这片土地。意大利有好几个世纪都分裂成许多内斗不断的独裁国家。但是到了 1870 年，一位曾经的游击队员，后来伟大的将军朱塞佩·加里波

第勇敢战斗，统一了意大利。

今天的移动市场就像昨天的意大利，被割据成各行其是、互不相融的区域。现在主要是技术、平台和系统之争，各位独立软件开发商深受这种分裂之害。我们在微软听到了你们的心声，也理解你们的迷茫，因此，开辟了一块合作伙伴和谐共生的领地，其中包括英特尔、得州仪器和主要的电信运营商，他们将和微软一道开创一个开放的平台，这个平台上的成员都能参与上亿台微软移动设备的开发。我们衷心欢迎各位今天到场，也邀请各位成为这片和谐之境的一员。

文斯的开场白使用类比，情真意切，捕捉到了听众的心。

复合式开场白

实际上可以从前面的模式中选择几种，结合使用。还记得第 1 章里的网存 CEO 丹 · 沃门霍芬怎么开始 IPO 路演的吗？他以莎士比亚的名句“名字有什么意义”开场。（格言式：朱丽叶对罗密欧永恒的追问。）然后问：“什么是应用产品？”（以退为进式。）紧接着马上回答：“烤面包机就是应用产品。”然后丹拿烤面包机做类比：“它只有一个功能，并且做得很好，这就是烤面包。”

沃门霍芬用这样三层环环相扣的开场白牢牢抓住了听众，所以在类比之后他过渡到了演讲的正文：“管理网络数据很复杂。到目前为止，这一任务都是由集诸多功能于一身的设备完成的，但是欲“多”则不达！它们尽管功能多，但单个功能都没有得到很好的发挥。而我们公司的文件服务器只专注于一件事，并且对此非常擅长：管理网络数据。”这时，沃门霍芬已经准备好领着听众到达本次演讲的终点了：“如果你想到网络数据的爆炸式增长，就能预见我们的文件服务器在这种增长中占有一席之地，而且是极其重要的一席。我们公司也会成为极具发展潜力的公司。我很荣幸地邀请你加入，与我们一起发展壮大。”

如何过渡到“目的”

要让演讲一开场就有针对性，仅仅激起听众的兴趣还不够，如果能和演讲的目的联系起来才最佳。

所以在前面提到的例子里，演讲者说完开场白后，还要使出浑身解数一路深入下去直到目的。为此，他们还需要做好两个铺垫：独特的卖点（Unique Selling Proposition）和对观点的验证（Proof of Concept）。

独特的卖点

这既是对业务的简单总结，也是向前推进的一个基础：只需要描述一下你或者公司是做什么的，都生产什么或者提供什么。假设你是在电梯里演讲：你走进电梯，发现一直想拜访的客户就在里面，而他只到 4 层，而不是 70 层。那么，你该如何推销自己？

卖点应该只有一句话，最多两句。我常听人抱怨：“我都听了 30 分钟了，还不知道他们是干什么的！”这恰恰就是卖点应该回答的问题。

再看看丹·沃门霍芬的开场白：“我们公司的文件服务器只专注于一件事，并且对此非常擅长：管理网络数据。”这是一个非常清楚、凝练的卖点。

> 卖点应该只有一句话，最多两句。
>
> **魏斯曼**
> 完美演讲TIPS

观点的验证

这只是进一步辅证卖点，它可以立刻提升你的可信度。但说不说由你。有时你可以在开场白后通过卖点直接过渡到演讲的目的。

无论如何，这种尝试都很有价值，而且可以从不同的角度去验证。比如说，不同凡响的销售业绩，“这款软件上市第一天就售出了85 000套”；广为人知的荣誉，“我们的产品被《商业周刊》评为年度十大精品”；还可以是令人难忘的赞许，“一位IBM副总在试用了我们的产品后告诉我，如果当初IBM可以把它研发出来，他宁愿为此付出一切”。

你的开场白、卖点、验证和目的就像一串彼此连接的拐点（inflection points）。如果演讲一开始就把它们起承转合得很好，那么在进一步讨论之前，听众就已经知道你想说什么了。这样，就牢牢地抓住了听众的注意力，他们也很清楚你的要求是什么。

我们回到直觉软件上市前，创始人兼CEO斯科特·库克在罗伯森-史蒂芬投资银行科技投资说明会上的演讲。

> 斯科特从两个问题开始：“在座各位有多少人理财？”“有多少人喜欢理财？”
>
> 在大家笑声渐止，举起的手落下后，斯科特继续说：“这证明你们很正常，全世界有好几百万人都讨厌理财。但我们直觉公司新开发了一套Quicken理财软件，它简单、易用，会让理财变得轻松。”（直觉的独特卖点。）这时斯科特再接再厉：“我们坚信，讨厌理财的人那么多，对Quicken软件的需求量也很大……”斯科特到此已经做了很多铺垫，所以他没有验证自己的观点，而是直接来到了目的：“……以你们的期望塑造直觉公司吧。”

在直觉公司当时的发展阶段，斯科特的唯一目标就是提高潜在投资者和投资经理对直觉 IPO 发行的关注。不像在场的其他 CEO 急着“圈”钱，斯科特只是在为路演准备，所以他才说出了“……以你们的期望塑造……”。实际在那个会议上，斯科特甚至还拒绝了一份很慷慨的投资提议，因为之前他已经从主要投资者凯鹏华盈风险投资公司那里获得了运营所需的资金。

顺便提一下，斯科特从不羞于对听众“提”要求。经我指导过 IPO 路演的 500 多位 CEO 几乎都需要我的“逼迫”才会要求听众采取行动（“五宗罪”之一便是“要点不清”）。很多 CEO 都不愿意使用“投资”（invest）这个字眼，至少不如我建议他们使用的那么多。我只好推荐像“邀请”（invite）、“加入”（join）、“参与”（participate）和“分享”（share）这样的替代词。但是斯科特·库克例外，在那 500 多位 CEO 中，只有他敢在路演最后大胆提出：“为什么您应该投资直觉呢？”然后给出自己的理由。

还记得在第 4 章，赛瑞克斯的 CEO 杰瑞·罗杰斯是这样开始路演的：“赛瑞克斯必须与业界公认的巨头英特尔和 AMD 对抗，还要和另外两家实力雄厚的大公司竞争。所以，作为一家初创小公司，要想在业界立足，一些新客户可能会对我们设计的、与 IBM 相容的微处理器提出一些十分尖锐的问题。在此，我必须做出回应。有这样三个问题是经常被问及的：赛瑞克斯微处理器支持所有的应用软件吗？赛瑞克斯将如何与英特尔一较高下？赛瑞克斯的财务是否稳定并足以确保成功？

杰瑞接着说：“我首先要说的是，赛瑞克斯是除英特尔之外第一家生产 486 微处理器并已经出厂上市的公司。（赛瑞克斯对观点的验证。）不过对于各位投资者来说，前面提到的有关兼容性、竞争力和财务稳定的三个问题依然很重要。我今天的演讲会给各位一个答案，以证明投资赛瑞克斯是明智之选。”（目的，终点。）

事后证明，杰瑞的答案和他让听众行动起来的呼吁是卓有成效的：赛瑞克斯IPO发行价每股13美元，第一个交易日收盘价就超过19美元，这在1993年是相当不凡的。

我们再回顾一下本章前面提到的Argus保险公司的业务员卡罗尔·凯斯。卡罗尔在向客户推销保险前会首先提到那次火灾，然后她会说："和许多人一样，那位客户只购买了最基本的险种，没有根据需要购买量身定制的保险。他现在终于知道，定制化的保险可以让他远离灭顶之灾了。幸好我们公司有解决方案。Argus可以为您提供定制化的保险增值套餐，根据您的需求保障您免受重大财务损失。"（独特卖点。）卡罗尔其实已经为她说出目的做好了铺垫，但为了万无一失，她又证明了一番："也许正是因为这样，Argus才会成为美国成长最快的保险公司之一。"现在，她可以胸有成竹地直接提出要求了："我想你们会把握这个机会，今天就签下这份意义重大的保单的。"

在你一气呵成地说完开场白、独特卖点，验证完观点，并说出目的后，听众已经很清楚你要带他们去哪儿，接下里就看你怎么带他们去了。

告诉听众你的演讲计划

前面提到的拐点会让听众对后面的核心有个准备，但你现在就想直接开始主体部分的演讲了吗？你现在就想开始深入探讨你选定的第一类要点了吗？别急，还没到时候。我建议你先带着听众预览一下主要内容概要。

预览就是帮听众指路，让他们不至于在追随你的要点时"迷失"，这里所采用的办法就是"告诉听众演讲计划"，也可以说这是"俯瞰全局"。

在多数商业演讲中，预览是通过一张"概述"（Overview）或"议程"

（Aadgenda）幻灯片进行。在 IPO 路演中，预览通过一张列明“投资重点”（Investment Highlights）的幻灯片完成。无论哪种情况，这张幻灯片都总结了一家公司吸引人的主要地方。那么为何不干脆按照顺序列出演讲的所有要点，即罗马石柱呢？为什么不在这页幻灯片上囊括演讲的所有内容呢？确实，这样一来，你和听众就可以既知道要点又了解叙述结构了。但这样就不光是俯瞰全局，而是事无巨细了。

但是，告诉听众演讲计划又不仅仅是提供议程这么简单，还可以包括另外两点：**正文前的过渡和对演讲所需时间的预测。**

正文前的过渡

在 Argus 保险公司的推销案例中，卡罗尔·凯斯说完“我想你们会把握这个机会，今天就签下这份意义重大的保单的”后，边点开概述那一页幻灯片边说：“你们今天和 Argus 签下合同，也就是签下了 Argus 的……”然后她把幻灯片上 Argus 的各项品质念了一遍。

相较于卡罗尔这种说完自己演讲的目的又进一步过渡的方法，还有一种完全没有过渡的普通方法：“下面我想谈谈今天演讲的主要内容……”

直觉软件 IPO 路演的开场，在斯科特·库克以“为什么您应该投资直觉”来呼吁听众采取行动后，他用一句“这些就是考虑投资直觉的原因”过渡到“投资良机”这页幻灯片，并做了简短的解释（见图 5—1）。

斯科特没有照着 PPT 念，任何听众都反感逐字逐句的读，他们会想：“我又不是小孩！要是这样读一遍，我自己就会！”

斯科特说完这些后，又强调：“请把这些当做接下来 20 分钟演讲的提纲，我首先从最上面的市场机会说起。”这又是一次过渡，然后终于进入主体部分。

投资良机

· 尚未完全开放的广泛市场
  个人理财
  小企业核算
  国际化
  服务
· 行之有效的获取产品的方式
· 最好的产品种类
· 所有平台上的市场领先者
· 从现有客户中获得的巨大收益

Intuit

图 5—1　直觉 IPO 路演“投资良机”一页的幻灯片

预测演讲所需时间

从演讲开始就说好结束时间：让听众在昏天黑地听一大通演讲之前，就看到结束时的曙光。通过告诉他们时间，你摆出了一种姿态：我珍惜你们的时间，因此会高效地使用它们。这又是一个唤起听众共鸣的表现。

通过向听众提供演讲“路线图”和大概需要的“时间”，你就给了他们一个演讲的“计划”和“时间表”。这 4 个词其实都代表了一点：控制力。你又一次发出了信号：你掌控局面的能力很强。

当然，**仅仅因为你告诉听众下面会说什么，还没有人会认为你就是一个出色的演讲者，这只是一次热身而已。**但如果没有做到这一点却很能说明问题：如果你把听众带入一场漫无天日的演讲，没有进程，没有结束时间，他们会觉得没有依附，整个人随着你飘。但如果你让他们看到终点的曙光，他们就会安心坐着，聆听你传达的信息，心里暗想：这个人对自己的一言一行都心中有数，他们有计划，准备也充分，我且听听他们都会说什么。

其实告诉听众你会说什么，即“路线图”，对演讲者也有好处。当你点击“概述”那一页幻灯片对听众逐一说明时，你也在心里默默地检查演讲的各个部分，提醒自己整个结构和流程，可以在进入演讲的主体部分后游刃有余地阐释各个要点。你应该还没忘记 ONI 公司的休·马丁和他的“投资人最关心的 10 大问题”取得的成功吧？

再者，演讲前 5 分钟很可能某个人会跑来对你说：“实在抱歉，我们的时间有点紧。本来计划给你 30 分钟的，现在只有 8 分钟了。”

怎么办？惊慌失措？不要着急。只要点开综览概述那一页幻灯片，在有限的时间里带着听众过一遍要点就行了。毕竟这一页就是你全部演讲的精华，完全可以借它完成一场高度凝练的演讲。

告诉听众演讲的计划有很多优点：**它是整个演讲的“路线图”，是过渡，是对后面的预测，是给你的提示，也是精简版的演讲。**

现在，你就可以切入主体了：细致地演讲每一个要点，在叙述结构间添上真材实料。

主体结束后，还要重复你所说的内容。这在多数演讲里体现在“总结”那一页 PPT 上；如果是 IPO 路演，就是“投资重点”那一页。它们都是一面镜子，反射出演讲从开始到现在的所有内容。这种回顾呼应了前面的预览，就像书架两端的书挡，牢牢固定整个演讲的结构。同时，这也构成了收尾部分，有力地承接住整场演讲。结尾部分一定要最后强调一次演讲的目的，听众听到的最后一句话，应该是你对他们行动的呼吁。

关于总结，有一点值得注意：简明扼要。一本书所剩内容不多，读者已经感到结局就在眼前时，作者往往会加快叙事的节奏。演讲也是一样，当你翻到“总结”那一页时，阐述一定要简练。

> 听众听到的最后一句话，应该是你对他们行动的呼吁。
>
> **魏斯曼**
> 完美演讲TIPS

到目前为止，你已经从一开始就牢牢地抓住了听众，引导他们走过各个部分，并成功把他们带到终点。更重要的是，你的整个故事满足了亚里士多德对故事的经典要求，也即我们所说的：凤头、猪肚、豹尾 。[①]

我在 Power Presentations 的培训课程中提供了一个“故事简图”(见图 5—2)，它包括了以上所有要点。这个工具可以对照出演讲内容是不是有缺失，很适合于打造一个极具说服力的演讲。

开场90秒

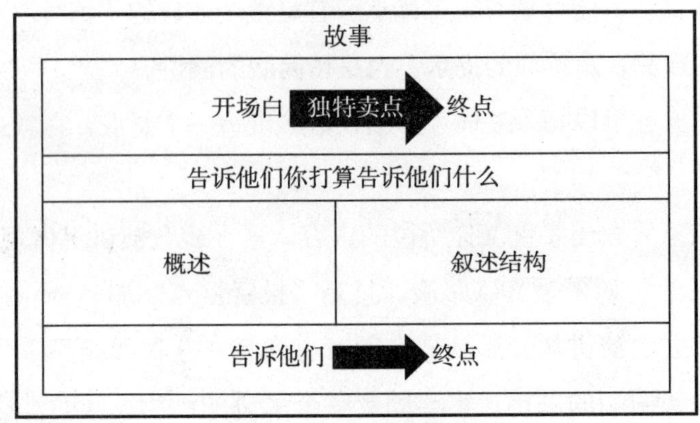

图 5—2　故事简图

任何演讲的第一步都至关重要，包括开场白、独特卖点、向目的的过渡、向“路线图”（告诉听众演讲计划）的过渡以及向概述的过渡。这些都可以促使你平衡时间分配，使整个演讲此起彼伏，也使开头不再平淡。

关键是，这些内容都必须在开头 90 秒内按顺序说完。一定要记住演讲

① 原文：a strong beginning, a solid middle, and a decisive end. 有力的开头，稳固的主题，干净利落的结尾。——译者注

开头的重要性。如果在这 90 秒内失去听众，很可能就永远失去了。塑造第一印象的机会，只有一次。

> 如果在开场 90 秒内失去听众，很可能就永远失去了。
>
> **魏斯曼**
> 完美演讲TIPS

反过来，如果你在这 90 秒内成功地吸引了听众的注意，清楚地说明了演讲的目标，建立了听众对你的信任，就赢得了听众，你指向哪儿，他们就会看哪儿。

赢得难缠的听众

吉姆·弗拉特（Jim Flautt）是 DigitalThink 的市场部门副总，他和公司新晋的 CEO 迈克·波普一起参加了 Power Presentations 培训课程。也正是在这个培训过程中，迈克编排出了那场宣布公司新战略的演讲。

培训后转天，吉姆出席了一场演讲，那是他的研究生母校校友会组织的。他和我一样决定坐在会场后面，这样不仅可以观察演讲者，也可以看到听众的反应。演讲嘉宾是一位受人尊敬的业界领袖，经常在各地做演讲。但是从一开始，他的演讲就埋没在铺天盖地的文本和 PPT 里。吉姆看到听众很快没了兴致，昏昏欲睡。看着前面左顾右盼、浑身不自在的听众，吉姆狡猾地一笑，他知道问题出在哪儿。

吉姆毕业于美国海军学院（United States Naval Acdemy），并曾是阿尔巴尼号核潜艇（USS Albany）的海军军官，在听过演讲后的第二天，他去 Laurel 小学为儿子的一年级同学讲潜水艇的故事。一屋子六七岁的孩子，吉姆知道他们的注意力转瞬即逝，这对讲者的挑战不亚于面对任何商界听众。

所以，他决定用刚学到的演讲方法进行准备。

吉姆采用了直觉软件CEO斯科特·库克曾经用过的开场方式——让大家举手，对于这种方式孩子们都很熟悉：吉姆一共问了三个问题，第一个是："有多少人认识潜水艇？"所有人都举起了手。"那有多少人登上过潜水艇呢？"一半人把手放了下去。"好，那有多少人看过潜水艇飞？"现在所有的孩子都在笑，交头接耳。吉姆已经吸引住了孩子们。

然后，吉姆提到了这次讲故事的目的："今天我来就是要和你们说说潜水艇。"说完目的，吉姆接着告诉他们都要讲哪些内容："……潜水艇里是什么情况、怎么开潜水艇、怎么维修潜水艇，还有潜水艇可以做哪些很酷的事。花15分钟（预测耗时）说完这些之后，我要让你们看看潜水艇是怎么飞的！"为了达到更好的效果，吉姆把会飞的潜艇是怎么回事作为悬念留给了孩子们（孩子的兴趣所在）。

台下，孩子们笑得更开心了，还伴有阵阵欢呼声。吉姆只用简单的PPT就牢牢抓住了他们的眼球直到结束。最后，他信守承诺，在电脑上播放了一段视频，拍的是美国潜水艇训练紧急上浮：一艘潜水艇瞬间冲出激荡的海面，就像一只海豚跃出水面。

吉姆完成了所有任务：吸引孩子们的注意、一步一步引导他们直到终点。如果这个方法对天性好动的7岁小孩管用，那么它对那些只知道投资回报同样坐不住的投资人，对那些忧心忡忡寻找好产品的客户，对那些压力重重苦觅竞争良策的经理都会有效。同样，它对你也有用。

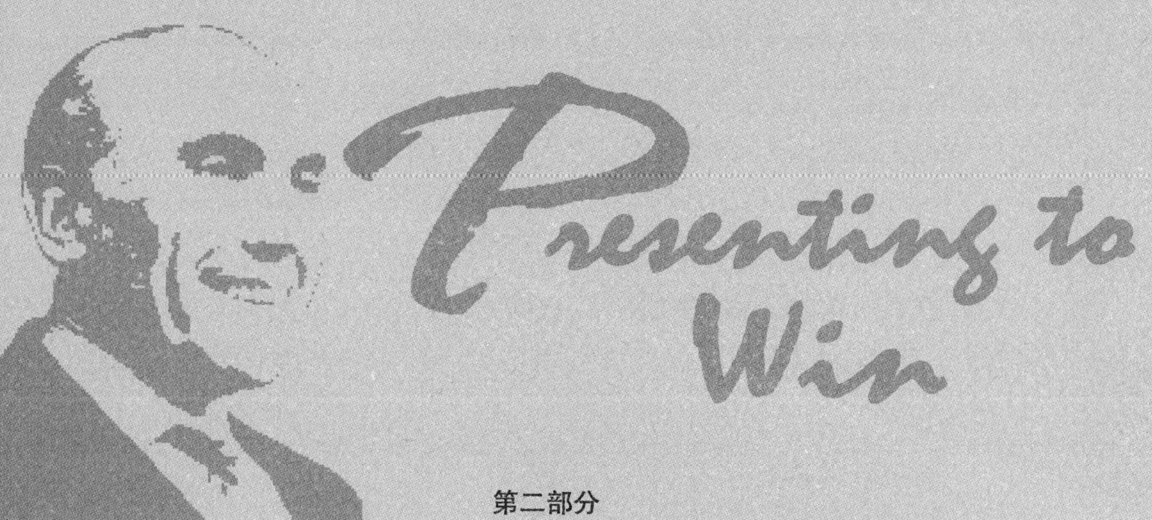

第二部分

让PPT与演讲完美结合

Presenting to Win

第 6 章

PPT，演讲的视觉交流形式

PPT在演讲中的角色

假设你在台下听演讲，发现台上打出的 PPT 没有发挥作用。你认为问题都出在哪里呢？我的一些客户曾给出过这样一些答案：

- ☐PPT 混乱；
- ☐单张 PPT 上图表太多；
- ☐图表内容太多，密密麻麻像视力检查表；
- ☐PPT 上的各种信息和数据没有经过处理。

PPT 发挥不了作用又会造成什么结果呢？最大的可能是坐在下面的听众昏昏欲睡，这与前面所说的照搬资料式的演讲没有什么两样。

导致这种局面主要是因为演讲者不明白记录和演示的区别。他们认为演讲就是对所有材料和信息的再现，我把这叫做“演示-记录综合征”，即演讲者的 PPT 既用来演示，又用来记录所有信息，既“秀”数据，又“说”故事。在前言中我们已经提到，这种功能的双重性是演讲的“始祖”——夹纸白板留下的“遗产”。

众所周知，记录商业信息的文件包括：

- □年报：密密麻麻的文字和内容详细的表格、图表；
- □策略计划：密密麻麻的文字和内容详细的表格、图表；
- □市场分析：密密麻麻的文字和内容详细的表格、图表；
- □会议记录：密密麻麻的文字和内容详细的表格、图表；

看出其中的规律了吗？尽管这些文件都不可或缺，作用巨大，但商业文件不同于商业演讲。但问题就在于，很多人将商业文件和商业演讲混为一谈：演讲者准备了庞杂的数据、密集的文字和详细的表格和图表，不做或者很少做修改就放到了 PPT 上。

“演示-记录综合征”是困扰演讲的普遍问题。演讲者过分依赖图表，尤其是 PPT，很多人认为演讲只是辅助这些图表的，他们在实践中也确实认为演讲是可有可无的。他们会说：“我下周不能去听你的演讲了，但没关系，把 PPT 发给我就行”，或者“事先把 PPT 发给我吧”。PPT 在他们眼里，俨然成了可以代替演讲的讲义。

有的演讲者在演讲开始前就主动把 PPT 打印出来发给听众，演讲开始后，听众一边低头看讲义，一边抬头看 PPT，还要一边听演讲者念 PPT 上的内容。这就是信息的“三重传达”（triple delivery），它对听众的感官绝对是种冲击，让他们昏昏欲睡，这对演讲来说是致命的。把 PPT 当做讲义只是“演示-记录综合征”的一个表现，除此之外还有三个表现：

- □把 PPT 当做备忘录，提醒演讲者要说的内容；
- □所有细节都写在 PPT 上，好像只有这样才显得有理有据；

□所有细节都写在PPT上，即便不同的人使用，也能说出统一的内容。

演讲是件很纯粹的事，只为一个目的。还记得网存CEO丹·沃门霍芬在IPO路演开场时说的："只专注于一件事，并且对此非常擅长。"若一场演讲的目的不止一个，就会什么目的都达不到。演讲本身就是一幕"鱼和熊掌，不可兼得"的戏。

演讲就是演讲，也只能是演讲，永远不会是对所有信息的记录。即使是微软也开发了Word来处理文档记录，又开发了PowerPoint专门用于演讲，两者不能混为一谈。

如果你的确需要记录演讲的内容，微软的PowerPoint软件也有备注功能（见图6—1），演讲时听众只能看到上半部分，但是会后打印出来的讲义会显示扩展材料。

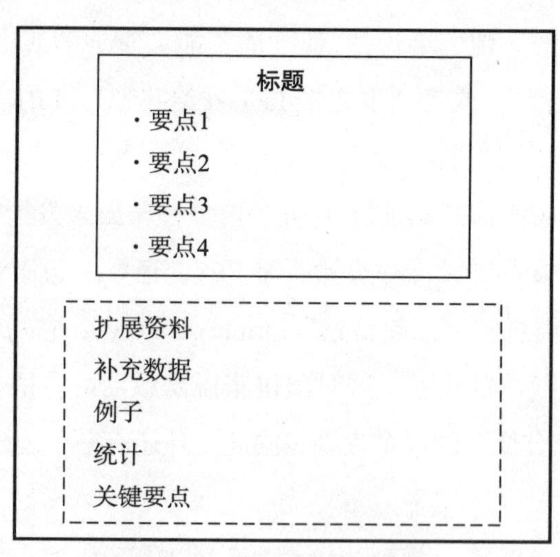

图6—1　PPT备注页视图

演讲就是演讲，也只能是演讲，永远不会是对所有信息的记录。

魏斯曼
完美演讲TIPS

切记，**一定要等演讲结束再分发讲义**。如果在演讲开始前或演讲过程中分发，那么你在台上说，听众就在台下看讲义，不会注意你说了什么。

如果有人要你提供演讲 PPT，以便打印成册，那么你应该给他带有备注页的版本，因为这样打印出来的演讲材料才完整 。

但是如果有人事前索取演讲 PPT（这种事我们也经常遇到），你应该很有礼貌地提供一份 Word 格式的商业计划或行动纲要以代之，尤其当演讲与风投和金融有关时。

你才是演讲的主角

“演示-记录综合征”所带来的一个结果就是听众注意力的转移。演讲者打印出来的 PPT 如果文字密集、图表过于详细，听众的注意力就会不自觉地转移到 PPT 上，不再听你讲。此时，PPT 成了万众瞩目的焦点，而你则变成了配角，最多也就是一个旁白，最糟糕的是，演讲者会沦为 PPT 的木偶。

一旦演讲者演变成朗读者，问题也就复杂了，亦步亦趋地照稿念字，缺乏对听众应有的尊重。他们会想：我又不是小孩，我自己不会念吗？如此一来，你和听众便不能建立联系，不能形成互动交流，也就不可能说服听众。

还有一种更糟糕的情况是，演讲者天上地下，离题万里。听众听了以后发现与 PPT 对不上，就会困惑并且心烦。这就好像家里 DVD 的视频线和音频线插错了一样，产生了混乱的图像和嘈杂的电流声。

那么PPT应该怎么设计才有效呢？答案就是“微软眼光”。微软有一个团队专门负责制作PPT和图表，以供公司高管出席重要演讲使用，这个团队称做“演讲执行组”。以前这个小组的负责人是来自纽约百老汇的乔恩·布朗伯格（Jon Bromberg）。在微软工作了11年后，乔恩现在已经退休。工作期间，他是微软的活动总监，负责制作高水平的PPT和图表。

尽管微软自己的PowerPoint功能应有尽有，但演讲执行组还是视其为演讲者的辅助。PPT和图表都是用来为演讲者提供支持的，而不是演讲者为它们提供支持。

> PPT和图表都是用来为演讲者提供支持的，而不是演讲者为它们提供支持。
>
> **魏斯曼**
> 完美演讲TIPS

这和电视新闻的情形一样。那些著名新闻主持人：查尔斯·吉布森（Charles Gibson）、布莱恩·威廉姆斯（Brian Williams）、安德森·库珀（Anderson Cooper）为我们播报新闻也会用到图表，但图表只是配角。画面上最多就是一副简单的图片配上一两个概括新闻事件的词，比如一副国会大厦的照片加上“税收草案”的标题，或者一幅图片里的药瓶加上“处方药”的标题。在播报新闻时，吉布森、威廉姆斯或者库珀永远是主角。

我表弟乔尔·戈德堡（Joel Goldberg）是一位美工，在美国广播公司（ABC）新闻部工作了25年。他常常用很复杂的工具，花一个小时只为做出一副合适的图片或标题。这里说的合适要从色彩、尺寸、明暗和其他专业的标准来衡量。而辛辛苦苦做出的图像或者标题在查尔斯·吉布森身后只出现几秒钟就一闪而过。尽管乔尔因自己的才能而得到的薪水肯定也不错，但是吉布森获得的肯定更多，因为他才是这档新闻节目的支柱。

对于演讲来说，唯一有效的方式就是以演讲者为主，PPT 为辅。如果 PPT 记录下所有的信息和资料，那还要演讲者干什么呢？听众可以安静地坐着，自己看 PPT。但是如果 PPT 本身显示的内容不全，它就不能单独存在。

只有演讲者为听众解读各种信息，PPT 为演讲人提供支持，演讲者才能带领听众走向终点。这时，演讲者就掌握了听众的思维，听众在潜意识中也会感觉到演讲者的控制力。

除此之外，PPT 的视觉冲击力也加强和巩固了演讲者传达的信息。中国有一句古谚说得好：听不能记，见不能忘，行然后知。[①]

寓繁于简

我们需要一个指导原则使得演讲者和 PPT 配合默契，这个原则就是：寓繁于简。这个原则出自 20 世纪最顶尖的建筑家和设计师，也是“极简抽象派”之父路德维希 · 密斯 · 凡德罗。20 世纪 30 年代，密斯曾经是久负盛名的德国包豪斯设计学院的掌门人。他后来来到美国，在纽约设计建造了纯净、通透的钢铁玻璃结构大厦西格拉姆，成为后世典范。

在过去的几个世纪里，密斯的寓繁于简已经成为许多伟大设计师的设计准则，也应该成为演讲 PPT 的设计准则。

不管怎样，我一直将寓繁于简作为我的准则。我在电视台工作了很多

① 原文是：I hear and I forget; I see and I remember; I do and I understand。译文并非古谚原文，而是出自译者之手。因为这句话当初英译时可能并非中文直译，而是美国人希尔伯曼意译，所以汉语原典用在此处语义略有偏差。汉语原文可能出自《荀子 · 儒效篇》：“不闻不若闻之，闻之不若见之，见之不若知之，知之不若行之，学至于行之而至矣”，而非广为流传的《论语》。——译者注

年，也接触了很多像我表弟乔尔那样的专业美工，他们坐在价值百万美元的数字控制室里（俗称的“百宝箱”），依然信奉寓繁于简。我也经历了制表软件不断发展的20年，并最终等来了堪比数字控制室的PowerPoint最新版，但我也依然相信寓繁于简。尽管这些工具功能强大，但在制作PPT时，我只信赖寓繁于简的智慧以及这种智慧下的产物。这就是所谓“疑者不用”吧。

运用极简主义设计出的PPT有一个最重要的优点就是：它是演讲者的“一点通”，看一点就能记起下面要说的内容。

让听众眼睛的负担降至最低

PPT设计除了以演讲者为中心和寓繁于简两个重要概念，还有第三个要素：听众以及他们理解自己所见所闻的方法。这就是认知心理学。

我们首先从人的眼睛如何移动开始。

在一些质量上乘的手稿或者印刷精良的书本上，我们经常可以看到显眼的首字母，它们多出现在一本书或一个章节开始那页的左上角。杂志报刊上的文章也经常放大首字母。这是因为在西方文化里，尤其是在美国、法国、西班牙、意大利和德国，文字通常都是按照从左至右、从上到下的顺序印刷的。久而久之，西方读者的眼睛也就适应了从左上角开始阅读。

眼睛的这种移动习惯不是天生的，它是后天习得和文化浸润的结果。在中东地区，书本是从后向前、从右往左写的，读者自然也就习惯于从右上角开始阅读。

在书翻页时，直接从左上角开始阅读的习惯可以看做是一种“习惯性换行”。因为它和老式打字机的滑动架（carriage）不断重复的移动方式很像。

人们在阅读书籍、杂志或报刊时，每翻一页，眼睛都会习惯性换行。演讲时，PPT 每翻一页，听众的眼睛也会习惯性换行。

但是，两者之间有一个主要区别。你的眼睛在书本或杂志各页间切换时，每次也就移动 13~20 厘米。但是演讲中，听众的眼睛需要横跨会议室或礼堂里的大屏幕，这个距离得有 0.6~6 米，具体由屏幕的大小决定。

因此，你每次点击一张新的幻灯片时，眼睛的移动都受到以下两种相互冲突的力量的驱使：一个是一生的习惯，这会让眼睛直接移到幻灯片的左上角；另一个是他们突然意识到到幻灯片上还有更多信息，所以要移动眼球汲取剩下的信息。第二个力量比第一个更强大。因为眼睛从左向右扫视完全是一种不由自主的举动。这就是图 6—2 中所示的反射性交叉扫视（reflexive cross sweep）。①

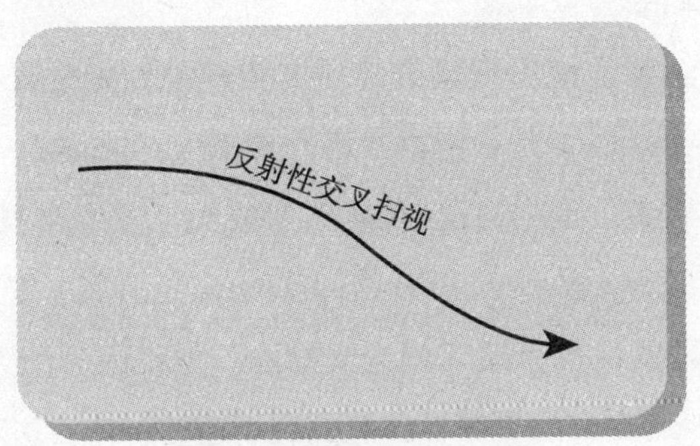

图 6—2　反射性交叉扫视

从左向右的反射性交叉扫视与前面提到的习惯性换行不一样，它是人们不自觉的行为。它有时是向右下方移动，有时是向右上方移动。多数画家都是按照向右下方移动来组织自己的构图，这也就是为什么他们普遍在油画的右下角落款。

① 之所以称为“交叉”扫视是因为将人的视线移动分割成水平和垂直两个方向。人在扫视时，两个方向的移动是同时进行的。——译者注

商业人士尽管也本能地从左向右看，但他们习惯向右上方看，这符合他们追求收入和利润增长的心理，以图形来看就像一根曲棍球棒（见图 6—3）。

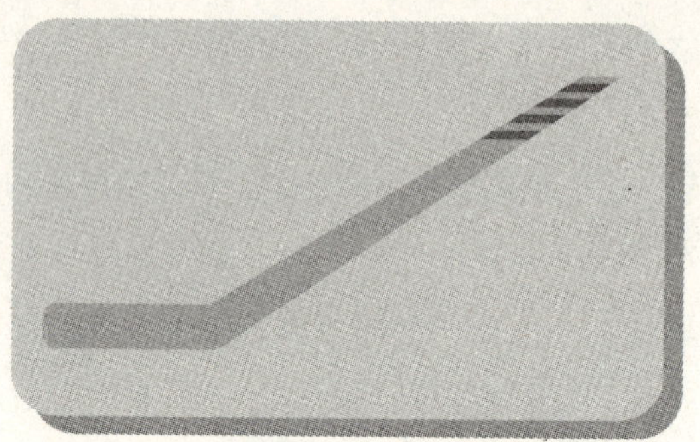

图 6—3　向右上方移动的视线形如曲棍球棒

不论是右上方（商业）还是右下方（艺术），从左向右这一点是不变的，这是我们与生俱来的。

还没有人能解释清楚出现反射性交叉扫视的原理是什么。鲁道夫·阿恩海姆（Rudolf Arnheim）是一位格式塔心理学家（Gestalt）[①]，也是一位研究艺术和电影的学者，他在自己 1954 年写成的《艺术与视知觉》（*Art and Visual Perception: A Psychology of the Creative Eye*）一书中提出了很多理论，其中既有令人称道的，也有缺乏理论支撑的。他说因为绝大部分人是右撇子，所以人们在视野中自然更容易注意到右手边的物体，这点值得称道。但他转而又说人类祖先——早期的智人看到太阳从左向右运动，印象深刻，渐渐地对这种移动有了偏好，这就有些牵强了。

不管这些理论如何，人们的眼睛天生习惯从左向右看。这一点可以在浏览本书每一页和任一幅插图的过程中体会到。

① 又称完形心理学，是德国心理学家韦特墨（M. Wetheimer）、科勒（W. kohler）和考夫卡（K. Koffka）在研究似动现象的基础上创立的。该学派反对把心理还原为基本元素，把行为还原为刺激-反应联结。他们认为思维是整体的、有意义的知觉，而不是联结起来的表象的简单集合。——译者注

人们的这种偏好也被电视和电影导演融合到指导演员走位和运用镜头的过程中。下次你再看一部佳片时，不妨留心演员是怎么在荧幕上走动的。通常那些听众为之倾心的角色，那些听众与之同患难、共欢笑的主角都是从荧幕的左边走到右边，顺应大家的眼睛习惯的移动方式。相应地，那些不被观众同情的角色，那些为人憎恶的反派则从荧幕的右边走到左边，逆听众眼神而动。

即便演员不动，镜头的移动同样可以带给我们相同的感觉：镜头慢慢移向右边会让我们觉得舒服，而镜头移向左边就觉得别扭。正是这种感觉上细微的差别影响着我们对剧情的反应，也正是这种差别帮助我们体会和理解演员、导演及编剧的创作意图。

在汤姆 • 汉克斯（Tom Hanks）和保罗 • 纽曼（Paul Newman）主演的电影《毁灭之路》（*The Road to Perdition*）中，导演萨姆 • 门德斯（Sam Mendes）将这些技巧运用得炉火纯青。

> 影片开头，映入眼帘的是经济大萧条时的街道，上面挤满了行人，大部分都从荧幕的左侧向右侧走着。这时一个年轻人骑着单车，迎着人潮从右侧进入，来到荧幕中央。这个男孩就是片中汤姆 • 汉克斯所饰主角的儿子，这部影片正是围绕他的艰难经历展开的。从一开始，这些镜头的走位就触动人心，也为整部电影定下了基调。

在歌剧院，导演在舞台演员的走位上采用了相同的方法：正面角色从左向右走，反面角色从右向左走。

无论是电影还是舞台剧，这些安排其实追根溯源都回到那个基本的问题上，我们小时候是如何吸收信息的，即如何阅读文本的。如果你懂得认知心理学，并适当运用，就可以控制 PPT 的效果对听众的影响。演讲时，你当然希望这种影响是积极的。

在演讲中，每当荧幕上出现一张新幻灯片，听众会立即产生两种反应：**一个是目光左移找到起启的位置（习惯性换行），另一个是目光右移，以获取更多信息（反射性交叉扫视）**。右移既可能是向右上方看，也可能是向右下方看。

但是在 PPT 设计过程中，在一页幻灯片上放的数据太多，听众根本不可能通过上面这两步获取完整的信息，他们不得不额外采取第三步、甚至是第四步。为此，听众就得回过头去重新看，这就违反了他们的视线移动习惯，给他们增加了负担。我把向左回看的第三步或者第四部称做“受迫性换行”（forced carriage return）。

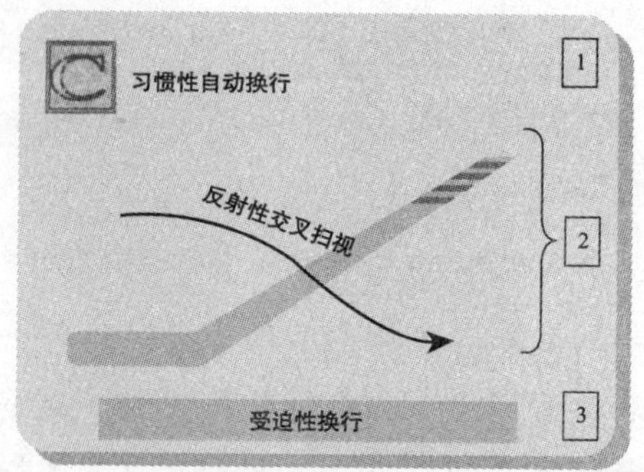

图 6—4　PPT 信息过载导致的三种视线移动

这样，我们就又回到了寓繁于简这个信条最重要的应用之一：别让我思考！这一规则要求，别让听众千辛万苦才了解你的想法，别让听众劳心费力才能从 PPT 上获取信息。所以设计 PPT 时，要尽可能减轻听众眼睛的负担，让他们来回扫视的次数降到最低。你让听众轻松，他们自然会让你也轻松，达成目标。

> 别让听众千辛万苦才了解你的想法，别让听众劳心费力才能从 PPT 上获取信息。
>
> **魏斯曼** 完美演讲TIPS

因此，增强 PPT 说服力的普遍原则就是：

- □ 以演讲者为中心；
- □ 寓繁于简；
- □ 减轻听众眼睛的负担。

这三个原则应该放在首位，并且贯穿于 PPT 设计的始终。

PPT设计的4种基本类型

用于商业演讲的 PPT 设计程序有各种各样的工具可以使用，这些工具可以归纳到 4 种基本的设计类型中去。

图片型：照片、草图、地图、图标、标志、截图或剪贴画。

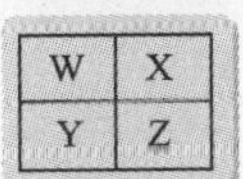

关联型：表格、矩阵图、层次结构图和组织结构图。关联型 PPT 就是以图形呈现个因素之间的联系。

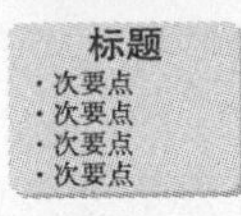

文本型：这种类型有两种形式：一个是罗列重点，另一个是使用完整的句子。

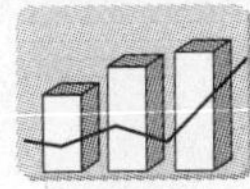

数字型：主要是更加专业的一些图表，包括柱状图、饼状图、区域图、线图、直方图等。

如果你选择了图片型或者关联型 PPT，也就自然选择了寓繁于简。因为

“一图胜千言”。而关联型 PPT 中的表格本来就是用来统筹各个方面，从而化繁为简的。所以图片型和关联型 PPT 符合密斯的原则。

不过还是有很多商业信息无法在图片和表格中得到反映，因此多数演讲还会加上文本型和数字型 PPT。但问题也随之产生：第一，演讲者放到 PPT 上的东西越来越多，失去了针对性；第二，更大的问题是再次掉入“演示-记录综合征”的陷阱。

演讲就是演讲，也只能是演讲。PPT 的首要任务是辅助演讲者，并且让演讲者有机会在 PPT 演示的基础上锦上添花。PPT 还能帮助听众记住演讲的内容。别忘了那句中国古谚：“见不能忘。”

在第 7 章，你会学到如何制作实用的文本型 PPT，再接下来则是关于数字型 PPT 的。这两章的重点都是如何实现寓繁于简，用清楚、简单、有效的方式传达视觉信息。

Presenting to Win

第 7 章

让文本说话

短促的要点VS完整的句子

我们已经知道，所有文本型PPT的落脚点只有两个：短促的要点和完整的句子。两者形式、功能各异，差别很大，所以区别对待很有必要。

要点只要表达出主要意思就可以，因此可以采用标题的形式。随便看一份报纸，你就会发现标题使用的句子都不完整，它们通常省略了冠词、连词和介词。

那么为什么标题要这么简短呢？原因有两个：在有限的空间内挤进的词越少，字号就可以变大，也就越醒目；更重要的是用很少的词勾勒出整篇文章的主旨大意，读者只要花很少的时间浏览内容满满的一页报纸，就能挑出自己感兴趣的。

醒目程度和阅览速度在演讲中也同样重要。你的文本型PPT如果是用短促的要点写的，实际上也就是列出各个标题。那么正文应该放在哪里？记住，正文不能出现在任何一页PPT上，它应该通过演讲者说出来，演讲者才是主角。演讲者的职责，就是用实实在在的内容充实“骨架”一般的要点。

正文不能出现在任何一页 PPT 上，它应该通过演讲者说出来，演讲者才是主角。

魏斯曼
完美演讲TIPS

这种方法能让演讲简洁、清晰。商业演讲中的概念大都可以总结成 2~5 个词语组成的标题式要点，这在头脑风暴时已经提炼并归类整理过。有些典型的概念是任何公司都可能涉及的，包括：

- ☐ 新生产线的突破
- ☐ 管理团队经验丰富
- ☐ 市场迅速扩张
- ☐ 有针对性的策略

这些概念一旦用到，你能讲多长时间呢？也许几分钟，也许更长时间。所以，**最理想的演讲是用短促的要点"演"标题，由演讲者"讲"正文。**

那么句子呢？在 PPT 中什么时候该用句子？只有需要字字如实地传达信息时，才需要用到句子。而一旦用到句子，就只能是原文引用别人的话，比如：

"PQR 技术是近几年我所知道的最令人振奋的商业理念。"

汤姆·赫德森（Tom Hudson）

《高科技月刊》（*High–Tech Monthly*）

尽管这个时候可以使用完整的句子，但还是尽可能少用，短促的要点仍是文本型 PPT 的主要形式。

如果句子比要点长很多，经常一句话就是几行字，那么读起来眼睛要来回看好几次，听众领会信息也就更费力了。正确的做法是让听众理解 PPT 更容易，减轻眼睛的负担。

> 最理想的演讲是用短促的要点“演”标题，由演讲者“讲”正文。
>
> **魏斯曼** 完美演讲TIPS

切忌要点换行

如果要点太长，一行写不下，电脑会自动转到下一行继续，这就是自动换行，如图 7—1 所示。

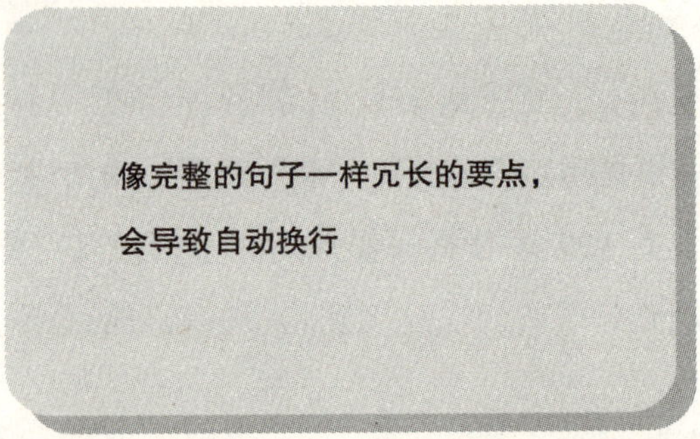

像完整的句子一样冗长的要点，

会导致自动换行

图 7—1　自动换行后，一个要点不得不来回看两次

只要是完整的句子几乎都要换行，这就让听众不得不来回看，给他们带来更多负担。所以，要通过省略冠词、介词、连词和其他没有必要的词语，将冗长的要点缩略成标题式的要点。这样就能将要点控制在一行以内，也省去了听众来回扫视之苦。

巧做要点型PPT

你应该还记得我在自己的课程和本书中都用到了问题–解决型结构，前面的很多章节也都是以演讲中出现的相关问题开篇，那么，我们不妨先来看看图 7—2 的问题出在哪里。

一个典型的横贯
两行的冗长标题

含有新信息的副标题
- 用完整的句子写出第一个要点，包含冠词、连词和介词
  - ——次要点1也是完整的句子
  - ——次要点2同上
  - ——次要点3同上
  - ——次要点4同上
- 然后是第2个要点，还是完整的句子
- 第3个要点还是完整的句子
- 依此类推，每一个要点都是完整的句子

图 7—2　长句式幻灯片是如何诞生的

看着眼熟吗？我在培训课上演示出来的时候，下面的人也是不停地唧唧喳喳，足以说明这样的 PPT 反映了一个普遍现象。它是信息过剩、句子冗长的典型代表，急需彻底修改。

首先，看一下那个长达两行的标题，一个句子分两行就需要听众来回多看一次。看这本书的时候，眼睛的视线所及也就是十几厘米宽的书页。但在演讲时，听众的眼睛跨越的就是几十厘米宽的荧幕。你让他们的眼睛移动得越多，他们就越累。所以，照顾听众感受的方法，就是用一个一行以内的标题来表达。

其次，副标题是补充信息的，它给听众带来的负担不仅仅在解读新信息上，还在于他们得搞清楚副标题与主标题的关系。因此应该用一个和主标题

联系明显的副标题。最好是不用副标题，别忘了寓繁于简。

现在来看第一个要点。它包括了组成句子的所有成分，这让听众不得不来回看，增加了他们的负担。正确的选择是把所有的要点和次要点都简化成新闻标题的格式。

还有一点尽管细微但很重要：大部分制表或者文字处理软件都默认次要点前用破折号。这样一来，如果同时有几个次要点，破折号就堆成了一个“楼梯”。破折号对于金融人士代表什么呢？破折号就是减号，而减号是不吉利的象征。

你绝不想触动听众的这根神经。因此，要尽量避免使用破折号，以免传达出潜在的负面信息。对此改进的一个办法是把默认的符号改为圆点，但这样 PPT 还是会显得混乱。另外，次要点一定要在要点的基础上缩进，以免各种圆点、破折号混在一起，迷惑听众。缩进产生的空间制造了一定的缓冲让我们分清了各个要点，同时起到了化繁为简的效果。

最后一点，我们真的需要所有这些次要点吗？答案通常都是“不需要”。次要点让 PPT 更加复杂，让听众负担加重却难以带来任何好处。请记住，一定是你——演讲者，说出正文。在演讲时，你有很多机会摆出事实支撑要点。

在考虑了以上这些方面后，我们现在有了一个简约版的 PPT（见图 7—3）。

□ 一页简约的 PPT 只阐述一个想法或概念，并用一行以内的标题表达出来；

□ 副标题最好省略；

□ 要点只包含关键词，比如名词、动词和修饰词，避免使用冠词、连词和介词。

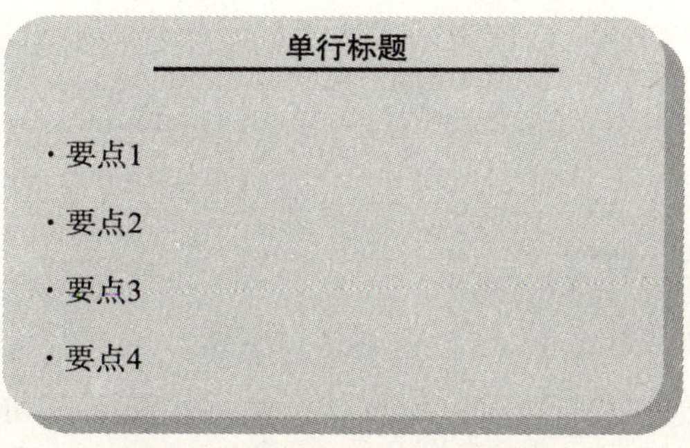

图 7—3　要点化繁为简后的 PPT

为了让要点式的 PPT 简明扼要，可以试试 4×4 原则：从上往下 4 行，每行不超过 4 个词。如果有需要，也可以增加到 6 行，每行依然不能超过 4 个词语。这样的好处是：因为只有一组要点，可以一目了然，不管是你还是听众，一眼就能把握主旨。

用平行结构减轻听众负担

如果所有的要点结构平行或意思相似（就像产品目录、产品特色或是产品价值一样），听众轻易就能看出其中的关系。但是，平行结构的 PPT 要特别注意各要点的语法结构。如果每一点的语法结构都不一样，就是在强迫听众花费精力找到其中的逻辑关系，他们不得不读一点就换一种思维，就像读图 7—4 中的要点一样。

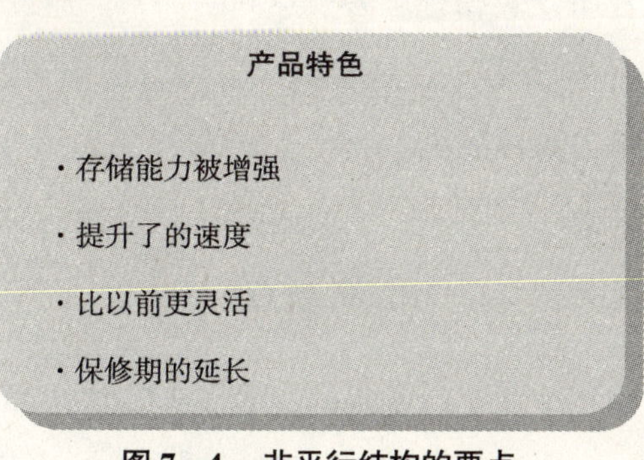

图 7—4　非平行结构的要点

不要让听众费脑筋！这里每一个要点的语法结构都不一样：第一点是被动语态的完整句子；第二点是一个带形容词修饰成分的名词；第三点是带副词修饰的形容词，在此不再一一详细说明。即使不从语法的角度看，还是可以感觉到前后缺乏一致性。

这个问题很像会计上的"浮动小数"困境——小数位上不规律的一串数字。它使得这些数字很难计数，简直就是施加在簿记员和会计身上的诅咒。而非平行结构的要点列表就是对听众施加的诅咒。

解决这个问题的办法就是所有要点都用平行结构的形式表达，这样各要点中隐含的理念之间的联系和相似之处才会明显（见图 7—5）。

产品特色

· 增强的存储能力

· 提升的速度

· 更好的灵活性

· 延长的保修期

图 7—5　平行结构的要点

图 7—5 中每一要点的语法结构都相同：名词加形容词。意思和形式上的双重平行，可以让听众轻松理解各要点间的关系。通过这种形式，4 个要点可以一次全部显示在荧幕上。这样听众就可以很快知道产品都有哪些特色，然后继续集中精力听你演讲。

编辑要点

然而，也有难以构建出平行结构的时候，所以要点之间的关系就没有那么明显了。还有的时候需要 4 个以上，甚至是七八个要点来阐述一个理念或者观点。如果要点繁多又不能采用平行结构一次性演示给听众，听众的眼睛和思维就受不了了，超出了听众的接受能力。

解决这种情况的有效办法是把 PPT 设置为一次只演示一个要点。PowerPoint 和其他制图软件的自定义动画功能很容易就能做到这一点，演讲时边显示边解释，直到讲完所有要点。

编辑要点时还要记住前面所说的认知心理学：听众的眼睛习惯于从左向右看，这会让他们觉得自然、轻松，而你作为演讲者要顺应听众的感受，所以演讲要点应该设置成从左边进入。

> 演讲要点应该设置成从左边进入。
>
> **魏斯曼**
> 完美演讲TIPS

演讲时，要点之间的切换，要借助叙述串联起来，以保持连续性。演讲者要控制要点显示的时间，以便听众与你保持同步，但也不能节奏太慢让听众等你。**最好是每显示一个要点都能通过讨论、阐释或者提供一些论据来增加说服力。**

> 演讲者要控制要点显示的时间，以便听众与你保持同步，但也不能节奏太慢让听众等你。
>
> **魏斯曼**
> 完美演讲TIPS

要点的层次要简洁

有的演讲者不喜欢所有要点都处在同一层次，因此使用次要点。他们认为这有助于阐释清楚他们的想法，但有时候两层要点似乎还不够，所以又用到了“二级次要点”。演讲者偶尔会屈从于这种看法，他们一层一层地深入分析（见图 7—6），但问题是很多听众难以理解这种太深刻的思维方式。

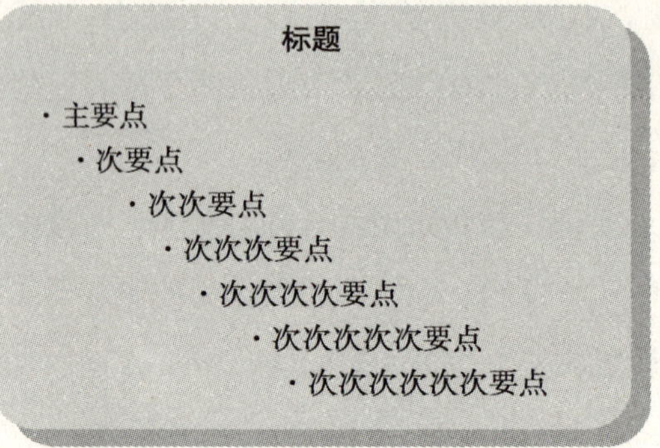

图 7—6　要点层次图（你能挖多深？）

因此，照顾一下听众的感受，控制住自己，不要罗列那么多层要点，有一级次要点就足够了。只有一级次要点或者压根儿没有次要点可以让 PPT 整洁清晰、容易阅读，听众也省得绞尽脑汁地寻找演讲者的内在逻辑。此外，次要点前不要加任何符号，以防主次要点混淆不清，次要点前还要缩进以示区分。别小看这些，简洁之中自有大文章。

> 次要点前不要加任何符号，以防主次要点混淆不清，次要点前还要缩进以示区分。
>
> **魏斯曼**
> 完美演讲TIPS

假如你确实要用到次要点，如图 7—7 所示，每个主要点下的次要点数目要保持一致。也就是说，如果第一个要点下面有两个次要点，其他要点下也得有两个次要点。这种整齐不仅会让 PPT 显得平衡，也会让你的想法、观点看起来更缜密。听众看到这种组织结构的能力，也就在潜意识中感受到了演讲者出色的掌控能力。

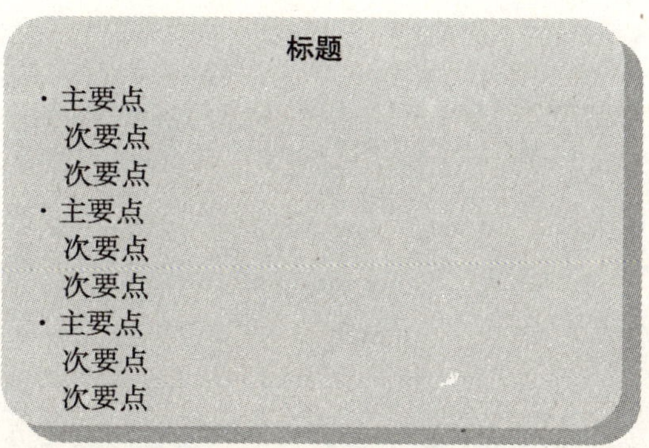

图 7—7　只有一层次要点的 PPT

语言风格的3大准则

接下来我们会讲到一些风格上的技巧，这些技巧适用于所有全文本型 PPT，不管要点式还是句子式。有些细微之处甚至连听众自己都没有意识到自己注意到了，但在潜意识中对他们却有很大影响，影响他们对 PPT 的理解、对你传达的信息的理解以及对你的理解。无论什么时候，只要你制作了一个写有文本的 PPT，都不要忘了遵循以下这些简单、直白的风格原则。

正确使用所有格和复数形式

这一点既是语法上的要求也是风格上的要求，但令人意外的是，很少有人真正理解这一点。在名词后面加“'s”表示复数在英语里是错的。“'s”只用于缩写（单词中省略一个或多个字母，比如 I'll, can't, you'd 和 he's）和所有格（比如 IBM's new chairman，IBM 的新主席；the company's headquarters，公司的总部）

但是很多人却错用“'s”表示复数，尤其是在首字母缩略词和数词的后面（见图 7—8）。

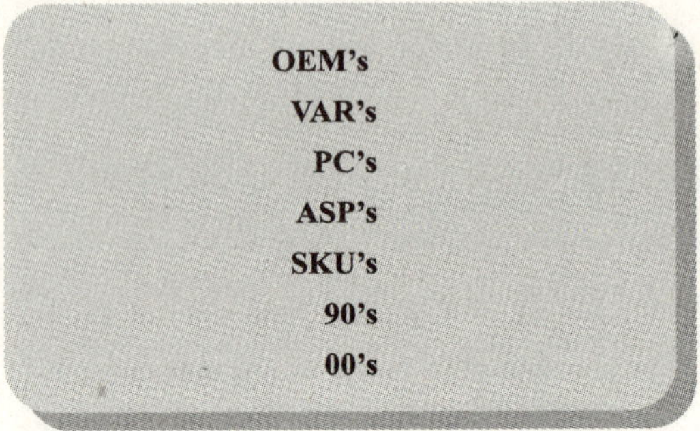

图 7—8 错把"'s"用做复数的形式

演讲时 PPT 上出现这种错误可能会让听众不知所云，他们得反复思量才能猜出演讲者想表达什么。不妨看看下面这个句子：

> DVD's produce sharper images than VHS's because a DVD's resolution of 500 lines is greater than a VHS's resolution of 240 lines.
>
> DVD（的）产生的图像比 VHS①（的）更清晰，因为 DVD500 线的水平分辨率高于 VHS 的 240 线。

这一句话中第一个 DVD's 和 VHS's 其实是复数，所以不需要这个一撇。第二个 DVD's 和 VHS's 才是所有格，才需要用"'s"。这句话里一个小撇的错误使用就会给读者带来困惑。

演讲中使用首字母缩略词是有风险的，因为有些听众可能不知道它们代表的含义。如果确实要用到缩略词，变复数的正确方法是右下角加 s，而不是在前面加一撇，数词和其他需要变复数的词也一样（见图 7—9）。

① 家用录像机系统。——译者注

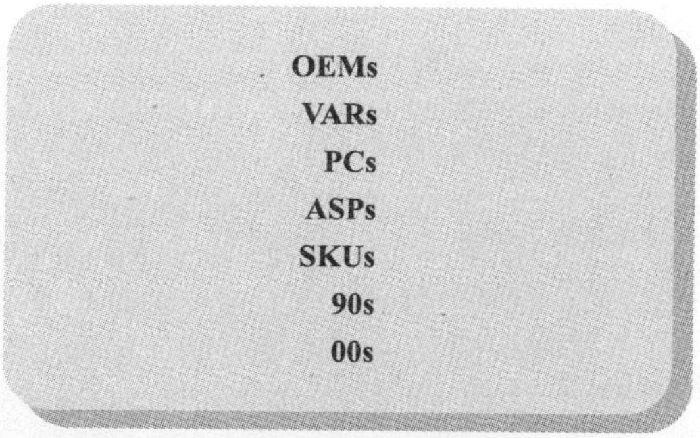

OEMs
VARs
PCs
ASPs
SKUs
90s
00s

图 7—9　右下角加 s 变为复数形式

如果你确实用到了缩略词，正确的变复数的方法是右下角加 s，而不是在前面加一撇。

魏斯曼
完美演讲TIPS

事实上，你应该而且也有能力避免在演讲中使用“'s”的形式。尽管它从语法上看是表达所有格的正确形式，但从寓繁于简的角度出发应该用书面语形式。不用“'s”就没有了多余的字母，这样文本读起来就更简单，也更容易理解。不妨比较下“IBM 的新主席”（IBM's New Chairman）和“新任 IBM 主席”（New IBM Chairman）的区别。

选择简单的字体

大部分程序都有好几十种不同的字体以供选择，PowerPoint 也是。有些演讲者很有成本意识，他们会想：我当初买这套软件可是花了钱的，里面的字体我应该全部用到。这样做的后果就是让 PPT 看起来像是一封勒索信①（见图 7—10）。

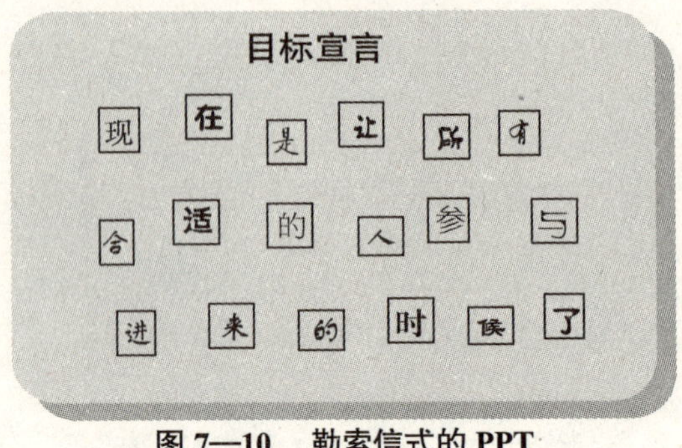

图 7—10　勒索信式的 PPT

选择 PPT 文本的字体时不要太追求个性和创新。一场演讲从头到尾只能使用两种，至多三种字体。只有这样，听众才会觉得前后统一，传达的信息才会清晰、一致。

一个让 PPT 风格活泼，又不失简洁的方法是，标题用一种字体，要点换另一种字体；另一种方法是一种字体两种大小，大的是标题，小的是要点。依此类推，还可以一种字体两种颜色，或者同一种字体，其中一种用斜体。寓繁于简在选择字体这个问题上尤其如此。

> 选择 PPT 文本的字体时不要太追求个性和创新，一场演讲从头到尾只能使用两种，至多三种字体。
>
> **魏斯曼**
> 完美演讲TIPS

间距适当

假设采用 4×4 格式组织要点，那么它应该如图 7—11 所示的一样。

发现什么问题了吗？这里的问题就是所有的要点都“蜗居”在 PPT 的上半截，下半截留下了一大片空白。这种上下不平衡的版式会带来一个后果：给人一种似是而非的期待。人们不禁疑惑：这后面是不是还有别的要点啊？解决这个问题的办法其实很简单，按比例留白，像图 7—12 一样把要点均匀地平铺在整页 PPT 上。

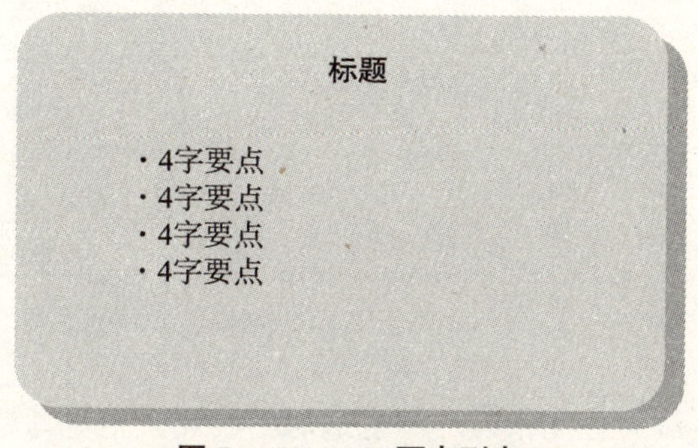

图 7—11　4×4 要点列表

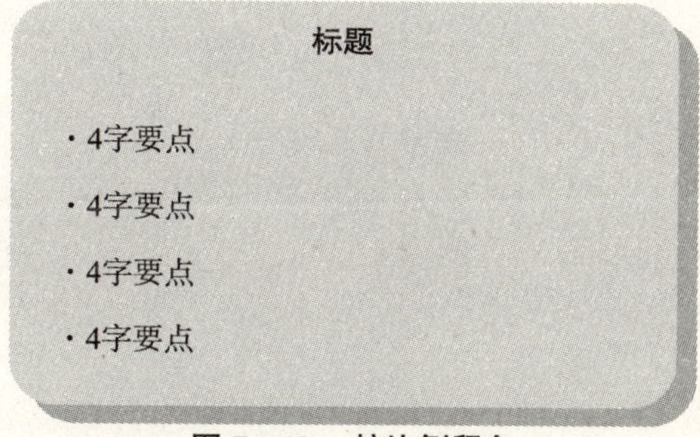

图 7—12　按比例留白

选择吸引眼球的视觉风格

很多商业演讲上使用的 PPT 没有图片、数字及前后关联，只有文字。这种 PPT 不仅有造成“演示-记录综合征”的危险，而且看起来枯燥乏味，连着看 20 页文字肯定让人昏昏欲睡。

而且，即使这些 PPT 是按照前述的那些原则设计的，阅读这样的 PPT 也会让人想想就觉得是件苦差事，图 7—13 就是一例。

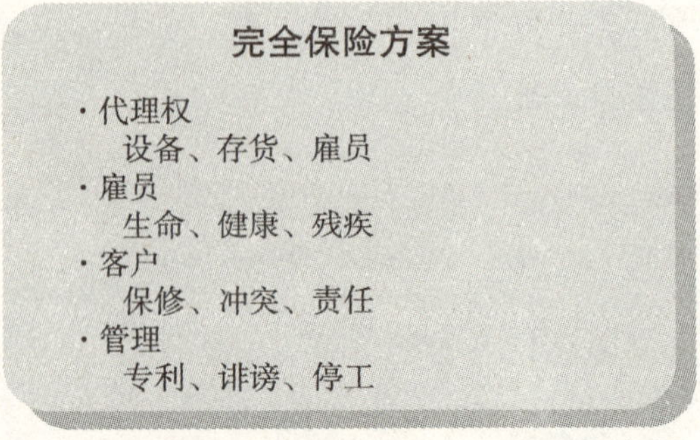

完全保险方案

- 代理权
  设备、存货、雇员
- 雇员
  生命、健康、残疾
- 客户
  保修、冲突、责任
- 管理
  专利、诽谤、停工

图 7—13　看 20 页全文本的 PPT 就会目光呆滞

这样的 PPT 没有任何错误，但也绝对不会让人感觉耳目一新 。

其实你完全可以在不增减一字的情况下给一张全文本的 PPT 配上样式，其秘诀就是使用 PowerPoint 里的设计工具（见图 7—14）。

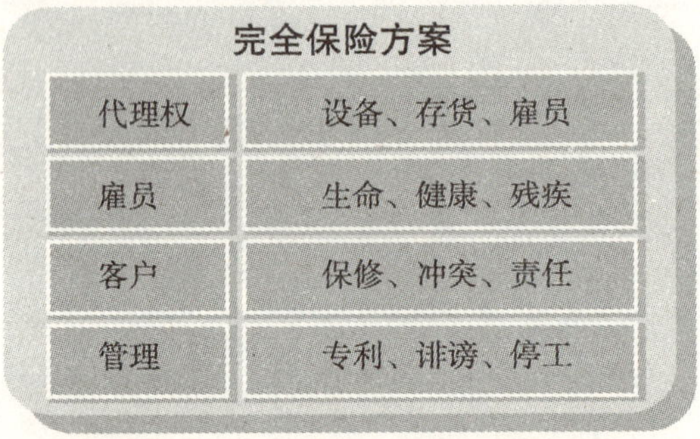

完全保险方案

代理权	设备、存货、雇员
雇员	生命、健康、残疾
客户	保修、冲突、责任
管理	专利、诽谤、停工

图 7—14　文本配上样式以后的效果

给文本装上边线分明的表格后，新版本更加吸引眼球了，上面的信息读起来也更容易。相关的要点归到一组后，听众看起来清清楚楚。这样，他们听演讲时就省力许多。

微软的 PowerPoint 为风格设计提供了丰富的选择，包括形状、颜色、元素和样式的修改。2007 版 Office 中的 PowerPoint 甚至有了一个 SmartArt 图表的新功能，通过这一功能演示 PPT 时，鼠标只要点击一下，不同的风格就可以同时应用于 PPT。

你还可以通过自己的设置创造一种反衬的效果来突出文本：用反差强烈的颜色分别表示背景和文字以区别标题和其他部分（见图 7—15）。

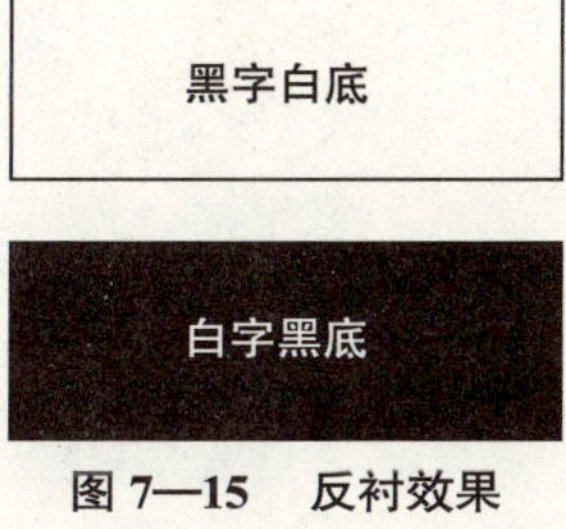

图 7—15　反衬效果

除此之外，还可以在背景里添加一些条纹、外框、边缘、上缘修饰一下。既然有这么多有意思的样式可供选择，在其中迷失方向也就在所难免了，比如图 7—16 中的渐变底纹样式。

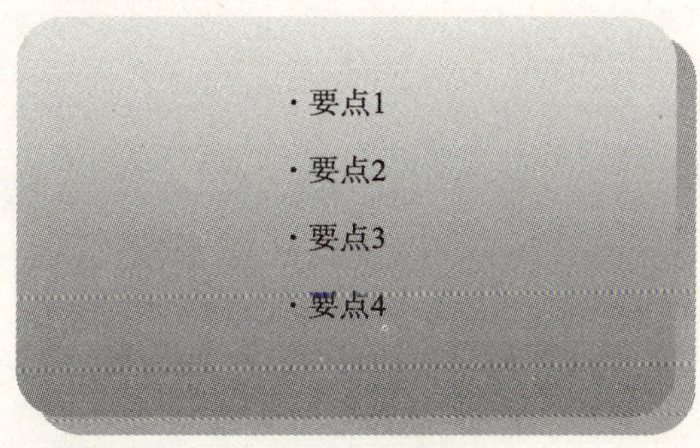

图 7—16　渐变底纹

现在你应该发现第一个要点也看不清了。

这里其实和选择字体时一样，关键是寓繁于简。很多演讲者看到这么多图表工具就喜不自胜，忘乎所以了。即使面对众多选择也应该只挑一两个有助于明晰结构、吸引听众的样式风格，选定之后整场演讲的 PPT 就都要保持这种风格。颜色不能太花哨，最多选两三种和公司标志相得益彰的颜色，并且一直用下去。比如你在第一页用金黄色的边配上品蓝的标题，那么，剩下的每一页就都应该是这种配色。

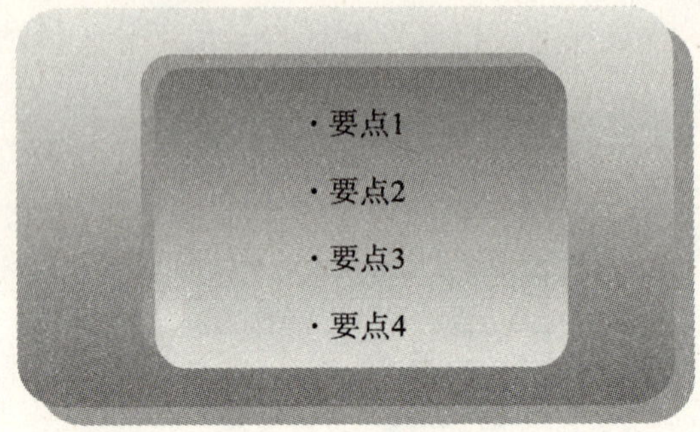

图 7—17　复合渐变

> 即使面对众多选择也应该只挑一两个有助于明晰结构、吸引听众的样式风格，选定之后整场演讲的 PPT 就都要保持这种风格。
>
> **魏斯曼**
> 完美演讲TIPS

最后，按照下面列出的基本原则完善你的文本 PPT。

文本PPT制作的9大基本原则

- ☐ PPT 风格前后一致，无论从视觉上还是感觉上都始终如一。
- ☐ 前后坚持使用同样的字体和样式。
- ☐ 字体大于 24 或 28 磅。
- ☐ 避免使用缩写。
- ☐ 添加阴影和加粗效果，突出文本。
- ☐ 利用反衬和对比：浅色文字和深色背景或者相反。

- □PPT中嵌入公司徽标，但不要制作得像霓虹灯一样显眼，而应该做成有浮雕质感的水印效果嵌在背景上。
- □避免在PPT周围不断出现口号、日期、版权声明和“公司机密”字样的警告。
- □恰当地使用空白。不是每一页PPT的每个角落都需要写满信息。那些费用不菲的报纸广告经常在紧张的版面上留出宝贵的空白突出文本。多看看这些广告，找到这样做的不同效果，以资借鉴。

你也许注意到了我还没有提到衬线体（serif）和无衬线体（sans serif）[①]以及文本右对齐、左对齐和居中的区别。这些排版印刷上的细微之处和个人品味有关，正如一句拉丁谚语所说，“品味无关对错”[②]。

如果遵循了以上这些原则，你的文本PPT就会简洁、统一、缜密，听众也会强烈地感受到你卓越的控制力。

在下一章，你会学到在数字型PPT中如何应用这些原则。

① 无衬线体专指西文中没有衬线的字体，与汉字中的“黑体”相对应。衬线体指的是有衬线的字体，中文惯用名称“白体”。——译者注

② 拉丁原文：De gustibus non est disputandum。英译：There’s no arguing taste。——译者注

Presenting to Win

第 8 章

让数字发言

数字型PPT的价值

在任何一场商业演讲中，数字都扮演着重要的角色。在商业演讲中，收入、出货量、利润和市场份额与棒球比赛记分板上的安打数、本垒数和失误数一样重要，每一个商业人士都知道这一点。

然而不是每个商业人士对于数字都能应付自如。有的人见到数字就两眼放光，一眼就能发现主要趋势，在一串数字里很快就能捕捉到最重要的一个。而其他一些人连看损益表和资产负债表都需要花一阵子，还需要通过上下文和背景知识才能完全理解。

在任何一场演讲中，上述两类听众都是你要争取的对象，而且你希望他们理解你所说的，并和你站在一边。制作考究的数字型 PPT 可以帮助你实现这个目标。这些 PPT 将枯燥的数字转化为可见的图像，数字之间抽象的关系也就变得具体起来，理解起来也更方便。

但现实中很多演讲者使用的数字型 PPT 却让事实变得更模糊、更费解。太多的时候，这些图表只是纯粹的照搬数据，里面充斥着很多没用的信息，组织松散，看起来混乱。这样的 PPT 解释起来要花很长时间，而听众要弄明白花的时间更长。所以，有的听众经常觉得这样的 PPT 不值得再劳神去

理解了，便直接放弃了。这也正是为什么很多重要的演讲最后都很失败的原因。

但是这些不一定会发生在你身上。你在第 6 章学到的如何成为演讲的主角、如何寓繁于简以及怎样最大限度地省去听众来回扫视之苦，都可以用到数字型 PPT 上。在这些方法的指导下制做出的 PPT 简洁、实用，可以辅助你的叙述，让要点更有说服力。

柱状图

我们从问题–解决型结构开始柱状图的讨论，请看图 8—1 这一典型的数字型 PPT，在它上面是一个柱状图。你也许在很多演讲中都见过类似的图，它描绘了一个处于上升期的公司，6 年来公司销售业绩稳步增长，在介绍公司时这一信息十分重要。

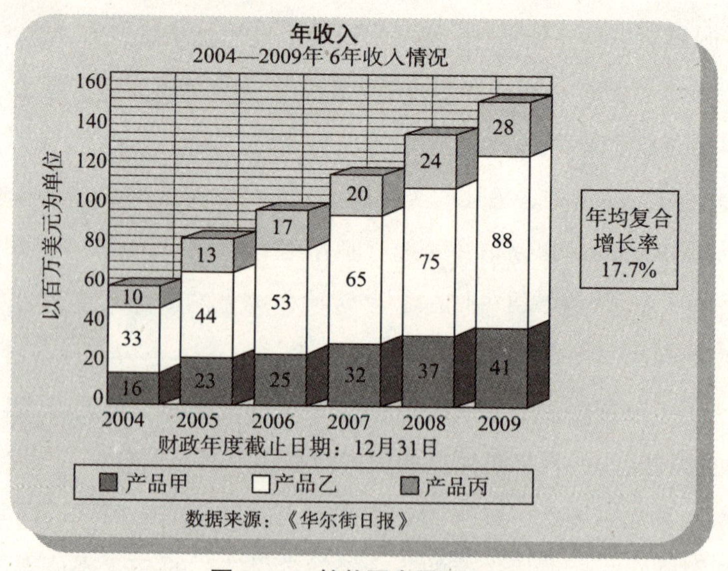

图 8—1　柱状图也需要设计

图中有很多信息，但问题也就出在信息太多了。如果这张图表出现在商业计划或者年度报告之类的文件中，就很正常。因为作者不会现身解说，所以读者需要所有的数据才能理解图表，鉴别数字。但如果这张图表出现在演讲中，听众就不得不“眺望”前面的大屏幕，左右来回看好几次才能看到全部数据，同时耳朵还要注意演讲者在说什么，脑子还要转动，思考这些数据的意义。这些一环套一环，高密度的体力和脑力活动对于听众来说负荷太重。这只会妨碍听众和演讲者之间的交流。此时，PPT 已经取代演讲者成了主角。

这是不是又让你想到了什么？上面所说的这些问题都不利于 PPT 的演示，也不利于你的叙述，它们大大削弱了对听众的吸引力。

> 那么如何才能成功地与听众交流？第一，看看排版有多混乱。大标题和小标题说得几乎是同一个意思。表上有两处说明性文字，一处在 PPT 左边，垂直排列（“以百万美元为单位”），另一处则局促在底部（“财政年度截止日期：12 月 31 日”）。这两处文字说明不是太简单就是无关紧要，却占用了很大空间。此外表中还有超过 30 个数字：左边的标尺上有 9 个，6 个圆柱上一共有 18 个，另外图表下沿还有 6 个日期，右边还冷不丁地多出来一个年均复合增长率。最下面的数据来源于《华尔街日报》字体又太小，就像那些隐藏在合同里的“陷阱”。图中央 6 个表示收入的圆柱体每个都分成三种颜色，后面衬着密密麻麻的线条，好像廉价的竹制威尼斯百叶窗。

制作这图表的人肯定不知道寓繁于简的道理。自己试想下，如果要吸收这张图表的全部信息，眼睛和大脑的工作量有多大。这不仅仅是千辛万苦看过全部文字和数据后，辨别出谁重要、谁不重要的问题，而是一个在松散零

碎的图表上自己建立联系的问题。一句话，这张图表乱七八糟。那要如何改进呢?

首先，从简化开始，清除不需要的废话。因为小标题和大标题重复，可以删除小标题。图表本身已经包括6个以年份为标签的圆柱体，所以小标题没有必要再说出数据涉及的年份。

其次，“以百万美元为单位”和“财政年度截止日期：12月31日”这两处说明性文字占据了大量空间，可以使用缩写表示。而且，圆柱下面的年份也不需要全写出来。在这个上下文中，如果柱状图下面标的是“04”，听众都会理解它代表的是2004年，而不是1004年或者3004年。《华尔街日报》的字样要清晰可辨，这样才能显示出数据来源的重要性。

最后，听众需要知道每种产品具体的销售额吗？这取决于PPT的重点。如果只想让听众知道总收入的增长，那么听众通过不同颜色所占的比重就可以看出每种产品的销售额，这样就可以去掉柱状图上标注的数字了。

这些都是很明显的改进。我们已经减轻了听众理解图表时的很多负担，但这还不够。为了确定不同的颜色都代表了哪种产品，听众不得不上上下下来回对照底部的图例查看柱状图，只有这样，听众才会明白演讲者的解释。在看书时，上下的跨度也只有20多厘米，就可以感受到这种眼睛的运动。那么想象一下，演讲时眼睛需要跨越的可是大屏幕上几十厘米的距离。不要忘了：把听众眼睛的负担减到最低。

而且，任何一位听众想弄明白某个具体圆柱代表的数值，必须在标尺和圆柱之间上下左右对比着看好几次，就像在看一场激烈的、快节奏的乒乓球比赛，但这肯定是一场没有意义的比赛。因为隔着这么远，人眼不可能找到具体的刻度线。你认为商人会被一个缺乏精准数据支持的提案打动吗？更何况这些数据动辄就意味着几百万美元。

但是，我可以按照减轻听众眼睛负担的原则，做些调整，以解决这些问题（见图 8—2）。

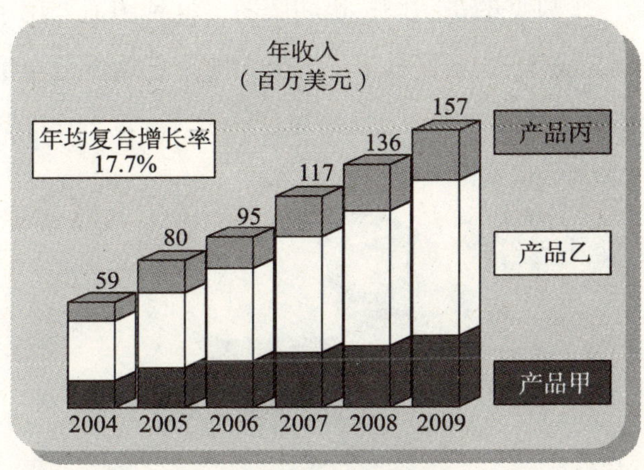

图 8—2　简洁清晰版柱状图

移走左边的坐标并在每个圆柱上方直接写出总收入，这样增长趋势也就一目了然了。把原来底部的图例移到右边，与柱状图中相应的颜色对应放置，眼睛从左向右移动自然就能看到。如果要再简单一点，就不要把三种产品的销售额合在一起，而是每种产品单独制作一个图表。

柱状图使用的是三维立体效果。有人喜欢这种效果，有人则不喜欢。第 7 章末尾讲排版印刷的时候谈到，这都是个人品位问题。还是那句话，品味没有对错之分。

一份简化的 PPT 在演讲中发挥的作用更大。以数据为支持讲述公司销售额的显著增长会更有说服力。通过删除不需要的词语、数字、标尺和图例，任何数字型 PPT 都可以改头换面。

> 通过删除不需要的词语、数字、标尺和图例，任何数字型 PPT 都可以改头换面。
>
> **魏斯曼**
> 完美演讲TIPS

饼状图

图 8—3 是一个典型的饼状图，也叫圆图。这种图适合用于展示整体和部分之间的情况。图 8—3 就显示了一家公司的市场地域分布情况，一眼看去，每一地区在全部市场中的份额清清楚楚。

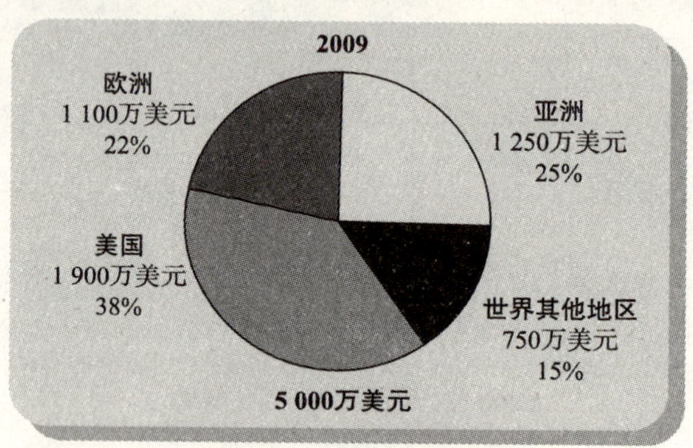

图 8—3　典型的饼状图

遗憾的是这张图上有些地方画蛇添足，页面凌乱，读起来也颇令人费解。它把销售区域的名字、销量和在全球市场中所占的比重全都注在上面，迫使读者不得不停下来思考各自的含义。

现在我们再来看看简化后的图 8—4。

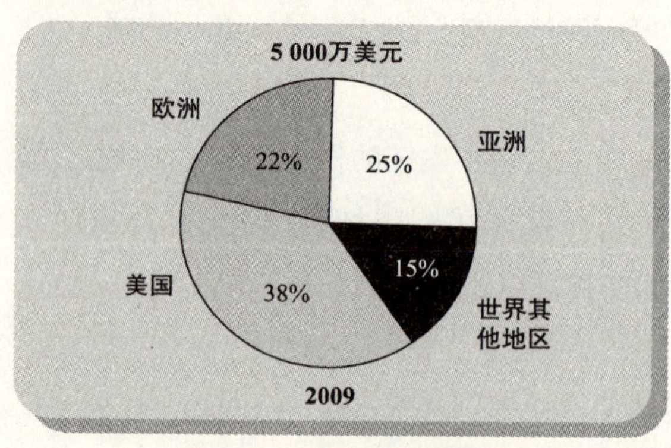

图 8—4　简化后的饼状图

在图 8—4 中，区域信息在饼状图外，但是各自所占百分比移到了图中。这种安排更加清晰，因为文字占用的空间通常比数字大，饼状图外的广阔空间更适合标文字。如果所占比重太小，写不下表示百分比的数字，也可以在图外写出数字，画一根线指向它所代表的区域 。

不知你注意到没有，数字和文字分开后，两者读起来都更轻松了。还有一处改进是图 8—3 中的销售金额被略去了，这是因为在饼状图中，各个部分所占的比重才是最重要。

图 8—4 做的最后一点改变就是，日期移到了下面。这是绝大多数商业图表中应该用来标注时间的地方。

制作饼状图时如果能遵循这几条，听众读图、解图时就会轻松很多。

> 在饼状图中，各个部分所占的比重才是最重要的。
>
> **魏斯曼**
> **完美演讲TIPS**

数字型PPT中排版的学问

图 8—5 中左边的标题是纵向排列的，这样不便于阅读。试想，一个标题才 4 个字，眼睛却要来回看 3 次。累不累?

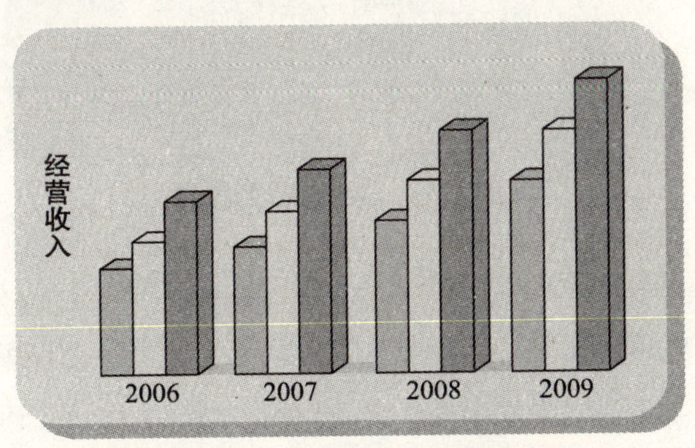

图 8—5　左边标题纵向排列的后果

这个问题其实很好解决，如图 8—6 所示。

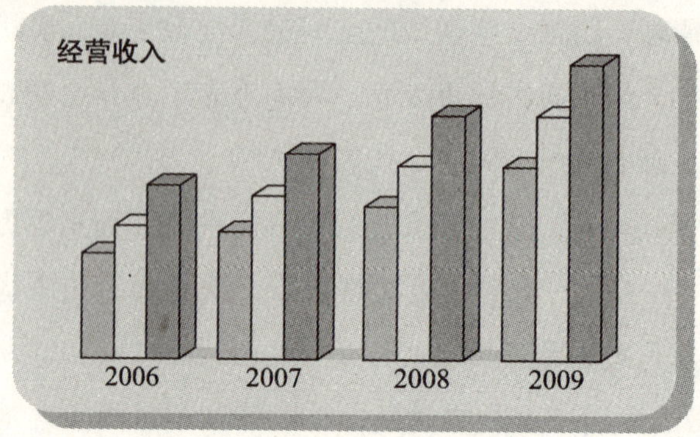

图 8—6　可读性好的横向标题

只要像图中一样从左向右横着写标题，PPT 立刻就清晰许多，读起来也方便。

还有一种情况和纵向排列的标题很类似，这就是纵向侧立的标题（见图 8—7）。

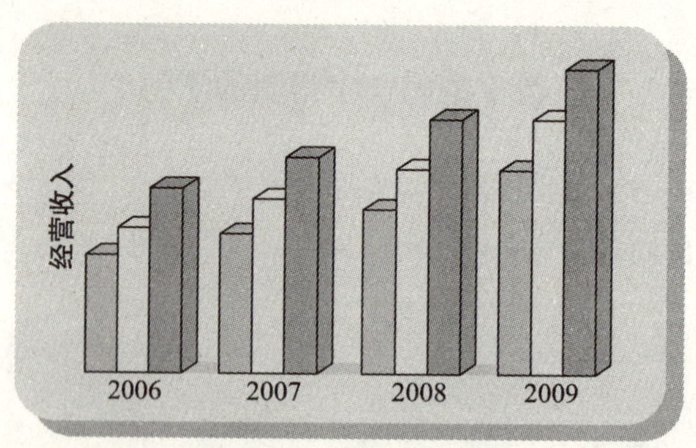

图 8—7　纵向侧立的标题

侧立标题沿袭的是文件中的做法，但问题是文件中出现这种排版，读者把文件转一下就可以读到“经营收入”这几个字。可是在投影中，听众就只能转他们的头了。演讲中发生这一幕就好像一帮成人在玩“西蒙说”（Simon

Says）[1]。演讲者播放 PPT 就好想在发出指令："西蒙说，用左耳碰左肩。"然后听众齐刷刷地歪起了脑袋。

这个问题的解决办法其实和纵向排列的标题一样（见图 8—6），把标题水平横放。这次你不仅解放了他们的眼睛，还解放了他们的脑袋。

图表走势，左低右高

听众感知信息，对信息做出反应的方式再一次说明了眼睛习惯性的运动规律。长期和图表打交道，商业人士已经形成了对"曲棍球棒图"的偏好，总体走势左低右高，传达出一种上扬、进步的积极信号。相应地，下滑趋势的图表隐含着消极的结果，所以左高右低的图表不符合他们的习惯。

现在如果让你制作一个图表比较你和竞争对手的业绩（销量、利润、产品性能、客户反响），你会做出图 8—8 这样的柱形图吗？

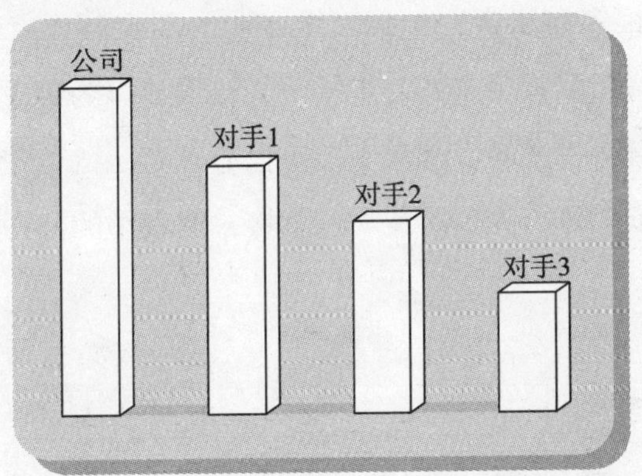

图 8—8　左高右低倒置的"曲棍球棒图"

① 一个英国传统的儿童游戏，一般由3个或3个以上的小孩参加。其中一人扮演西蒙发出指令，其他人需对指令做出反应。如果充当西蒙的人以"西蒙说"（Simon Says）开头，其他人就必须执行指令；如果直接发出指令，其他人则不能有动作。充当"西蒙"的人的任务是让大家尽快出局，其他人则要想方设法留在游戏中。

我希望你不要这么做。因为这会使公司的业绩看起来像坐滑梯一样，一个比一个差。相反，图表应该像图 8—9 一样从左往右，依次上升，而且右边最高的那个是你自己的公司。这样你不但悄悄地取得了优势地位，而且公司的名字也成为听众最后看见并记住的字眼。

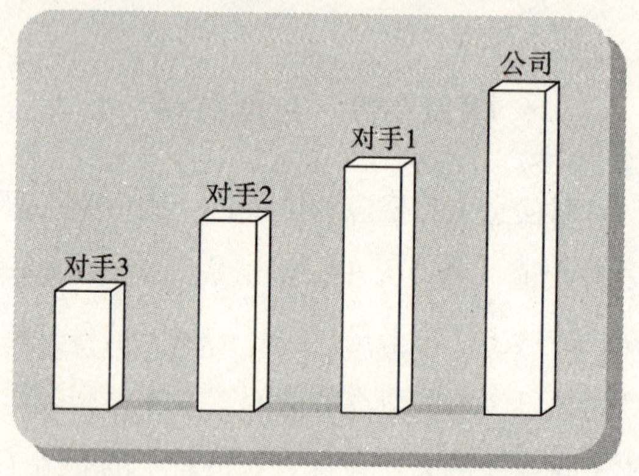

图 8—9　正常情况下的“曲棍球棒图”

遗憾的是，很多演讲者，包括很多专业的图表制作者，他们在设计时不明白这种图表背后给人带来的心理暗示，错误地以为最重要的应该最先表示。这听起来尽管合乎逻辑，却敌不过人们心理暗示的力量。图 8—10 再现了一则真实的报纸广告，为了避免太过直接，图表中的公司名均为化名[①]。

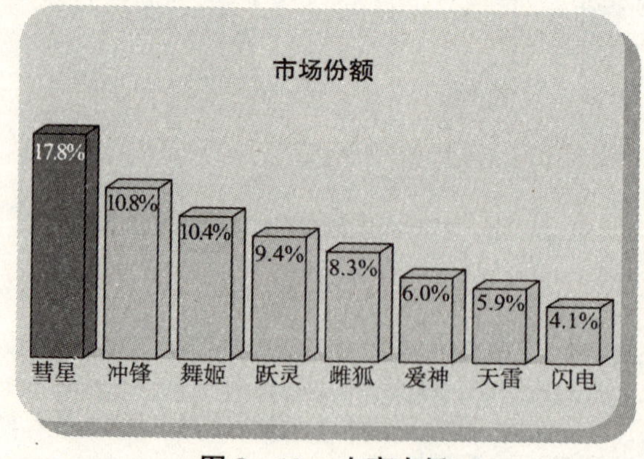

图 8—10　左高右低

① 作者此处使用的名字来自为圣诞老人拉雪橇的麋鹿。——译者注

彗星银行想要借此广告炫耀自己在发售企业债券业务上领先于其他同行。但事与愿违，他们设计的广告采用了左高右低倒置的曲棍球棒图，与听众的习惯不符，不会产生积极的暗示效果。

图 8—11 展示了彗星银行设计图表的正确方法：

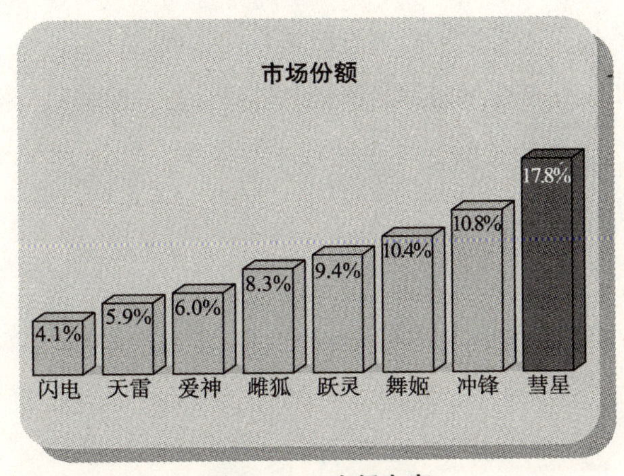

图 8—11　左低右高

致命的格式细节

你可能觉得没有必要讲格式问题，可能会说："我的听众又不是专业的图表设计者。我就算真的左高右低安排柱状图，真的纵向排列标题，又有谁会注意到呢？"

他们也许看不出来，也许他们都不知道自己看出来了。但是，我们对于视觉信号的反应一旦形成习惯就很难改变，它会深深植根于我们的心中，无处不在。即使听众没有明确意识到，但他们还是会觉得不舒服、不确定哪里有问题或者是不喜欢。他们也许不知道到底是什么困扰他们，只是会想："这些 PPT 看起来有点问题"或者"哪里不太对"。

这些问题会不会很严重呢？答案是它可以变得很严重。请别忘记，演讲中的任何东西都可能成为说服听众的阻力，比如你的竞争对手、听众对你的不在意或不关心。在演讲中，听众很容易怀疑你的专业水平，质疑你的动机，或者被其他事物分心，失去兴趣。忽视任何一个影响听众的因素所带来的风险，你都难以承担，不管这些因素看起来多么细微。

本来说服听众按照你的意愿行事就已经是一场“攻坚战”了，为什么还要制作一些传达错误信息的 PPT 使之难上加难呢。**要让 PPT 为你所用，而不是你为 PPT 所累。**

Presenting to Win

第 9 章

让故事更流畅

全局视野

前两章，我们主要集中在如何设计表意清晰、说服有力的 PPT。从字体风格到 PPT 标题，我们深入讲解了很多细节。现在是时候退一步，回到早先的一个话题上来了：叙述结构。

每一种交流媒介都有自己的办法帮助听众在交流中走下去，不致迷失方向。比如文本，在读文本时，读者就相当于听众。不管是一本书、一本杂志、一份报纸还是一份报告，设计者或者编辑都会给读者留下很多把握作者结构的线索：目录、索引、页眉或页脚的标题。更重要的是，读者可以随心所欲想看哪儿就翻到哪儿。他们可以通过反复地看目录、看索引引导自己理清结构。想想俄罗斯小说，在书的最前面通常会列出冗长的角色姓名或昵称；再想想那些剧中人物在不同场景中重复出现的戏剧，你就知道文本这种特性的好处了。长此以往，读者已经习惯了自己弄明白一篇文章的结构。

然而，演讲与此不同。在演讲中，听众只能一路向前按照顺序接触演讲内容：每演示一张幻灯片，每说一句话，都在演讲者的控制之中。一张幻灯片演示过了就是演示过了，不可能再回看，听众不可能按照自己的意愿反复进行。

正如我在前面所说，听众看到的都是局部，就像林子里的一棵棵树，而演讲者的工作就是带领听众提纲挈领、从上往下俯瞰整片“森林”。演讲者的工作当然是引导听众的思维，但除此之外，还可以引导听众的眼睛。

第 4 章中的“16 种叙述结构”和第 5 章里的“告诉听众你的演讲计划”可以帮助听众理解你的结构，但两者都是口头技巧，而 PPT 则可以帮助你清楚表达演讲的结构，通过不同的设计，表现出各个观点之间的联系，使用一些简单的视觉效果工具建立一种过渡，帮助听众理顺整个演讲的逻辑。

在介绍这些工具前，重要的一步是从整个演讲中抽离出来，高屋建瓴地审视整体的结构。图 9—1 中所示的分镜脚本可以帮你完成这一步。

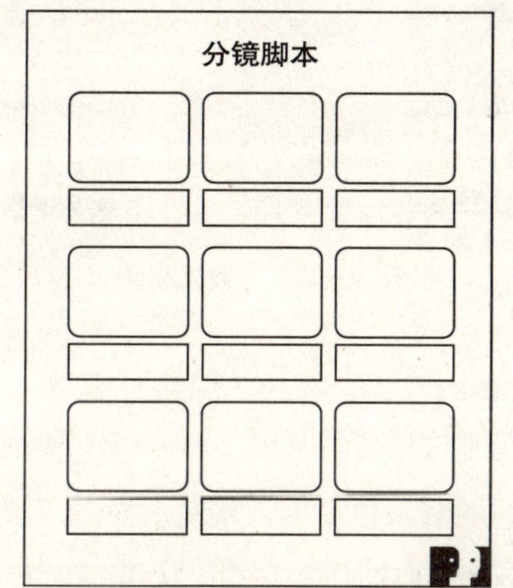

图 9—1　Power Presentations 分镜脚本

无论是一支 60 秒的商业广告还是耗费巨资打造的特效大片，所有的电视、电影导演在拍摄、剪辑他们的作品时都会用到分镜脚本，他们会把不同角度的摄像机拍到的每一个场景都编排出来，然后设想应该如何编辑到一起。

全景式视角可以让你一眼就看到整场演讲的PPT。通过它，你不用劳心于琐碎细节，而是胸中有大局，还能有效地帮助你查看演讲的进度。每一张幻灯片视窗下方都有一个矩形的方框，在里面你可以添加注释，详细阐述你的结构。

图9—2解释了全景式视角的作用方式。看一下分镜脚本上的PPT视窗。看的时候，要按照演讲结构把PPT分成组来看。比如，在图9—2中，演讲一共分为4个部分：引言、机遇、手段、结语。每部分都有一组PPT，它们内部都按照逻辑关系有机地组织在一起。

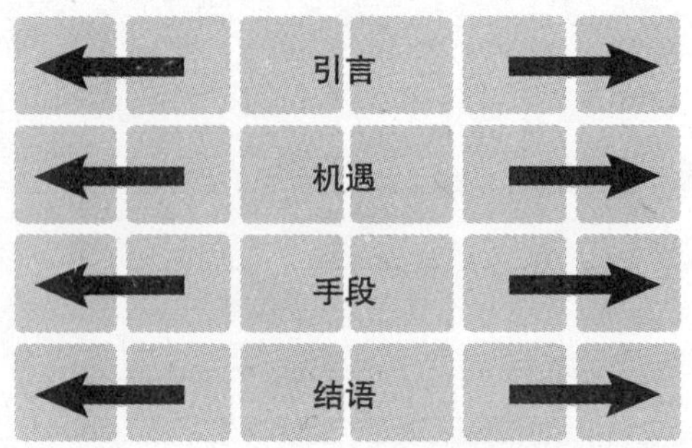

图9—2　全景式视角

如果用这种方法浏览PPT，就会很容易看出有些PPT放在了不合适的位置，可以考虑调整它们的顺序。如果有的PPT和主题无关，可以把它们删掉，但是各部分之间的联系也要交代清楚。如果不清楚，就要重新考虑顺序问题，通过增加、减少和移动PPT都可以使逻辑变得更加清晰。实在不行，还可以直接换一个结构。

审视结构还有一个“终极武器”就是阅读PPT的标题（见图9—3）。如果在略去那些要点、图表和其他内容后，只凭标题就能找出逻辑关系，那么PPT的结构就已经清晰了。逻辑严密的演讲听众理解起来省事，你说得也轻松。如果你使用的是PowerPoint，不论是进入幻灯片浏览视图还是大纲视图都可以看到 PPT 标题。

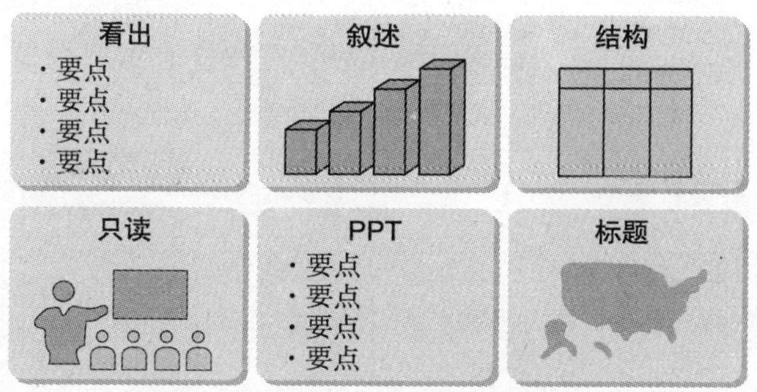

图 9—3　审视结构的"终极武器"

> 如果在略去那些要点、图表和其他内容后，只凭标题就能找出逻辑关系，那么 PPT 的结构就已经清晰了。
>
> **魏斯曼**
> 完美演讲TIPS

PPT串联的5大技巧

一旦演讲结构严密，侧重点就可以放在 PPT 上，借助 PPT 把你的逻辑传达给听众。**精心设计的 PPT 不仅可以传递清晰的信息，能够吸引听众，而且还可以起到衔接作用。**为了检查 PPT 之间的连贯性，需要再次从整体出发。图 9—4 就是一个典型的缺乏衔接的例子。

整体来看这个分镜脚本上的 PPT，由于前后之间没有联系，每一页都像是在讲一个新话题，迫使你反复适应新的内容、新的形式和新的风格。现在从听众的角度想想，演讲时，他们没有机会看到总体结构，一次只能看一页 PPT。如果像图 9—4 这样，每次都要重新适应，那他们的负担就更重了。到最后，他们也只能一脸迷茫，精疲力竭。请记住，别让他们费脑筋。

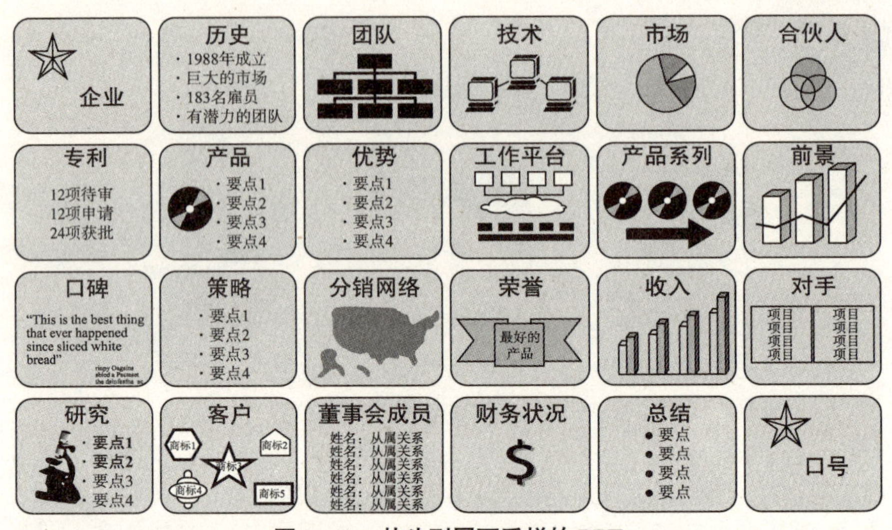

图 9—4　从头到尾不重样的 PPT

有 5 种串联技巧效果不错，可以用在 PPT 里突出演讲的结构。下面我们会结合真实的商业演讲案例分别阐述。

1. 缓冲页

第一个是使用缓冲页，是最简单的串联技巧。这个方法来自出版界。随便拿起一本非虚构类的长篇作品，都会发现它们被分成不同的章节或者不同的部分。各部分通常会被一张只印有章节号和标题的空白页隔开，这就是缓冲页。

缓冲页的目的就是承上启下。这样设计的好处就是，翻到这一页，已有的想法在此停驻，新的体验由此展开。在演讲中，缓冲页意味着向下一章节的过渡，缓冲页就像品尝两道佳肴之间唤醒味觉的甜点。

图 9—5 所示的缓冲页最简单也最有效。一行文字（切记不要超过一行，以免让听众来回看）预告了下一部分 PPT 的内容。例如，你可以在缓冲页

上写“市场机遇”、“独家技术”、“行业领先”或是“商业成果”，每一个都足以过渡到下一部分。

图 9—5　只在中心有文字的缓冲页

为了区分开缓冲页和其他 PPT，文字一定要处于整页 PPT 的正中心。

除此之外，一张图片、一个符号都可以用做缓冲页：公司的标志、符合演讲主题的图片或是能让人联想到接下来的演讲内容的符号。

你也可以在缓冲页上列出整个演讲的议程（见图 9—6）。有了它就可以不断重复演讲的提纲：每一张缓冲页上都有演讲的全部议程，但是下面即将进行的那一次要用粗体或其他方法强调出来，提醒听众特别留心。

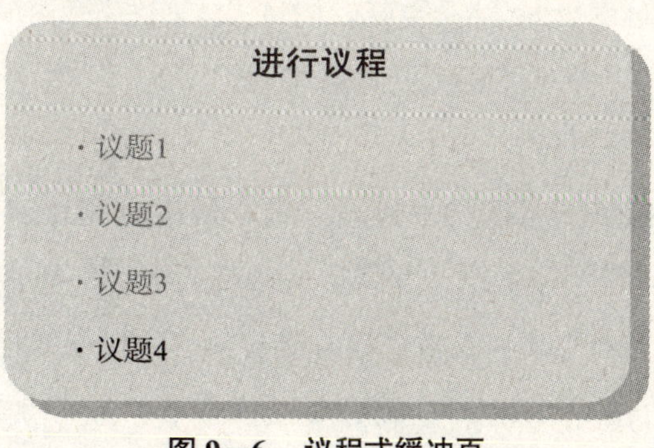

图 9—6　议程式缓冲页

这种缓冲页会提醒听众现在走到了演讲的哪一步，前面已经讲过什么，即将开始的又是什么。它就像一个不断更新的时间表，但要注意的是：只有时长超过30分钟的演讲才用缓冲页。如果时间较短，每翻一两页就出现一张写着议程的缓冲页，听众会觉得你低估了他们。他们会想："我知道你刚讲了什么，我知道讲到哪了，不用你老是提醒我。"

但是在冗长复杂的演讲中，听众就会很受用这些路标一样的缓冲页。下面是一个生物科技领域的例子。

雅克·埃辛格（Jacques Essinger）博士是瑞士一家专注于细胞治疗的瑞士生物科技公司Modex制药的CEO。1999年，他邀请我加入公司IPO路演的准备中。公司于次年在法国新兴证券市场（Nouveau Marche）上市，表现优异。2002年，Modex与IsoTis合并，改名为IsoTis Orthobiologics，在苏黎世、阿姆斯特丹和多伦多的证券交易市场都有上市。

2001年年中，生物科技整个行业都失去了投资者的青睐，尤其Modex这种成长中的公司，Modex股价大幅下跌。于是，雅克制定了竞购其他可以带来收益的生物技术策略。买卖达成后，雅克给我打电话，让我帮他准备一次演讲，向瑞士的投资圈宣布他的新策略。

因为这一章的重点是PPT串联，因此我只介绍雅克演讲的核心部分。在这一部分，雅克想要对潜在投资者描述新扩展的核心业务，但问题是，没有一个投资者懂生物科技。

雅克前几页PPT内容简洁、逻辑清晰，最后有两页简要讲了公司的策略和资金，但是中间部分生动地演绎了缓冲页的用法。他开始就用一个圈画出了Modex从过去到将来一直重点研究的领域：皮肤（见图9—7）。

然后他借助PowerPoint的动画效果从"皮肤"这个大圈里分生出3个小圈（如图9—8）。这个过程反映了Modex一开始专门研究"皮肤"，但现在拓展到和皮肤相关的表征研究。PPT上的"分生"效果也形象地表现出

Modex 开创了一条增加收入的新渠道。同时，作为缓冲页，它也告诉听众接下来会讲到什么。

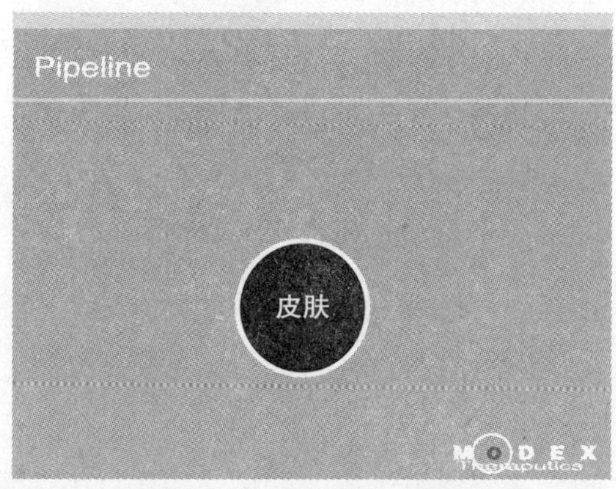

图 9—7　Modex 核心业务 PPT

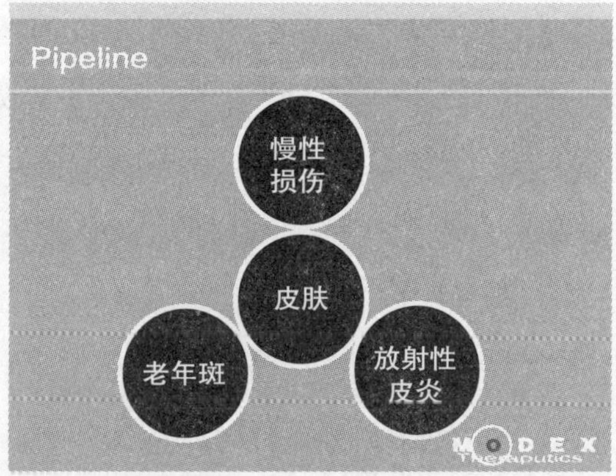

图 9—8　Modex 业务扩展图

雅克在演讲时提到他会以相同的顺序介绍每一种表征。“以相同的顺序”是不是让你想到了什么，这不就是把形式–功能型结构和平行结构结合起来，再用 PPT 表现出来吗？

然后，雅克用变色的方法突出了“慢性损伤”四个字，开始具体阐述（见图 9—9）。

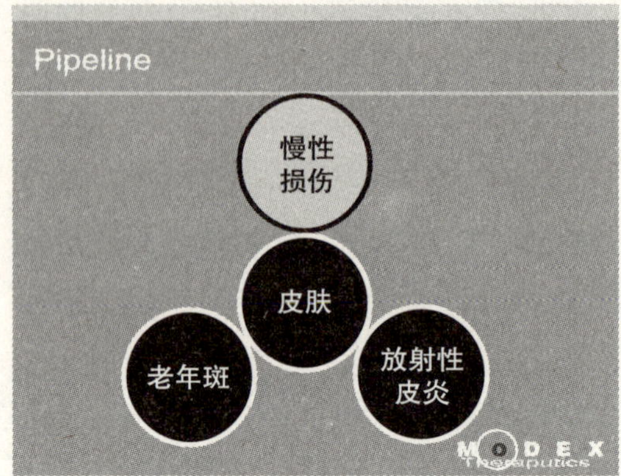

图 9—9　变色突出“慢性损伤”

他用了 18 页 PPT 深入讲解了皮肤的慢性损伤这个话题，但是绝大部分 PPT 都和缓冲页一样简单。他以金字塔来形容市场的不同层次，连续出现在 5 页 PPT 上，后面又在 3 页 PPT 上连着用到。其余的 PPT 里，两页上面是图片，两页是柱状图，还有两页是表格，旁边有少量文字说明，18 页中只有 4 页是纯文本的。这样的 PPT 显然不会引起“演示–记录综合征”。

这时，雅克准备讲“放射性皮炎”了。PPT 又放到了缓冲页，只是强调的部分变成了“放射性皮炎”（图 9—10）。

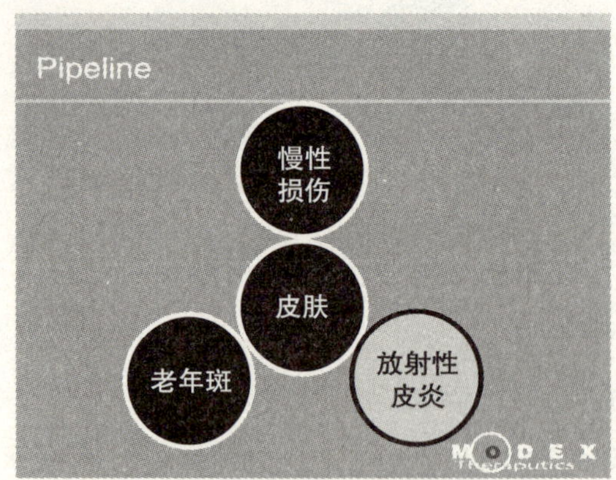

图 9—10　变色突出“放射性皮炎”

他只用 5 页 PPT 讲放射性皮炎。然后又是缓冲页，这次突出的是最后一个表征："老年斑"（见图 9—11）。

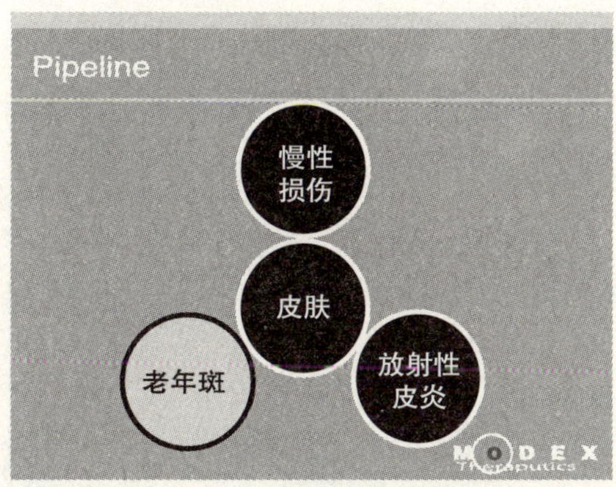

图 9—11　变色突出"老年斑"

缓冲页之间的幻灯片数量要有保证，如果偏少就会让听众觉得这个话题被小瞧了。

雅克讲"老年斑"也用了 5 页 PPT，两页图，三页文字。到这里为止，他已经讲完了所有的核心业务，准备收尾了。

尽管 Modex 这次演讲的内容很复杂，还有很多细节需要交代，但是雅克使用风格一致的 PPT，上下串联的缓冲页，使整场演讲清晰、易懂。

2. 色标或索引

如果演讲时间更长，就需要使用色标（或者又叫索引）了。和缓冲页断断续续的出现不同，色标是一个在 PPT 中循环出现的符号，但在演讲的不同部分会用不同的颜色或阴影区别开来。**这种方法的好处就是把握结构的同时，双方花的精力都最少。**

它通常适用于专业性很强，又分了很多部分的演讲中，每一部分都有很多艰深的技术细节。了解色标使用的最好办法就是看图 9—12 到图 9—15 的例子，讲的是一个由 4 部分构成的策略。

这家公司的商业策略分成 4 部分，符号是一个被 4 色分开的圆，一种色块对应一个部分（见图 9—12）。如果你是演讲者，应该在演讲开始概述总体策略时就演示这一页。等到具体说第一个部分（策略 A）时，符号会出现在 PPT 的左上角，但是只保留代表策略 A 的色块（见图 9—13）。正文部分的要点栏可以添加这部分策略的具体内容，这样那个 4 色圆就成了一个很容易辨认的色标或索引。

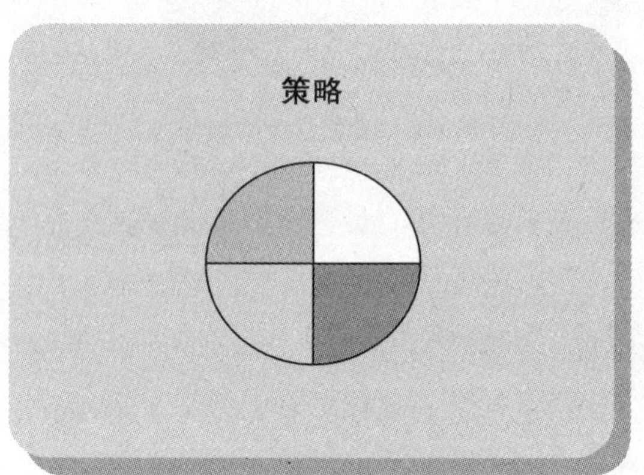

图 9—12　4 部分组成的商业策略的色标

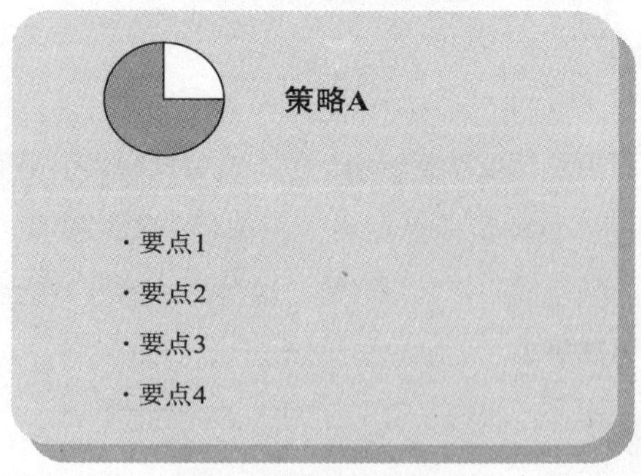

图 9—13　凸显第一部分

下一页 PPT 讲第二部分策略，就只保留代表策略 B 的色块（见图 9—14）。下方正文部分的说明性内容也会换成需要进一步阐释的要点。

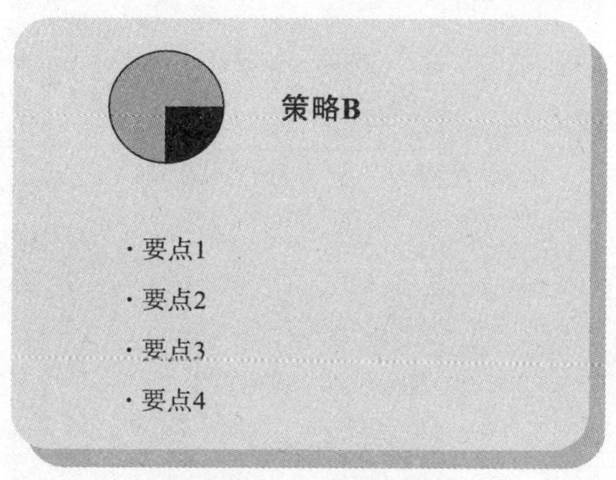

图 9—14　凸显第二部分

至此，你一定已经知道接下来两张 PPT 是什么样子了。另外两个色块依次保留，直至 4 个色块全都出现过。使用色标或索引不仅可以使听众轻松地和演讲者保持同步，而且也在无意中吊起了听众的胃口。他们知道第三、第四个色块很快就会出现在荧幕上，所以当结果如他们所料时，他们就会有一种满足感。

我们来看这个 PPT 的最后一页，四色合一（见图 9—15）。这时，就可以对公司的整个策略做一个总结了，然后通过动画效果在圈外再画一个圈以示完结与圆满，同时展望未来的发展方向。

这一系列的符号就像路标，在引领听众穿过演讲的各个阶段到达终点的过程中，为你指路。

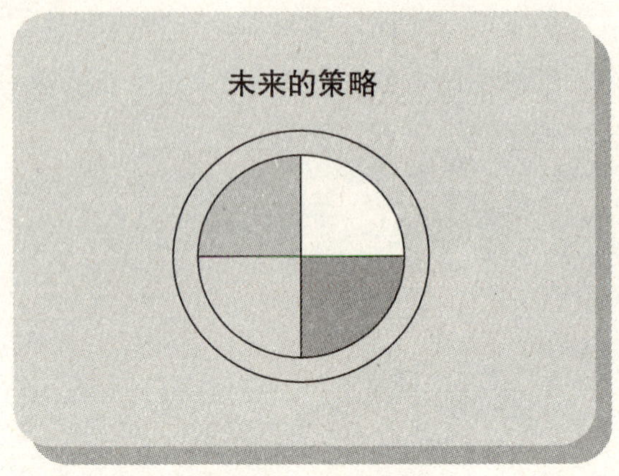

图 9—15　策略重述

3. 符号

第三个串联技巧是符号。这些符号可表现出各个要点之间的关系。用符号表现关系很传神，听众把握起来也容易、直观。因为符号也是 PPT 的一部分，所以自然要遵守前面提到的寓繁于简的原则。使用符号不用担心给听众增加负担，仔细甄选出的符号可以增强演讲的效果。

> 使用符号不用担心给听众增加负担，仔细甄选出的符号可以增强演讲的效果。
>
> **魏斯曼** 完美演讲TIPS

这里展示一些相当经典的符号，并且告诉你如何使用它们。在古代中国的宇宙观中，阴、阳是两股旗鼓相当、相生相克的力量（见图 9—16），正是他们的结合孕育了宇宙万物。对于西方听众来说，两仪图仅仅代表着“彼此调和”。所以如果一场演讲的主题是两股力量的融合，就可以用两仪图。例如，可以用两仪图来解释两家公司合并所带来的利益，说明公司的两条生产线以及他们之间的互补性。

图 9—16　两仪图

很多人都笃信“三”字法则。在这个理论里，“三”是个很好记的数字。如果你的演讲中有三个关键点，就可以从含有“三”的符号中挑选一个，如三角形、三叉戟、三脚凳、三箭合璧，或者图 9—17 中的三环。

图 9—17　三环图

这个符号可以用来描述三方协同合作或者三股力量在某种程度上的融合。如果你的演讲说的是一家公司同时为三个彼此重叠又有所区别的市场或者客户群体服务，比如企业、政府、学校，或者是一个由三部分组成的竞争策略，都可以用这个符号。但是，**如果你用了三环图，一定是下面两个环，上面一个，这样才有一种稳定感。**

如果你的演讲有4个关键点，可以尝试图9—18所示的符号。在演讲中它可以用于表示4种功能具有互补性的产品、4个互相合作的部门（销售、市场、信息技术、客服）、一项策略中的4个要素、一家企业着眼的4个市场（北美、南美、亚洲、欧洲）。

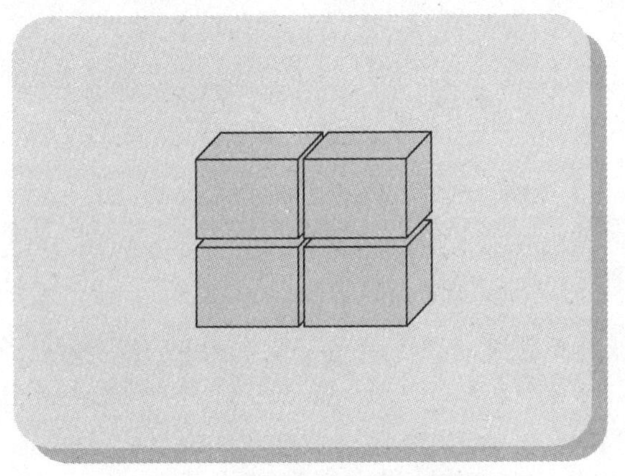

图9—18　可以表示4者和谐的符号

图9—19中的金字塔代表的则是一种等级关系。它可以表示组织管理中的层级；可以表示产品档次从低到高，从价格低廉、适合工薪阶层的（金字塔底）普通消费品到价格不菲、只面向特定人群的（金字塔顶）奢侈品；或者是一连串观点，后者建立在前者的基础上，一层一层直到得出最后的结论。

第4章里我们已经见过金字塔是如何表现空间型结构的（见图4—1）。我自己演讲和授课时也喜欢用金字塔来形容演讲成功的几个要素间的关系，底部是实在可靠的内容，往上依次是：PPT、表达技巧、演讲工具、最顶端的是问答技巧。想一想自己遇到过的其他符号，它们特有的视觉特征和信息都可以帮助你直观地演示出演讲内容。

图 9—19　表示等级关系的符号

有些公司还会花大量时间创造符号，思科就是一个。由于自身从事的技术的复杂性，思科更倾向于用图像而不是文字向听众解释自己的技术，为此他们付出了艰辛的努力。他们希望听众理解起来更容易，他们也相信“一图胜千言”。

思科每发布一套新产品，都会精心为它设计一个特有的符号。思科甚至投入更多精力为整个信息行业表示功能和流程的那些抽象概念都开发了对应的符号。思科很重视这些符号，它们甚至为此制定了特别的创作原则。

加里 · 斯图尔特（Gary Stewart）自从 1991 年起就是思科的技术绘图员。他负责为诸如路由器、ATM 交换机、网络云、防火墙、桥接、通信服务器这样的全球网络科技基本元素创作符号（见图 9—20）。

这些年来，思科已经汇集了一整套图形符号库。这些符号可以在公司的演讲和文件资料中使用，自然而然，这些符号成了行业标准，这对思科来说也是一次成功的品牌营销。

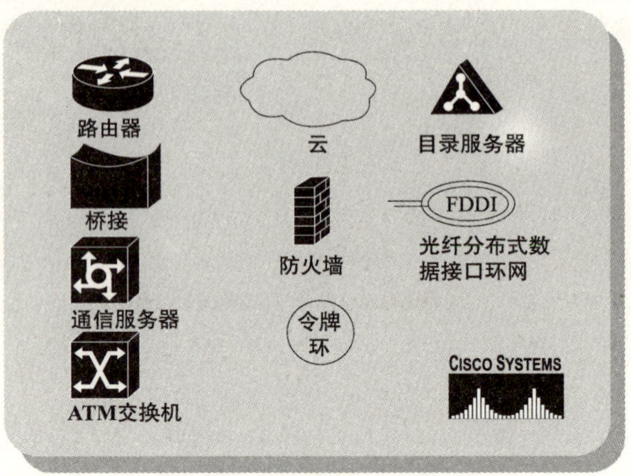

图 9—20　思科的图形符号库

如果有一个符号可以捕捉并表达各观点之间的关系，它就可以用在演讲中表示前后相继的关系，成为听众眼中的一个坐标。

> 如果有一个符号可以捕捉并表达各观点之间的关系，它就可以用在演讲中表示前后相继的关系，成为听众眼中的一个坐标。
>
> **魏斯曼**
> 完美演讲TIPS

4. 基准项

第四个技巧是使用基准项，即在连续的 PPT 中重复出现的一个图像，这种重复和变化表现前后 PPT 之间的一种关系。色标或索引表现 PPT 前后的关系是通过重复出现的符号，不管是一个圆圈，还是一个金字塔。使用基准项也是如此，但重复的部分不是独立的符号，而是整个 PPT 的一部分。这一部分可以是照片、草图、地图、符号、截图、标志或者剪贴画。

使用这种方法时，这一连串 PPT 的第一页就要包含基准项。翻到第二页时，基准项不变，加进去一个比较项，两者之间形成一种联系。到第三页时，在第二页的基础上再加一个比较项。这种视觉上的连贯性，反映了前后 PPT 的关系（见图 9—21）。

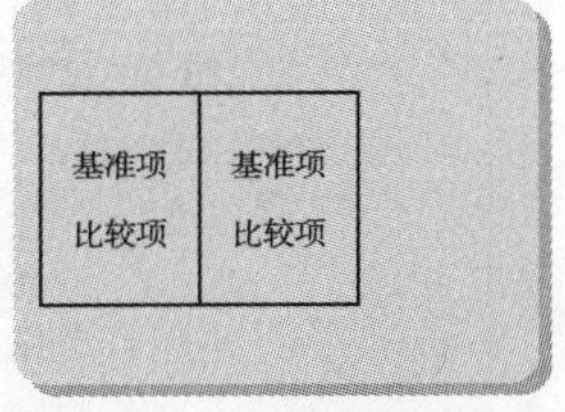

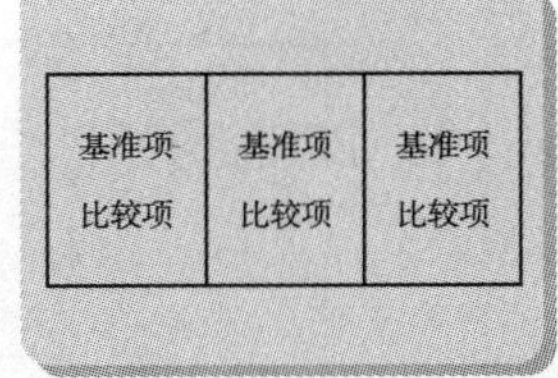

图 9—21　基准项的运用

在基准项的基础上引入新内容的同时，可以通过改变颜色、深色覆盖或增加边框的形式，突出显示要强调的部分。其他的方法就是选取要强调的部分局部放大，也可以在前景或背景上附上一些详细说明。这些会在下面的例子中得到体现。

我们在第 4 章提到了罗伯特·科尔韦尔博士，他是英特尔当时的下一代集成芯片 P6 设计团队的领军人物之一。在一场科技专题讨论会上发布芯片时，罗伯特用一张简单的黑白色 P6 构造图作为基准项来组织演讲结构。

图 9—22 到图 9—26 就是罗伯特在那次演讲上用到的简图，每一页 PPT 在前一页的基础上都有变化。罗伯特在第一页的基础上，通过应用不同的黑白对比，引导听众关注芯片的不同部分。演讲中，罗伯特还会放大局部并在前景上做一些说明。

这个设计简单的 PPT 为这场技术复杂的演讲理出了一个清晰的思路。在演讲结束时，那些同行们不但了解了新芯片设计的重要特征，而且更加敬佩罗伯特和英特尔。

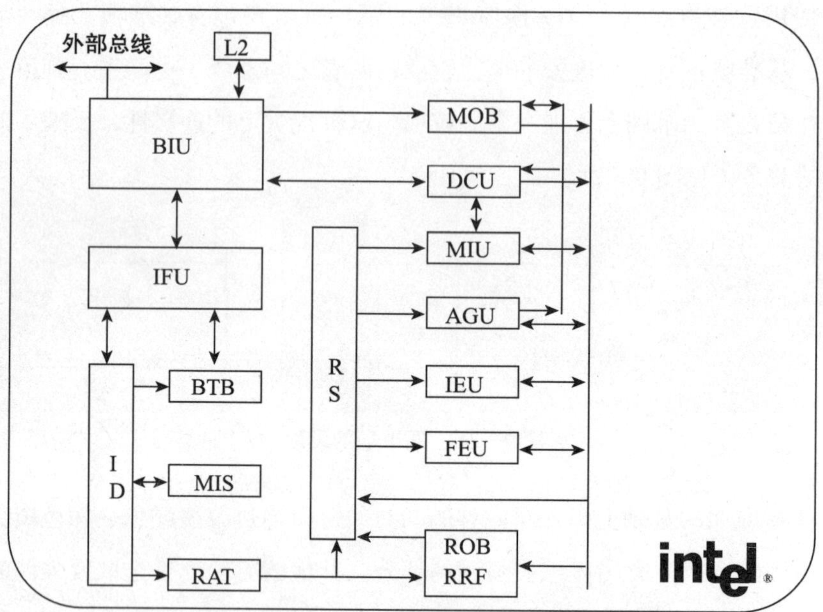

图 9—22　演讲的基准项是英特尔新芯片的总线图

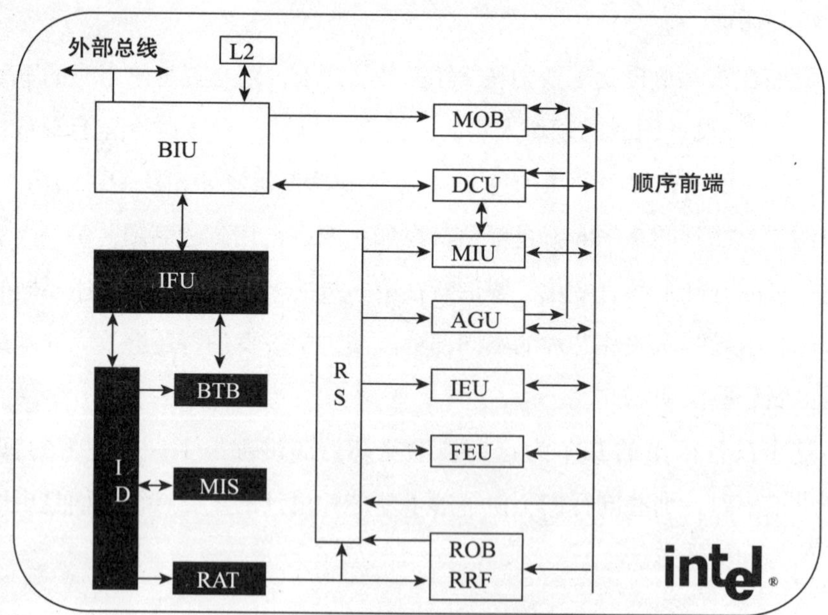

图 9—23．用黑色标出的基准项的一部分

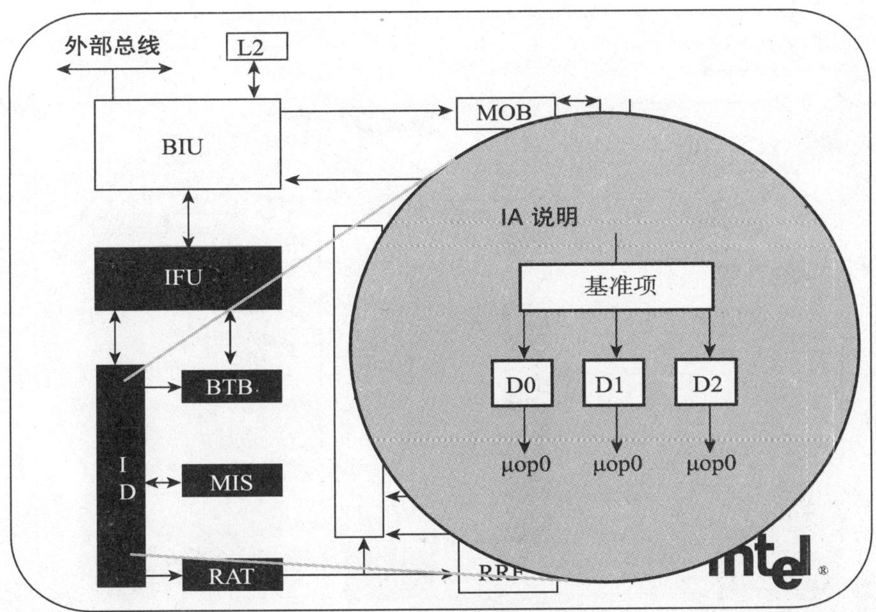

图 9—24 放大基准项的一部分

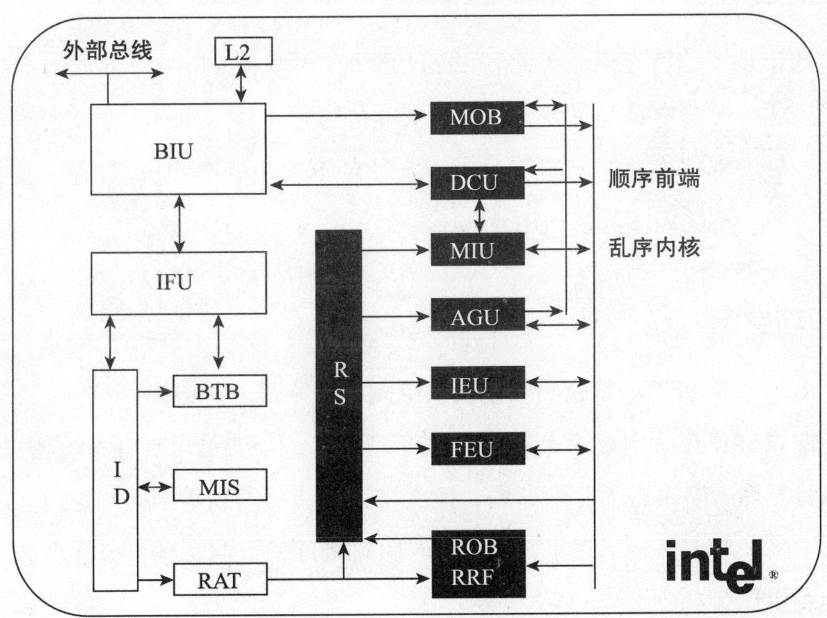

图 9—25 黑色强调部分转移

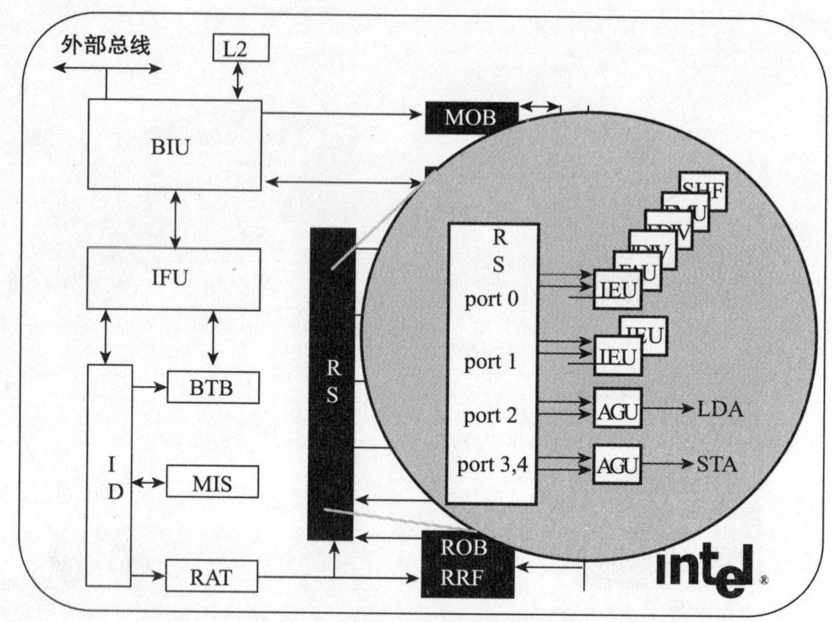

图 9—26　放大基准项的另一部分

还记得罗伯特事后是怎么说的吗？他说："没有人问我那些原本担心的棘手问题……我想是不是因为我看起来准备得很充分，而且完全掌控了整个流程，导致那些本来想刁难我的人因害怕说不过我而退缩了。"有一点可以肯定，罗伯特的简图起了作用。

5. 预期空间

最后一个 PPT 串联技巧叫做预期空间，原本是一种电影手法。

假设你正在看电影，电影中有这样一幕，一个演员出现在特写镜头里，他的脸充斥着整个画面。渐渐地，镜头拉远，演员缩到了画面的左边。现在画面中除了有人，还出现了背景：在一家咖啡厅里，演员独自坐在桌旁。下面会发生什么？

当我问客户这个问题时，他们不约而同地答道："会过来一个人或一个什么东西。"我追问原因，他们说："填补画面右边的空白。"

他们说得没错。根据我们的经验，如果看到银幕上的空白区域，就会条件反射般地觉得有东西会进来。在我们刚刚想象的那个场景里，也许那个人的爱人会走过来，在他对面的位子上坐下。

其实，商业演讲中简单的 PPT 同样可以制造这样的听众预期，请看图 9—27。

需求	解决方案
项目 1 项目 2 项目 3 项目 4	

图 9—27　预期空间

在看到这样一张 PPT 时，你的预期是什么？必然会觉得右边的空白应该填上，说得再准确点就是希望有 4 个解决方案能满足左边的 4 个要求。你期望的一定是 4 个方案，如果只出现 3 个，你会失望，如果出现 5 个，你又会疑惑。

这样的 PPT 后面可能出现的 PPT 如图 9—28 所示，这也是唯一可能出现的。这张 PPT 上给出的方案既回答了我们的疑问，又填补了空白，实现了我们的预期。言下之意是说：我们公司言出必行。

> 留下预期空间看似简单，但视觉上很有冲击力。它可以通过潜意识的控制抓住听众的思维。
>
> **魏斯曼**
> 完美演讲TIPS

需求	解决方案
项目 1	项目 1
项目 2	项目 2
项目 3	项目 3
项目 4	项目 4

图 9—28　预期空间

下面我们通过一个例子来看看预期空间是如何表现议题－对策型、矩阵图表型及平行结构的。

一家公司风雨飘摇，面临破产的风险，为了扭转这个局面，他们聘请了新的管理团队。新团队决定，重新规划公司的商业模式。为此，他们找我帮忙指导他们的演讲，向员工、投资者及其他利益相关人说明公司的转轨策略。

新的管理团队为公司确定了重新定位需要面对的 5 个因素。他们 PPT 的第一页是一个矩阵图，矩阵图左边列出了 5 个要素，右侧写对策的地方则保留空白，留下了预期空间（见图 9—29）。

企业的重新定位

要素	对策
原因	
目标	
挑战	
过程	
结果	

图 9—29　矩阵图 / 平行结构图中的预期空间

下一页，空白处填上了相应的对策，预期实现（见图 9—30）。

企业的重新定位

要素	对策
原因	对策 1
目标	对策 2
挑战	对策 3
过程	对策 4
结果	对策 5

图 9—30　填补预期空间

接下来，他们仍然采用相同的格式展开讨论：左侧列出问题，右侧写上措施。第三页也这样从左到右一一对应，讨论了公司的产品定位，同样左边是要素，右边是相应的措施。

这三页 PPT 加上开头和结尾的两张，构成整个演讲的基础（见图 9—31）。

企业的重新定位

要素	对策
原因	对策 1
目标	对策 2
挑战	对策 3
过程	对策 4
结果	对策 5

企业的重新定位

要素	对策
原因	对策 1
目标	对策 2
挑战	对策 3
过程	对策 4
结果	对策 5

企业的重新定位

要素	对策
原因	对策 1
目标	对策 2
挑战	对策 3
过程	对策 4
结果	对策 5

图 9—31　整个演讲所有的 PPT

是不是觉得很简单？但是当初，这个新团队可是带着48页全部是文字的PPT来和我讨论的！现在，修改后的5页PPT可以看做是他们转轨计划的凝练。

再来回顾一下，5个PPT串联技巧分别是：

- □缓冲页：各个主要部分之间插入的分隔页，能够简单、利落地实现过渡。
- □色标或索引：以一个重复出现的符号或图片为标志，以不同的颜色表示不同的部分。
- □符号：用可辨识的象征性记号表示各点间的关系。
- □基准项：连续的PPT中重复出现的部分，创造出前后相继的感觉。
- □预期空间：为接下来的内容预留空白，先吊起听众胃口，再满足他们的期望。

这5种PPT串联技巧尽管简单，但对于演讲的连贯性和清晰度有着深刻影响。如果使用巧妙，即使演讲冗长复杂，听众理解、记忆起来也会变得很容易。

以演讲者为中心

我先问一个问题，在这本书的开始，我不断强调演讲目的和“维惠”问题的重要性，但在这一章以及前面的3章，这两点我一次都没有提到，那么目的或者“维惠”问题应该出现在分镜脚本的哪一部分或者PPT的哪一页呢？

答案是，放在哪里都不好。目的和“维惠”问题不用出现在PPT上，它们需要由演讲者说出来，是你做演讲，而不是 PPT。

这个问题是个“陷阱”，我再次提出来只是为了强调你才是演讲的主角。PPT 不是演讲的全部，它们只是演讲者的辅助工具。作为演讲者，必须从一开始就抓住听众的心，一路引领他们了解所有部分，让他们在你提出要求后还能有所回味。

> 演讲的目的和“维惠”问题不用出现在 PPT 上，它们需要由演讲者说出来，是你做演讲，而不是 PPT。
>
> **魏斯曼**
> 完美演讲TIPS

假设一家公司的 CEO，在对投资者做的演讲中打出了这样一页 PPT（见图 9—32）。

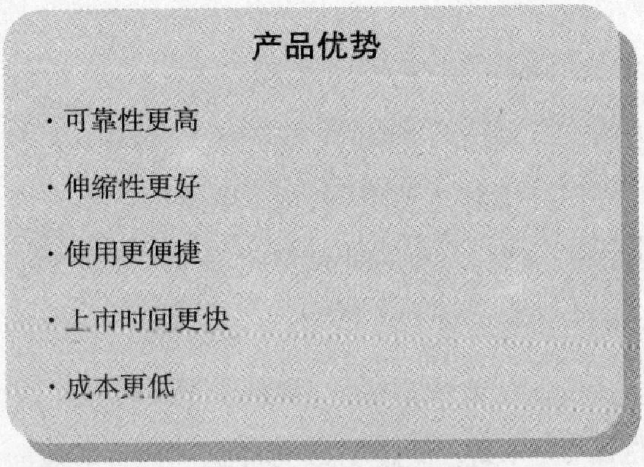

产品优势

· 可靠性更高

· 伸缩性更好

· 使用更便捷

· 上市时间更快

· 成本更低

图 9—32　听众利益在哪里

这位 CEO 介绍完上面列出的各种产品优点后总结道：“你们已经看到，我们的产品可以提供很多实惠。”接着就开始介绍下一张 PPT 了。这样，他就错失了讲出演讲目的的机会。

演讲者应该在后面加上一句：“这么多的实惠能为公司带来回头客，回头客可以带来源源不断的收益，而这些收益可以转化成股东利益和难得的投资良机。”

这几句话中既有了“听众的利益”，也有了你对听众的期望，但它们都没出现在 PPT 上。演讲者是通过说出这两点，把听众带向演讲的目的。这个目的就是听众恍然大悟：“啊哈，这是一个难得的投资机会。”

掌控全局

首先我们回顾一下前四章关于 PPT 我们都学了什么。

首先，有三个原则适用于所有 PPT：**以演讲者为中心、寓繁于简和减轻听众眼睛的负担**。在制作全文字和罗列数字的 PPT 时，这三点格外重要。

其次，给全文字和数字型 PPT 搭配图片型和关联型 PPT 这两种图表，就可以避免“演示–记录综合征”。所以要综合运用各种手段设计 PPT，最后所有 PPT 都要以分镜脚本的形式呈现出来。

分镜脚本式的 PPT 展示了演讲全貌。在 PowerPoint 中，幻灯片浏览功能会有相同的效果。分镜脚本能够帮助你检查 PPT 是否清楚地体现了整体的结构。如果页与页、部分与部分之间的过渡交代得不清楚，那么既可以调整彼此的顺序，也可以在叙述中口头强调这种过渡，使条理变得清晰。

最后，使用符号、色标或索引、基准项和预期空间这些 PPT 串联工具引导听众。通过插入缓冲页，制造明显的过渡，融会贯通前后章节。

这些工具可以确保每个听众随时都知道自己听到哪儿了，也知道眼前的这页 PPT 在整个演讲中的位置。

分镜脚本结构模式综合了故事简图（见图 5—2）和分镜脚本的所有功能，如图 9—33 所示。左边的故事简图是一个构思完整的叙述结构：开头、主体、结尾；右边的分镜脚本详细列出了各个部分的 PPT 分布，二者在此合而为一，展示出整个演讲的结构。这才是真正的提纲挈领。

这种模式对你整合所有的要素大有裨益。注意看，右边分镜脚本中的 PPT 是空白的。上面只有高度概括的概念和一些转折点，这样你的注意力就全在结构上了。右边的分镜脚本要这么看："标题"页，这是你说"开场白"时的背景，过渡到"独特卖点"页，再连接到"论点验证"页，直到最后说出演讲的终点，再过渡到"概述"页，预览整场演讲。"概述页"非常重要，但常被忽略，告诉听众"概述"页的内容就是这次演讲的路线图或是议程，接着告诉听众演讲所需的时间，然后，从第一点开始演讲。

演讲者接着通过自己的叙述带领听众了解主体部分的所有 PPT。还以图 9—33 为例，主体部分采用的是机遇-手段型叙述结构。等到总结时，转到"总结"页，概括整场演讲的终点，然后说出对听众的期望；"公司标志"页，留下公司的品牌形象，增加提出要求的效果（"见不能忘"）。

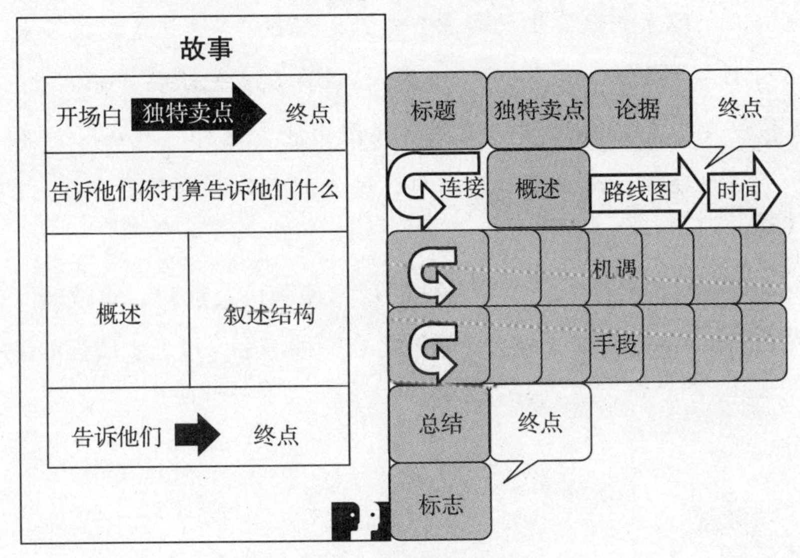

图 9—33　分镜脚本结构模式

下面是 Argus 保险公司业务员卡罗尔·凯斯用"分镜脚本结构模式"融合自己的叙述和幻灯片的情况：

- □打开标题页，卡罗尔的开场白讲的是客户的房子被烧掉的故事。之后开始过渡：“和许多人一样，那位客户只购买了最基本的险种，没有根据需要购买量身定制的保险。他现在终于知道定制化的保险可以让他远离灭顶之灾了。幸好我们公司有解决方案。”
- □点击独特卖点页，她继续说：“Argus 可以为您提供定制化的保险增值套餐，根据您的需求保障您免受重大财务损失。”还是这页 PPT，卡罗尔又说到了论据：“也许正是因为这样，Argus 才会成为美国成长最快的保险公司之一。”与此同时，她还说出了自己的期望：“我想你们会把握这个机会，今天就签下这份意义重大的保单的。”
- □点击概述页，她进一步说：“所以你们可以考虑选择 Argus……”她依次介绍了概述页上的要点，最后总结道：“这就是我接下来 15 分钟要讲的内容（演讲路线图），现在让我们从头开始。”这里卡罗尔最后才提到这一页的路线图功能，这样它就成了对客户期望的延伸，而且有了这一句，过渡到主体部分也更自然。

分镜脚本模式提供了一个全局性的视角使演讲更连贯、更流畅。一旦你对要讲的内容掌控自如，就会传递给听众一种信心，进一步增强演讲的说服力。

第三部分

让演讲充满生命力

第 10 章

激活你的演讲

反复表达练习

前几章主要讲述的是人们眼中的演讲，这一章我们会认真考虑作为一个整体的演讲，尤其是耳中的演讲。

回想一下第5章中的故事简图（见图5—2），这个简图包括了构建任何一篇演讲的基石：开场白、终点、概述和结构。

这个简图呈现了演讲的整个构造，但由于它高度概括和抽象，所以只能看到最核心的要点。演讲至此还都毫无活力，直到你加入自己的词句。

那么在故事简图所呈现的这个骨架基础上，怎么才能打造出一篇完整的演讲呢？答案就是通过准备和练习，这个过程我之称为表达练习（verbalization）.

表达练习，就是通过事前练习把枯燥的演讲概述充实成图文并茂的演讲。练习时使用PPT，字正腔圆地说出实际演讲中会说的话。一切都要像实战一样，不然，演讲就不可能对听众起作用。

但是，很多商业人士不愿意这样练习。有的声称要等演讲的各个方面都准备得差不多了再练习；有的则是因为在别人面前装腔作势地练习会尴尬或者不自在；还有的认为这种练习太小儿科了。无论理由是什么，他们都想回避这一步，他们总说："不用担心！在正式演讲前我会排练一次的，不会有什么问题。"

遗憾的是，绝大多数商业人士所说的排练是这样的：一张 PPT 跳上屏幕，演讲者眼睛瞄一下，嘴上念念有词道："好的，针对这张 PPT，我想说的是销售收入……看到这张，我要谈谈盈利的途径……说到这一张，我要给你们看一张我们公司实验室的照片，然后谈谈研发情况。"

你是不是也这样？用这种方法排练不会有任何效果。**谈论自己的演讲不是练习演讲的有效方法**，这就好像谈论再多的网球，也提高不了你的反手击球能力一样。这就叫"人浮于事"，它把演讲者和演讲本身割裂开来了。

与之相似，但更普遍的练习方式是"小声咕哝"。这种场景我们肯定都见过。演讲者急忙点开电脑里的 PPT 或者翻阅打印版的 PPT 的同时，嘴里不知在念叨什么。

这两种方法没有一种是我所说的表达练习。

演讲要想成功，唯一的准备方法就是像你正式演讲那天一样大声说出来。通过事先说出自己演讲中要说的所有话，通过表达出所有要点、转承起合的各个部分，通过实战练习，所有的细节都会牢牢地印在脑子里。

在我的生活中，大部分时间只要工作就要做演讲，所以那些已经说了上千遍的东西就不必事先再练习了。但如果我要说的内容是新的，事先一定会做大量的表达练习，每次我都会用位于金字塔底端的基石来说明演讲最核心的组成部分。

> 演讲要想成功，唯一的准备方法就是像你正式演讲那天一样大声说出来。
>
> **魏斯曼**
> 完美演讲TIPS

即使金字塔空间结构的演讲我已经变换着说了无数次，每次增加新的内容我还是会先练习十几次或更多。当我要说的是全新素材的时候，练习次数还要翻倍。

有一家初创科技公司的CEO，他科学家出身，在自己家的车库里研发出一项神秘的技术，然后就白手起家创办了一家公司。他之前从来不需要演讲，但是随着技术获得市场认可，公司想要上市，他意识到自己这次将不得不站在众人面前进行IPO路演。他找我帮忙指导他的演讲，于是，我们根据本书提到的步骤一起进行准备，只是没有做表达练习。

就在路演的那天早上,他突然紧张起来。我把他的PPT打印出来，铺在会议室的桌子上，让他试讲一遍。结果，他一开口就结巴起来，紧张情绪也更厉害了。我让他重新说一遍，情况好了一些。于是我就让他一遍又一遍地练习。

说到第五遍时，终于流畅了。到第六遍时，他都开始改善上下文的连贯性了。到银行的人中午来到的时候，他已经讲得十分流利了。正是全面、流畅的内容和清晰、简洁的图表再加上勤奋的表达练习，让这位焦虑的演讲者冷静了下来，而这种冷静也是演讲者演讲时所必需的。

在Power Presentations的培训中，我会让客户先练习说一个开头，时间不超过90秒。要让这个开头引起别人的兴趣，就应该包括我们在第5章和第9章提到的：开场白、独特卖点、终点、演讲计划和概述。第一遍练习时当然结结巴巴，再说一遍，就会好一点。每练习一次都会更好一些。你自己也可以这样练习，自然就知道它的好处了。

当然，真正上场演讲与练习时的措辞及叙述肯定有出入，对此要有心理准备。**只要逻辑经过反复琢磨，结构精细，再加上熟能生巧带来的自信，每次演讲都能表达清晰、令人信服**。这就是表达练习的作用。

全面、流畅的内容和清晰、简洁的 PPT 再加上勤奋的表达练习，可以让焦虑的演讲者冷静下来，而这种冷静也是演讲者演讲时所必需的。

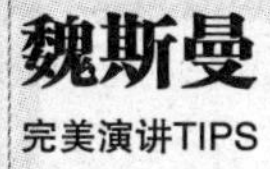

间隔学习

教育工作者把学习分为分散式（distributed learning）和集中式（massed learning）。分散式学习是一个长期过程，它留下了消化理解的时间，效率较高。分散式学习又称间隔式学习（spaced learning），而集中式学习实际上就是填鸭式学习。

每一个美国学生都知道一个故事，说林肯是在一个信封的背面写下著名的葛底斯堡演讲（Gettysburg Address）的，这个说法好像在暗示林肯不用事先准备或者不用怎么准备就能写出史上经典的演讲。

> 这个故事其实版本很多，加里·威尔斯（Gary Wills）在他的普利策获奖作品《林肯在葛底斯堡》（*Lincoln at Gettysburg*）中就写到了这些很少有人知道的版本："林肯在去一家照相馆的路上构思了这篇演讲，就写在了一张硬纸板上……在一段 130 公里的火车之旅上……用铅笔写的……演讲的前一天晚上写的……演讲的当天早上写的，甚至有人说他是在埃弗雷特（Everett）[①]演讲的时候才在脑子里构思这篇演讲的。"

这些故事之所以吸引人，是因为很多商业人士也是用同样的方法

① 在林肯前一个发表演讲的人。——译者注

准备演讲的。Callidus 软件和 Interwoven 董事会成员查尔斯 · 罗森伯格（Charles M. Boesenberg）之前是半导体设计公司美普思科技公司（MIPS）的总裁，在 1989 年，他曾亲自参加了 MIPS 的 IPO 路演。后来，他成为 Central Point 软件公司的 CEO，在公司准备上市时，他请我帮他做指导。我让他使用的叙述技巧也是我在书中介绍给你的：框架构建、头脑风暴、归类和叙述结构。

第一天准备到一半时，查尔斯突然笑着说："以前在 MIPS 的时候，演讲都是在去机场的路上搞定的！"

和查尔斯有着同样情况的人比比皆是。无论什么时候问客户，他们有没有在上台前才匆匆凑出一场演讲时，看到的都是一圈人在那里不好意思地笑。他们的理由也大多相同：

□"喔，我没有时间准备演讲啊，不过我会临场发挥！"

□"我开会就要迟到了，你能给我拟一个大概吗？"

□"我没时间准备了，让市场部把资料整理到一起吧。"

遗憾的是，还有很多人居然用这种方法："我从张三的 PPT 里抽 3 张，从李四的 PPT 里抽 6 张，再从王五的 PPT 里借 4 张，不就有了吗？"这种方法我们在前面提到过，叫做"弗兰肯斯坦法"。

如果上面这些方法你也用过，那么相信林肯也差不多是用同样的方法一定会让你感觉良好。但是现实总是和理想背道而驰。加里 · 威尔斯在书中为这个"长期受到争议但仔细想想就觉得有点傻的故事"盖棺定论了，他详细记述了林肯创作葛底斯堡演讲的复杂历史。威尔斯先指出这篇演讲中用到的古典修辞手法，这种修辞在 19 世纪很盛行。他又提到林肯对文学和《圣经》的着迷，他一生不断学习，笔耕不辍。他还十分仰慕丹尼尔·韦伯斯特（Daniel Webster）的口才。威尔斯说林肯“写作很慢，喜欢整理自己的观点，反复斟酌文章的逻辑和措辞。正是因为这种严谨的态度才有了那些令人难忘的经典演讲”。

威尔斯还写到，林肯将表达练习和间隔学习的方法结合了起来：“这一定就是林肯有着滔滔口才的秘诀：他不但大声朗读表达出自己的思路，还通过动笔整理思绪。”

威尔斯然后彻底否定了葛底斯堡演讲是即兴创作的说法。他列举了多个历史证据证明林肯演讲前在华盛顿至少花了两天时间构思内容，在去葛底斯堡的路上还修改了演讲稿上的好几点。最后，在 1863 年 11 月 19 日这个值得铭记的日子，林肯“拿着一张也可能是两张纸”起身发表了演讲，纸上一共只有 272 个词。

说完林肯振聋发聩的演讲，我们来看看普通人喜欢的猜谜游戏。老资格的填字迷都明白一个道理，一个字谜猜不出来时，先把它丢在一边，等到一会儿回来之后，答案自然就出现了。那些认可间隔学习法的演讲者说，他们在准备演讲的过程中如果暂停一段时间再看演讲内容，就会很快发现一堆需要修改的地方。这是因为当从一个新的视角看演讲的结果，又或者是他们在丢下演讲做其他事时，潜意识中还在思考演讲的内容。而且，这种新的视角能让演讲者对演讲更加得心应手。这样一来演讲者不仅有了自信，也显得胸有成竹。

既然我们都知道间隔学习法好处多多，那么为什么还有那么多人要把准备工作拖到最后一刻呢？的确，和你一样，大多数商业人士任务重，压力大，时间紧。然而，如果你也认同每次演讲都是至关重要的，那么这些就都只是借口罢了。

我们都熟悉安迪·沃霍尔（Andy Warhol）[①]的一句话，每个人都能在15分钟内变得家喻户晓。现在我要延伸一下这句话：每个演讲者都有15、30或者60分钟的时间让听众恍然大悟！你就不想让每一分钟都物尽其用吗？难道你不想利用自己掌握的每一种工具和方法从演讲一开始就俘获听众的心吗？你不想引导听众听完你演讲的每一个部分，不给他们走神的机会，让他们最后答应你提出的要求吗？

间隔学习法就可以实现上面所说的这一切。

我向来注重理论联系实际。创办Power Presentations公司20年来，这本书里的材料大多都根据实践加以完善，只有关于林肯演讲的部分是在我读了威尔斯的作品后新加进来的。只这么短短的一部分三天之内我就写了37稿，这还不算与编辑和发行人商量时的打印稿。

如果在读过这一章之后有所收获，都可以归功于间隔学习法，当然，这一方法对你同样适用。

内部串词的12种类型

构建演讲时你会用到故事简图里的要素。如果这些要素是建起广厦的基石，那我们还需要用水泥把它们黏合在一起。演讲中的一些叙述技巧就是水泥，称为串词：它是PPT页与页之间、演讲中部分与部分之间的口头过渡。

第4章讲述过的那一场投资银行说明会，可以很好地说明串词的重要性。我之所以参加这些会议是因为可以在同一个地方，短时间内观察很多场演讲。每次我都可以见到很多主管，每个人就管理发表演讲时都经验丰富、老成持重、信心十足。但是他们推进演讲的方式大多都一样：先点开一张PPT，然后说："现在我想谈谈……"。点开下一张PPT，又说"现在我想谈

① 波普艺术的倡导者和领袖，对波普艺术影响最大的艺术家。——译者注

谈……”，这样周而复始，一成不变。

这些陈词滥调不仅帮不上忙，而且破坏了演讲的流畅和结构。听众会觉得为什么每张 PPT 都像是第一张，就像电脑重启一样，这给听众带来了很大的困扰。由于要点之间缺乏情境支撑和逻辑联系，听众就像站在森林里，一次只能看到一棵树，却不知道它和下一棵有什么关系。中间缺失的这些联系就需要演讲者通过说话来衔接。

这种衔接主要有两种形式：一是内部串词，串联演讲各个部分的陈述；二是外部串词，把演讲各个部分和听众联系起来的陈述。这一章重点讲述内部串词，第 11 章再阐述外部串词。

内部串词一共 12 种：

1. 回到叙述结构：在演讲过程中，不断参照你的叙述结构。

2. 逻辑过渡：承上启下。

3. 前后照应：演讲中不同地方出现的相同概念可以前后照应。

4. 反问：提一个问题，并给出答案。

5. 主题的反复出现：演讲开始时先举一个例子或埋下一个立足点，在后面的演讲中经常回头提到它。

6. 首尾呼应：演讲一开始时就先举一个例子或埋下一个立足点，直到演讲结束时再提到它。

7. 重复：反复使用某个口号或夺人眼球的好句子。

8. 中间小结：在重大转折处停一下，总结前面的要点。

9. 枚举法：相关的概念放在一起逐条说明。

10. 算术法：通过比较解读数字信息。

11. 强调“终点”：在演讲中，多次呼吁听众采取行动。

12. 说出公司名称：常常提及公司、产品和服务的名字。

在演讲中自然使用这些内部串词，可以让听众听得轻松。接下来，我们通过举例来仔细研究这 12 种内部串词。

1. 回到叙述结构

内部串词绝大部分是选择性的，可以根据情形所需加以选择并自由组合使用，但是第一种：回到叙述结构，是演讲中必不可少的。它带来了另一种带领听众把握全局的方法，让他们始终清楚演讲的结构。

以问题–解决型结构为例，这一串词的使用方法是：不时地提到需要解决的问题。在演讲中，可以用这样一些句子："各位已经了解了，我们公司独有的方案是如何解决这个影响了几百万人的问题的。"

与此相似，如果你用的是机遇–手段型结构，就不断谈及机遇和公司的产品或服务是如何抓住这个机遇的。

如果你选择的是数字榜单型结构，比如"购买我们产品的 10 大理由"，那你一定要为听众倒数（如果你学莱特曼，也可以从前往后数）好让他们知道现在说到哪一条了："第一个理由是……好，现在说第二个理由……最后，第十个，也是最充分的理由是……"

2. 逻辑过渡

逻辑过渡是内部串词中最简单也最直接的，它就是要你把前后观点间的逻辑关系说明白。

比如，你要和一个团队一起演讲，详细介绍公司的业务和未来的发展计划。如果说完自己负责的内容后对听众说："好，我要说的就这么多。下面有请我的同事南希向各位介绍。"你就没有说出你们俩发言之间的关系，这就缺少了逻辑性。就像接力跑中前一位选手交接棒时掉棒了，下一位选手还得弯下腰把它捡起来。如果用了这种古怪别扭的交接过渡，听众就会从你的掌控中溜走，找不到你演讲的主线。但是如果你说："现在大家已经看到了摆在面前的良机，也了解了我们公司抓住这个机遇的计划，我想各位肯定想知道我们为此是怎样调整公司财务结构的。下面的时间就交给公司 CFO 南希女士，由她告诉你们。"这就是交代清楚的过渡词，起承转合过渡自然。在把接力棒传递给同事的同时，一并传递的还有听众的注意力。

"逻辑过渡"可以算是口头版的"缓冲页"，两种过渡都有承上启下的作用。它能在不同主题间进行切换的时候理清听众的思绪，就像一场盛宴中品尝不同主菜之间用来清口的点心。

3. 前后照应

前后照应是另一种有效的串词。如果你在演讲开始时介绍了一个技术性的概念，但那时你还不想展开说明，只要留下一个伏笔，告诉听众你稍后会具体展开。然后，在你要展开的时候，再和前面取得呼应："现在我们回头谈谈刚才提到的那个概念。"

如果运用得当，一前一后，彼此照应，效果会很好。但如果运用不当，前面的那个伏笔却可能会让你"后"院着火。你听演讲的时候有多少次演讲者在前面明明留下了伏笔，但后来却忘了说明？如果听众记得这个伏笔，你却没进一步说明，他们对你的印象肯定会大打折扣。即使他们没有明确记得有一个伏笔没有交代，也会有一种"缺了点什么东西"的隐约感觉。不论哪种情况发生，你和听众的联系都会产生障碍。因此，**如果前面埋下了伏笔，后面一定记得回应。**

后面的照应就不一样了，几乎不会出任何问题。当你详细解释前面留下的那个概念时，只是在加强那个概念在听众心中的印象，同时也显示出材料组织严谨，前后连贯。听众不知不觉中就又会觉得，你的掌控能力很强。

> 如果前面埋下了伏笔，后面一定记得回应。
>
> **魏斯曼** 完美演讲TIPS

如果是团队演讲，你也可以为别人的内容埋下伏笔或者照应别人说过的话。演讲时可以经常提到团队其他成员的名字，最好只叫名，别喊姓，比如："就像法兰克说的，我们研发部有好几位该领域的顶尖专家。"这种照应让听众觉得你们是一个默契的团队。

4. 反问

为了实现简短但重要的过渡，可以使用反问句，问一个能够承上或者能够启下的问题，然后通过回答自然引出下文。

举一些例子。在介绍完公司之前的业务后，可以用"那我们将会走向何处呢"过渡到未来的计划；在解释了公司抓住一个巨大商机的计划后，可以用"我们如何实行这个计划"来过渡到计划的执行；你还可以用一句"我们如何应对竞争"从对公司业绩的介绍过渡到和同行的比较中。但要记住，**问完问题自己给出答案。**

反问虽然好用，但也要有所节制，用得太多会让人感觉不自然。除此之外，措辞使用不当也会让人感觉做作。"我们公司的客服中心是不是聘请了有较高学历的员工来处理复杂的服务问题呢？"这句话听起来就有点虚假。要用听众的口吻提问，例如："我们是如何处理复杂的服务问题的呢？"

> 反问虽然好用，但也要有所节制，用得太多会让人感觉不自然。
>
> **魏斯曼** 完美演讲TIPS

5. 主题的反复出现

反复出现的主题就是那些渗透到演讲的纹理中去的话题。比如你的开场白是一个小故事，是关于一位名叫露易丝·金的客户的，那么露易丝·金就可以成为反复出现的主题，在随后的演讲中就可以数次提及露易丝·金，同时提到好几百万和露易丝·金女士一样的满意客户。如果你在描述公司制作工艺的高效，就可以说："我们的产品成本低廉，所以才能以像露易丝·金女士这样的客户能够支付的价格销售。"如果你在描绘一次成功推动产品销售的市场营销时，就可以说："露易丝·金女士在《今日美国》上看到了我们的整版广告，就拿起电话拨打了上面的 800 热线。"

6. 首尾呼应

主题反复出现的另一种用法就是演讲一开始提到某个主题，然后直到结束时才回头呼应，这种串词就叫做首尾呼应。它像书架上的书挡从两头牢牢固定住整场演讲。你可以在开场白中提到顾客露易丝·金，到了演讲结束再说："还记得露易丝·金吗？"这会让人觉得前面的问题终于在这里解决了，听众在无形中也会对此感到满意。

7. 重复

重复就是在演讲过程中像念经一样不断提到某个表达或口号，它的使用可以追溯到古希腊的演说家。那时他们称这种方法为首句重复（anaphora）。

许多现代演说家也使用重复渲染效果。第二次世界大战中英国民众深陷法西斯的重重围困，温斯顿·丘吉尔通过一篇慷慨激昂的演讲激发了民众的昂扬斗志。那篇演讲中有一段话，在这段话里丘吉尔重复"我们要……"（we shall）多达 12 次。他说："……我们要坚持到底，我们要在法国战斗，我们要在海洋上战斗，我们要用无比的信心和勇气在空中战斗，为了保卫我们的国家，我们将不惜一切代价……"

马丁·路德·金博士在他的著名演讲"我有一个梦想"中，说了多达16次"我有一个梦想"（I have a dream）。

约翰·肯尼迪令人印象深刻的总统就职演讲，也因为在3句话里5次发"问"（ask）而著名：

> 所以，同胞们，不要问你的国家能为你做些什么，而要问你能为国家做什么。全世界的公民，不要问美国能为你做些什么，而要问我们在一起能为人类的自由做些什么。最后，不管你是美国的公民还是世界他国的公民，请用我们要求你们的有关力量与牺牲的高标准来要求我们。

大家也许不知道的是，在这段仅仅14分钟的演讲里，肯尼迪还用了16次"让"（let）。

有很多企业会花大量时间和金钱聘请专业的营销顾问挖掘企业理念或者开发口号。想一想微软的"你的潜力是我们的动力"（Your potential, our passion），思科人际网络（The Human Network）的"你准备好了吗？"，（Are you ready？）或者是英特尔的"内置英特尔芯片"（Intel Inside），汉堡王的"随你怎么吃"（Have it your way）。

你在演讲中重复的不一定是公司的理念或口号，也可以为演讲特别设计一个可以重复的口号。比如，你说的是公司反败为胜的策略和公司已经完成的转变，就可以重复说："现在和过去大不一样。"又比如你想说服新客户试用产品或服务，可以借用一句中国古谚，"千里之行始于足下"，在后面的演讲中重复数遍促使听众从足下开始。

重复的内容可以只是你演讲中最容易记住的表达或者句子，所以要在演讲内容中好好选择。如果是你自己想的，一定要确保它简洁、有感染力，最重要的是它能够撑得起演讲的“终点”。

8. 中间小结

内部小结就是在演讲中某一两个重点的地方停一下，然后对听众说：“我们回顾一下目前为止所说的……”这是一种清理听众大脑的方法。

你对自己先前讲述的内容当然烂熟于心，但是听众不一样。他们需要时间消化你说的内容和 PPT 上的内容，不然就可能昏昏欲睡。更糟的是他们可能会打断你，直接否定你的演讲。

听众再聪明，也绝对无法做到同样的时间里你说多少，他们就吸收消化多少。这就好比在橄榄球场上，外接手很清楚自己要往哪里去，但防守人事先却不知道，这就给了外接手巨大的优势。但橄榄球和演讲还有所不同。在橄榄球比赛中，每队可以互换位置，轮流进攻。在演讲中就不行了，演讲者和听众的角色是固定的，所以，一定要让听众随时明白你讲到哪里了，接下来要讲什么，不能在听众面前保留这种信息不对称的优势。

一旦做完小结，就可以继续下一个部分了。这个过渡方法其实可以看做简化的“告诉听众你的计划”。

> 一定要让听众随时明白你讲到哪里了，接下来要讲什么，不能在听众面前保留这种信息不对称的优势。
>
> **魏斯曼**
> 完美演讲TIPS

9. 枚举法

如果你现在有一系列四款新产品需要展示，比起单个逐一介绍，将四款结合在一起说效果会更好。让听众见到森林，比让他们只见树木强。

开始，四款产品先作为一个整体介绍："我们今天发布一个新品系列，共有四款产品，它们每款都有自己的市场定位。"然后再分别介绍各自的特点："A 产品适合入门者，因为……"分开介绍后，再简要回顾一下整体："我相信各位已经了解，这一系列产品几乎可以满足任何需要……的人。"

但是使用枚举法也要谨慎，**不要在一个主项下面列举 6 个小项，每个小项又分 8 个要点。**听众听演讲时肯定跟不上你的线性思维，他们不可能记住这么多层次的细节，你也不应该指望他们能记住。所以，**在一个主项下面列举多个小项的时候，最多分出一个层次就够了，然后一项一项地说明白。**

10. 算术法

在讨论有关数字的东西时，一定要让听众清楚数字是怎么得来的。为此你可以对比、比较，哪怕详细说出计算的过程。举一个例子："这场辩论持续了 45 分钟，也就意味着每位候选人大概有 22 分钟的时间。为了呼吁听众采取行动，其中一位候选人总共 21 次提到自己的目的，另一位则提到 27 次，平均一分钟提到一次。"

11. 强调"终点"

正如你在故事简图中看到的，在演讲的开头和结尾突出强调演讲的终点非常重要。根据我多年的经验，开头和结尾是听众印象最为深刻的，所以，一定要在这两个地方突出强调你的终点，呼吁听众响应你的要求。

当然，除了极其简短的演讲，**在演讲中其实可以不止两次地强调终点，这是保证听众理解并记住你的要求的最佳方式。**多次强调也可以时刻提醒他们演讲的各个部分是如何支撑这个要求的。

在演讲中其实可以不止两次地强调终点，这是确保听众领会并记住你的要求的最佳方式。

魏斯曼
完美演讲TIPS

12. 说出公司名称

商业演讲几乎不可能不提到公司的名字，所以说出公司的名称也就成了连接上下文的一个很自然的形式。但是，说的时候一定要“指名道姓”而不要只说“我们公司”、“公司”或者“我们”，只有这样才能强化公司名称在听众心目中的印象。这一点很重要，因为毕竟整个行业每天都有这么多会议和贸易展，里面有数不清的演讲，你需要和其他同行争夺在听众脑海中的位置。

这同时也是最基本的品牌意识。现在的企业都耗费大量时间、金钱和精力开发公司的标志、代表色和广告语来提升形象，甚至投入更多时间、金钱和精力，借助一切媒介传播公司形象，比如马克杯、T 恤、棒球帽等。但是，在演讲中，借助演讲者这位活生生的人亲自上场推销公司品牌，岂不更经济也更省力。

说了这么多串词，那么在演讲时该用几个呢？答案是：“够用为止。”为了使整个演讲流畅完整，过渡串词需要用多少就用多少。这样，演讲各个要素可以环环相扣，指向同一个终点：听众响应演讲者的要求。选择的串词要符合你的演讲内容和个人说话风格。

编排演讲时要计划在哪里过渡，哪里用串词，用什么样的串词，每次表达练习时串词也要练，最后，无论何时上台都要记得用串词。

魏斯曼
完美演讲TIPS

应对7大措辞问题

激活演讲的最后一步就是演讲时的用语，这里称之为措辞。

本书和 Power Presentations 培训课程使用的叙述结构都是问题–解决型，也就是和演讲有关的每一个方面我都先告诉读者怎么做不对，然后再说怎么做是对的。为了在讨论“措辞”问题时保持前后一致，接下来我会介绍一系列演讲中最常用的表达（很多你们都会觉得似曾相识），这里的表达每一个都会给演讲者制造麻烦。但是我在每个表达后面都提供了解决办法。

第一，这个例子可能再普通不过了：

“现在我想要……”

是不是很耳熟呢？你们听到这个说法的次数可能不比我少。它可以说是商业演讲、政治演讲、大学上课、教会布道、颁奖典礼、新婚祝词等都会用到的标准语了。

这句话的问题在哪里呢？问题就是太以演讲者为中心了。它带有这样一种暗示：演讲者在不考虑听众的情况下，就做出了结论：“我不在乎你想做什么，反正这是我想做的。”

这样说还有一个问题就是含糊不清。如果这是你想做的，为什么不直接去做呢？有多少次，飞机降落后，你都会听到空姐说：“我想要首先欢迎各位来到旧金山。”简单的一句“欢迎来到旧金山”不是更好吗？

改变的方法是从听众的角度出发遣词造句，说出来的话要考虑听众，不能独断但要明确。应该去掉“想”，直接说：

“我接下来要说的是……”

还可以通过把听众也加进来增加用语的包容性，那就不用第一人称单数，改说：

“让我们来看看……”

“让我们……”

第二，下面这句话又隐含着什么意味呢？

“就像我前面说的……”

这句话是向前照应时用到的，可以建立和前面某点的联系。但遗憾的是，这么说似乎在暗示听众你第一次说的时候他们并没有理解你的智慧，所以你现在不得不自己重复一遍好让他们跟上你的思路，整句话听起来都有点颐指气使的味道。

但这并不意味着你要放弃向前照应的方法。相反你应该尽可能广泛地使用照应（不知你有没有注意到我在这本书里用了多少这样的照应），向前照应对于增加强调效果和结构流畅都很有用。

但是在使用中还是要当心。这个说法终究是以演讲者为中心的，最好是相信听众已经理解或者记住了你说的内容，为了表达出这种信任，你可以这样说：

“正如你回忆的那样……”

“我们之前曾经讨论过……”

“你们已经看到……”

“你们会记住……”

第三，下面的措辞问题又在哪里？

“我很快就会告诉各位……”

这句话暗示你正在为自己的演讲内容道歉，表明接下来的内容并不十分重要，你会一笔带过。道歉就表示你不重视听众，没有认真准备演讲。

其实有很多说法都暗含着道歉的意味：

“我的时间快用完了……”

“如果各位能看一下这张 PPT……”

"这是一张信息量很大的PPT……"

"这不是我做的PPT……"

"别管这个……"

"在我开始之前……"

我敢肯定这些说法你在演讲中都听过不止一次。

> 永远不要道歉，永远做好充分的准备。跳过那些浪费听众时间和精力的话题，已经包含在演讲中的话题，一定要带着自信呈现给听众。
>
> **魏斯曼**
> 完美演讲TIPS

第四，下面这个表达问题在哪？

"Acme公司倾听客户的心声，全心全意满足他的要求。"

这个表达的问题是性别指代太具体。你的顾客都是男性吗？除非你们公司的产品是须后水，不然几乎不可能。这里的问题不是政治上是否正确，是否存在性别歧视，而是用词是否准确。因此，为了让你的表达具有普遍性，用复数表示。

"Acme倾听顾客的心声，全心全意满足他们的要求。"

英语中复数代词"他们的"不分性别，所以不论男性、女性还是两者一起都可以使用。

第五，下面还有三个有问题的表达：

"我们相信（believe）……"

"我们认为（think）……"

"我们觉得（feel）……"

这里的每个表达都包含一种不确定性因素。某件事情你相信是真的，但事实确实如此吗？这会让听众心中产生疑惑，也许听众自己都没意识到。但演讲者的职责是传达确定的信息。解决这个问题的方法是转变语气，从条件语气变为宣告式语气。所以重新组织这句话，去掉不合适的部分。

不要说：

“坐拥如此良机和先进的技术，我认为你们一定发现 Acme 已经蓄势待发。”

要说：

“坐拥如此良机和先进的技术，你们一定发现 Acme 已经蓄势待发。”

简单地去掉“我认为”这三个字，就增强了整句话的效果。

但这不等于说当结果不明确时，也可以做出肯定的预测。如果确实不确定，就得用条件语气了，但仍然不要使用“认为”、“相信”和“觉得”这些弱语气词，要用下面这些比较强的表达：

“我们有信心（confident）……”

“我们坚信（convinced）……”

“我们对……很乐观（optimistic）”

“我们预计（expect）……”

第六，下面这一句的问题在哪里？

“Acme 不觉得竞争是什么大事。”

这句话有几个问题点。一是这句话很自大，好像在说 Acme 不把竞争当回事；二是这样说也很不明智，不管什么样的竞争都是大事。

就算单从措辞来看，这句话说得也很消极，因为有“不”字。大多商业人士，对消极事物的反应也很消极。修改时应该去掉其中的自大、愚蠢和令人生畏的“不”字：

“Acme 拥有强大的竞争优势。”

另一种消极表达是：

“我们不经营……”

演讲的开头如果要描述公司的业务范围，很多人都不说他们实际经营的业务，却反过来说他们不经营哪些业务。

第七，还有一种措辞也有问题。1987年1月，里根总统还没有就一个在媒体不断升温的敏感问题表达立场：里根政府涉嫌卷入伊朗军售丑闻。里根最后同意在记者招待会上坦诚一切。第二天，各大报纸都在标题转引了里根最主要的一句话：

“错误已经铸成。”（Mistakes were made.）

但里根没有说错误是谁铸成的。

现在我们回到1997年1月，克林顿总统同样没有就一个不断升温的敏感事件表态：克林顿政府涉嫌在筹款活动中违规，甚至可能违法。克林顿同意召开记者招待会说明一切。第二天，报纸标题引用了克林顿最主要的一句话也是：

“错误已经铸成。”

历史总是不断重复。里根和克林顿在发表声明时都用了被动语态，这种结构只说了事情是什么，却没有表明做这件事情的人是谁。这就让说话人听起来似乎在逃避责任。

这种模糊字眼的做法在政界是惯例。里根和克林顿以及在他们前后的所有政客，都必须想方设法保护行政团队的成员，保护他们的支持者，保护自己。但在商界这完全是不可接受的，在这里责任高于一切。被动语态模糊了施行者，同时也就模糊了演讲者的管理责任，他们不再需要为自己的行为承担责任，不管它是好是坏。

这个例子并不只是为了让你在句法上吸取教训，同时也想让你知道心理学上的一些东西。被动语态和主动语态在语法上区别很细微，但这种区别的影响却很深远。**商业演讲中应该弃用被动，多用主动。**在句子里说出行动的实施者，在这场平等的市场交易中突出自己的管理责任。

所以不要说：

“错误已经铸成。”

“已经有所进展。”（Progress is being made.）

“错误率已经降低。”（The error rate is being reduced.）

改说：

“我们铸成了这个错误。”（We made a mistake.）

“我们取得了进展。”（We’re making progress.）

“我们已经降低了错误率。”（We have reduced our error rate.）

当你说出行为的实施者，也就突出了管理者的责任。听众不知不觉中，也可以感受到你的掌控能力。

在演讲结构组织清楚，又加上了富有表现力的 PPT 后，你应该在正式上台前多做几次表达练习，而且这几次练习应该分散在较长的一段时间内进行（间隔学习）。**练习时，多思考多练习你的语言表述，斟酌用哪些串词并想清楚怎么用，注意自己的用词，用语要积极、恭敬、显示信心。**

就像某些风格的 PPT 会削弱或加强演讲的效果一样，有些特殊的词汇、短语和句子也会冒犯或者赢得听众。演讲前好好雕琢用词，勤加练习，就可以在演讲中口吐莲花、妙语连珠，打通叙述结构的经脉，激活演讲。

Presenting to Win

第 11 章

量身定制演讲内容

个性的力量

进如纽约大学读本科的第一天，我一脸茫然地去参加新生典礼。那时我刚刚告别高中 4 年的兄弟朋友，告别高中的一草一木，只身来到了纽约大学古德纪念堂（Gould Memorial Chapel）的大理石大厅。走进后发现，举目四望都是陌生的年轻人，大家都被大学校园的“气场”震慑住了。我们头上戴着一顶亮紫色小帽子，标志着“菜鸟”的身份，这更让我们噤若寒蝉。

然后就看到一群身穿黑袍、表情严肃的院长、教授鱼贯入场，他们端坐台上气定神闲地看着台下的“菜鸟”，此时我心中的敬畏又加深了几分。台上每位威严的“智者”都要对我们讲话 。他们一开口，洪亮的嗓音和清晰的表达都会在礼堂的圆穹下回荡。令我记忆深刻的是他们的声音，和高中老师的是如此不一样。高中老师说起话来鼻音都很浓重，而且断断续续。但在这里，尽管还在纽约，却恍惚间仿佛置身于牛津或剑桥。

终于轮到口才最好也最让人印象深刻的教授起身发表演讲了。“各位先生”（当时纽约大学还未招收女生），他说，“现在你们应该知道自己的大学生活会和高中有很大区别。不过，有一个做法我们继承了下来，就是上课点名。”

话说之间他从外套口袋里掏出一叠名片一样的东西。“这些就是你们的出勤卡，”他边说边用一只手玩扑克一般地展开这一叠卡片，另一只手挑出一张，然后念道：“比如你是杰瑞·魏斯曼……”

想象一下我当时的反应。我惊恐至极，就好像从穹顶的回声中听到了上帝念我的名字。

我不是唯一一个有这种反应的人。几个坐在我旁边刚结识的新生也都看着我，然后这阵小骚动像涟漪一样很快在人群中扩散出去。

直到后来我才知道，那位教授是随机选取的卡片，选到我纯属偶然。但他确实每年都这么做。我后来还知道了，他刚好就是演讲系的主任。

后来，念出我名字的这位奥蒙德·德雷克（Ormond J. Drake）教授成了我的导师。我在演讲系做讲师时，他是我的上司；我在一家华尔街证证券公司做顾问时，他是我的举荐人；我在CBS电视台制作和指导他的脱口秀节目时，他又是我的同事。但是直到今天，德雷克教授给我留下记忆最深的一件事还是在新生欢迎致辞中念到我名字。你想象一下：德雷克教授致辞欢迎一届又一届的新生，每一届只念一个人的名字，而这其中就有我，令人难以忘怀。我想这就是“个性”的力量吧！

每一场演讲都是第一次

许多商业演讲需要向不同层次的听众重复传达类似的信息。业务员要向不同的客户推销新产品；人力资源经理可能要分批向员工解释公司新的盈利计划；IPO路演中，公司管理层必须向许多投资者做演讲，经常在两三周的时间内演讲60~80次，有时一天就有6~8场。

这样一来，想让场场演讲都鲜活、生动就很困难。从某一方面来说，这和你的能量以及注意力都有关系。同样的内容重复3遍、10遍，甚至

15 遍的时候，演讲者已经很难像说第一遍的时候一样充满热情。这时你会厌倦自己的演讲，注意力也会涣散。一旦进入机械的自动模式，演讲就好像一遍又一遍的复读。听众也就不会融入进去，不会被触动，不能被说服。

演讲者面临的挑战就是，想办法战胜这种多次演讲带来的负面作用，做到每次演讲都焕然一新。这种说法出自话剧演员的行话，话剧演员一个角色常常要演几百遍（前提是他们的话剧票房火爆），但每次演出，他们说出的每句台词、做出的每个动作都必须让听众感觉自然，而不是机械的重复。

这和新闻界大相径庭。在新闻界，一篇可以在任何时间发表在任何版面上的文章称做“万金油”，意思是说这篇文章只是拿来充数的。**永远别让自己的演讲成为“万金油”**。正如莎士比亚借哈姆雷特之口所说的：“动作搭配语言，语言和着动作。”让每一次演讲都只若初现吧。

> 永远别让自己的演讲成为“万金油”。
>
> **魏斯曼**
> 完美演讲TIPS

每次都有新鲜感的关键在于，演讲时要有意识地集中精力。如果每次一想到自己是在重复说相同的东西，精神难免就涣散了。来看看棒球之神乔·迪马乔（Joe DiMaggio）的例子吧。一次一位记者问这位被誉为“洋基快艇”的球员：“乔，你在场上似乎自始至终都保持同一个运动强度。你全力以赴跑每一次垒，追每一个高飞球，即使在 8 月那样的三伏天，洋基队已经遥遥领先的情况下也不例外，你是如何做到的？”

迪马乔的回答是：“我总是告诫自己，观众可能有人是第一次看我打球。”

同样，你每次重复演讲时，也可以提醒自己听众都是第一次听你演讲。

这样，哪怕是第 80 次演讲也鲜活如初，而即使是第一次上台，只要之前认真地进行表达练习，也能娴熟如第 80 次。

在演讲中也要竭尽全力跑垒，追高飞球，每一次都释放你的激情和活力。但是，仅凭活力还远远不够。为了让每次演讲都只若初现，每次还要根据听众的不同情况修改演讲内容。作为一个商业演讲者，你享有话剧演员没有的自由：修改台词。这样可以让每次演讲都清新自然。那这是不是意味着每次都得改呢？完全没有必要。我接下来会说到一些技巧，你可以运用它们在核心内容的基础上结合具体情况打造每一场演讲。所有的这些技巧都是叙述技巧，它们既可以用来修改只说一次的演讲，也可以在同一篇演讲的基础上针对不同听众的需求量身定制。

外部串词的7种类型

第 10 章我们介绍过内部串词，它可以用于连接演讲各个部分，但建立演讲还有你和每一位听众的联系也同样重要。为此就需要外部串词，词汇、短语、故事和其他穿插在演讲中能使演讲变得鲜活的材料都是外部串词，可以分为以下 7 类：

1. 直接指称：点名提及听众中的一位或几位。

2. 间接指称：提到和双方都有联系的人、公司或组织。

3. 提问：直接向一位或几位听众提问题。

4. 时事化：联系当下发生的事。

5. 当地化：提到与演讲地有关的信息。

6. 引用资料：引用能支持你观点的相关资料。

7. 量身定制开场 PPT：用一页写有听众、演讲地点和日期的 PPT 开始演讲。

下面我们通过实例深入介绍每一种外部串词。

1. 直接指称

直接指称就是直接点名提及听众中的一位或几位。在我纽约大学的新生典礼上，奥蒙德·德雷克教授喊到我的名字用的就是这一招。时至今日，已经几十个年头过去了，当时的情景还历历在目，足见其效果。

在演讲中融入直接指称有几种方式。**一种方式是借听众来说明自己的要点：**“我们的服务可以减少你商务旅行的时间。以史蒂夫为例（听众之一）。史蒂夫告诉我他这个月在出差的路上就花了 12 天时间，而选用我们的服务后，史蒂夫就可以……”

另一种方式是讲述一些和听众有关的事情：“诸位可能知道，我之前和贵公司有过合作。去年我和雪伦制定了一份新项目的发布计划……”或者“休息的时候，我和霍华德聊了会儿，他说贵公司将要迁入新的总部。你们肯定有兴趣知道我们的产品能提高整个搬迁流程的效率……”

要注意的是直接指称一定要是积极的事情，不带任何争议。无论是引用别人的话还是讲述事情都必须反映的是听众积极的一面。当然，在这个过程中还不能泄露商业机密。

2. 间接指称

间接指称是在演讲中涉及的人、公司或者组织与你和听众都有某种联系。你可以把它看成是借东风：借别人之名抬高身价，这在商业实践上是一种正当行为，没有贬低之意。举例来看，如果你正在向 A 公司推销服务，知道 B 公司和 A 公司是商业合作伙伴，就会告诉 A 公司你们曾经为 B 公司服务过；得知 C 公司的 CEO 是 A 公司的董事，就会提到你们和 C 公司

的合作；或者提到你们为D公司提供过产品，因为D公司是A公司在业界最大也是最尊重的竞争对手。

但是，**在间接指称前一定要仔细审查三方过往的“恩怨情仇”，避免卷入连自己都不知道的私人或商业纠纷。**你的工作之一就是确保听众看到的每个联系都真实可靠。

3. 提问

虽说提问是做开场白的利器，但它的作用并不局限于开场。任何演讲的任何地方你都可以提问。直接对一位或好几位听众发问，也是一种效果不错的外部串词。

提问的方式有很多。**第一种就是斯科特·库克那种对听众摸底式的提问。**借此可以很快测得他们对你演讲中的想法是否感兴趣及接受程度如何：“有多少人的公司打算在明年增加信息技术开支？请举手好吗？我看到了，有不少。我们开发的新软件系统可以帮助你们实现新技术的最大化应用，它的运作原理是……”

不过，如果你真的这样提问，就要做好应变：大家都举手怎么办？只有一些人举手怎么办？没有人举手又怎么办？还要准备好举手之后说什么。

第二种是邀请听众分享他们的想法、观念或故事，你可以以此为突破口深入下去。“诸位，上一次坐飞机发生不愉快是什么时候。请回忆一下，你觉得问题出在哪里？有哪位愿意和大家分享一下吗？好的，雷吉先生，你来和我们说说吧……”

第三种是通过问题引导听众得出一个预设的结论：“贵公司需要什么样的通信系统？对系统的可靠性要求如何？……原因是什么？……如果系统崩溃对你们会有怎样的影响？……我们通过第三方的独立评估数据来看看我们

公司的新系统在可靠性上的表现，这些问题就都迎刃而解了。”

提问是吸引听众的一个好方法。给出一些问题让大家一起思考并讨论，这样你的演讲就从单向灌输变成了双向互动，这会激发听众的兴趣，并增加他们参与其中的意愿。

但是，提问也会增加演讲的变数。听众回应你的问题时，可能引出一个和演讲无关的话题，或者牵出一个你稍后才会谈到的概念。所以让听众讨论时应该礼貌地界定讨论的范围，避免提问时节外生枝，徒生波折。

> 给出一些问题让大家一起思考并讨论，这样你的演讲就从单向灌输变成了双向互动，这会激发听众的兴趣，并增加他们参与其中的意愿。
>
> **魏斯曼**
> **完美演讲TIPS**

准备演讲时要好好设计提出的问题，仔细斟酌措辞。**问题既不能太累赘，也不能太简单，以免听众一眼就看出你的意图。**根据你对听众的了解斟酌字眼，可以最大化从听众那里套出想要的答案的可能性。

4. 时事化

这种串联技巧要求演讲能联系上最近发生的事，甚至是今天正在发生的。这样就可以很清楚地告诉听众，今天的演讲是为他们特地准备的，演讲所包含的信息也都是最新的，并且和他们紧密相关。

很多娱乐圈人士，尤其是那些著名的脱口秀主持人在说话时都喜欢扯上时事。杰 • 利昂（Jay Leon）和大卫 • 莱特曼如果不在一番长篇大论后乘机调侃下当天的头条新闻就不算完。

时事化在商业演讲中也一样有效。演讲前看看昨天的股市是突然暴跌还是强势反弹？试着把它和你们公司是如何为客户提高财务保障的联系起来。或者昨晚当地的球队是不是赢得了一场关键比赛？可以以此比喻自己公司所处的竞争环境。只要你能说清这些时事和你要表达的观点之间的联系即可。

除了时事化，还可以在演讲中即时化：提到在你前面演讲的人和他说的话，提到先前听众提出的问题，或者提到你步入会场以来发生的某一件事。无论是从你踏入会议室、礼堂、办公室还是整座大楼开始都可以。演讲中一有机会就可以穿插进这些内容。**即时化是时事化发挥到最极致的表现，同时也是最容易做到的。**你所要做的就是专注、留心和记忆，这样就能让你的每次演讲都不重复。

5. 当地化

当地化就是在演讲中设计演讲地的信息。和时事化一样，它也是许多娱乐圈人的最爱。在很多摇滚音乐会上，主唱开场都会以很当地化的方式打招呼："你好，费城！"台下听众则报以山呼海啸般的欢呼声。

想让演讲具有"地方特色"，就要找出演讲地和你想要传达的信息之间的联系。举个例子，可以谈谈当地的某个客户，然后展示一下公司给他都带来了哪些利益。

> 你也可以引用一段那座城市的趣闻或者一个事实作为支撑自己观点的证据："去年一年，在这座城市有500多位病人死于药物之间的相互作用。如果使用我们的药物自动分配系统（automated drug dispensing system），很多死亡是可以避免的。"

你还可以提到地方名人，标志性的建筑或事件，在它们和你的演讲间建立关系：

很高兴能来到圣路易斯，100 多年前，就是在这里诞生了美国人最喜欢的食品之一。1904 年的一个酷热午后，在圣路易斯举办的世界博览会上一位冰激凌摊主用完了盛放冰激凌的纸杯，一筹莫展的他为了继续经营不得不和隔壁卖华夫饼干的摊主联手……就这样冰激凌甜筒诞生了。今天，我们为各位呈现的是一款同样很有商业创意的新产品……

6. 引用资料

引用资料支持自己的观点也是一种外部串词。资料越新，和听众的关系越紧密越好。如果你说的材料对听众来说是新闻，他们就会有感于你挖掘信息的深度和更新信息的速度。即使他们已经有所耳闻，他们也会暗自赞赏你对信息的掌握不输给他们。不论哪种情况，这种引用都会为你加分。

你还可以在引用时附上资料的来源以增加可信度：“各位已经看过今天的《华尔街日报》了吗？”（同时举起报纸。）“头版有一张图表令人震撼，它揭示了我们的产业结构问题有多么严重。”（引用一些最重要的数据。）“这也正是我们的新系统致力于解决的问题。”

7. 量身定制开场 PPT

最后一种也是最简单的一种外部串词就是，为每场演讲准备开场 PPT。在 PPT 的第一页写上听众是谁、演讲的地点和演讲当天的日期。我一直都是这么做的。事实上，除此以外我还会加上所指导的公司的标志。

这种方法看起来小事一桩，但不管对演讲者还是听众都会有很大影响。对演讲者来说，有了这一页，演讲者就又检查了一次打开的 PPT 是否正确，避免尴尬。同时也给了你一个机会找找演讲的感觉，为后面的风格和内容定下基调。

对听众来说，它传递了一种信息：这场演讲是为你们特别准备的，而不是什么通稿。你确实是根据他们的需求和利益，量身定制了这场演讲。因此以这样的PPT开头就会激起听众共鸣，让他们感觉你在为他们的利益着想。

罗杰·麦克纳米（Roger McNamee）是Elevation Partners的总经理和创始人之一，是科技领域最有影响力的投资人之一，他同时还是我见过的最出色的演讲者之一。很多人邀请他在大型行业会议上分享他的独到见解，罗杰总是在演讲前仔细酝酿每场演讲，他很清楚量身打造的重要性。他曾说：

> 演讲是品牌营销的好机会，但前提是你要做得很出色。如果不能理解其中蕴藏的机遇，你可能会给自己招致巨大的损失。像个木偶一样按部就班地上台背稿在我看来就是犯罪，仅仅是不能再获得其他邀请是不够的，还要得到更多的惩罚。
>
> 如果你对自己要发表的演讲没有什么切肤之感，不带什么个人感情，就不要去做。即使做了，也只会自损品牌价值。演讲就像鲨鱼一样，不可能静止不动，也不可能既无损也无益：他要么是帮你立起一个品牌，要么就毁掉一个品牌。
>
> 你的个人形象也寄托在演讲上，它的生命长短取决于听众的感觉。这就像我们在动画片中看到的卡通人物：一路奔逃，没有看见悬崖，跑了出去还会在空中不停迈步，直到低头发现脚下一片空荡才坠落下去。品牌也是这样：当大家都觉得没有什么实在的东西支撑你的要点的时候，你的品牌形象也会随之垮塌。听众的认知就是一切。
>
> 如果你的演讲听来像事先拍好的广告，你的个人形象和品牌形象就都结束了。如果你还不明白这一点，就意味着你对影响成功的要素还不够了解。

罗杰既是这么说的，也是这么做的，每次演讲他都从零开始准备。他的建议也适用于你和商业伙伴的每次交流、每次演讲。

为量身打造搜集材料

想为听众定制演讲，就必须掌握有价值的信息和材料。这个准备过程在演讲开始前的几天甚至几周前就已经开始了，直至你来到听众面前的那一刻停止。准备的步骤大体如下：

演讲那天之前

第一，研究听众。搞清楚与会者的身份：他们的知识水平，主要的兴趣和关心的问题，他们都有哪些个人或职业偏好。

第二，知道某些关键听众的名字。弄清楚听众中几个主导者的名字：公司最高层领导、声誉最佳的专家和决策权最大的管理者。

第三，随时留意最新的产业新闻和趋势。准备期间，努力在报纸、电视和网络上搜集与演讲涉及的产业和公司相关的新闻、资料。

演讲当天

第四，量身定制开场 PPT。制作 PPT 的首页，在上面写上听众、演讲地点和日期。PowerPoint 有一种功能，可以自动更改日期。

第五，想方设法更新演讲。演讲当天醒来后，要做三件事：打开电视看一下商业频道，阅读当天的报纸，登录网络。通过这三个渠道浏览所有和演讲及听众有关的消息。

《纽约时报》有一个题叫“棒球史上的今天”（The Date in Baseball），专门记录棒球史上的里程碑事件。因为棒球这样的竞技体育是商场最好的比喻，所以你可以从中选一件事借此说明你目前的情况。

范围再广泛一点的话，可以登录一个记录历史上每天都发生哪些大事的网站。演讲当天，从上面找一个和演讲内容相似的事件来增加演讲的深度。

第六，演讲前，熟悉听众。走到听众中去找几个人闲聊。既要和认识的人聊，也要和新面孔聊，问一些问题或者只是听听他们的对话，搜集一些有价值的信息，穿插到演讲中去。

加那利基金会（Canary Foundation）是一个旨在促进癌症早期诊断的非营利性组织。其创始人唐·利斯特文（Don Listwin）曾任思科的执行副总裁多年。初次认识时，他还只是思科新晋的产品经理。当时思科营销副总裁凯特·穆特尔要求所有产品经理都要上我的培训课程。利斯特文就在第一批学生里，他当时也是最勤奋的学生。很快，他精湛的演讲技巧就为他赢得了一份肥差：他被选中和当时思科的CEO约翰•莫里奇一起发布思科的新产品。

这个任务很关键。从建立之初思科就和Wellfleet激烈地争夺路由器市场龙头老大的宝座。1992年，思科终于生产出这款新的集成路由器，这不仅给Wellfleet在路由器硬件上的优势致命一击，还暴露出了Wellfleet在软件上的弱点，而软件恰恰是思科的长处。

利斯特文用上了培训中学到的所有技巧精雕细琢这次演讲，然后又在发布会前的那个周末在镜子前说了40遍。周一，他在思科内部试讲了一次，效果不理想，像是在背稿，机械、枯燥。

他打电话给我："魏斯曼，我都快崩溃了。我该怎么办？"

我提醒他要为听众"量身定制"，他选了"直接指称"和"提问"这两个方法。第二天开讲前，他先走到听众中去，找几个人聊了一会儿，问他们想从思科这里听到什么，然后他才走上台开始演讲。说完开场白，利斯特文看着刚刚闲聊的一位听众，并说出了他的名字。那人报以微笑，他顿时感到一股认同感在听众中弥漫。他觉得自己能很好的掌控自己，也能掌控听众了。后来，利斯特文说这种感觉就像学生在课堂上被教授喊出名字一样，但他并不知道我和德雷克教授的故事。

接着利斯特文提出了一个问题，这是聊天时一位听众问他的："思科会一直致力于完善新路由器的性能吗？"他以思科对这款产品进一步的研发计划做出了有力的回答。他再次从听众那里获得了灵感和动力，越说越有劲儿。

演讲后不到一年时间，思科的新路由器就在市场上独占鳌头。又过了一年，Wellfleet 被吞并，这个品牌从此在市场上消失。

几年后，我又给一批新的产品经理做培训。在提到"演讲的定制化"时，我分享了利斯特文的例子。一位产品经理高喊："是这样，当时我正在 Wellfleet 工作，也听了那场演讲。"他一脸遗憾地说："听完利斯特文的演讲，我就知道 Wellfleet 没戏了。"

时至今日，为了保持演讲的鲜活，利斯特文还在使用这些技巧在演讲中和听众互动、沟通。

定制化，让演讲事半功倍

演讲的定制化是一门艺术，它和其他艺术一样，熟才能生巧。从下次演讲开始就试试这些方法，以后每次演讲时都亲自实践它们。投入大量时间让演讲变得更加个性化，最终定会效果不凡：听众会更投入，你也会从他们那里得到更多价值连城的赞叹和认同。

有了这些技巧，演讲就会让听众感觉更新鲜，更切中要害，更有说服力。自己则感觉无论准备起来还是说起来都更有灵感，更自然，更有活力。这就会形成一个良性循环，最终就会和迪马乔一样从听众那里获得动力。

我一直是说到做到。20 年来我教客户的东西大体都差不多，如果每次都用相同的方法说这些，到现在肯定倒背如流了，但我没有这样做。相反我打破自己思维的局限和封闭，搜集听众的信息，经过处理之后再通过"定制化"的演讲还给他们。这样一来，不仅他们能够成为我演讲的一部分，我自己也觉得充满能量。

虽然很多“外部串词”的技巧需要事先花费大量精力准备，但最高层次的“定制化”是不需要任何准备的。它们都是现场即兴产生的，这也是为听众着想的最好体现，所以，在演讲中要把注意力放在听众身上，时不时地提到听众的名字或是提到演讲开始以后发生的事。要做到这些你只需要保持专注：全身心投入到演讲中。你只有让自己沉浸下去，才能像唐·利斯特文那样感受到和听众之间的联系。

> 在演讲中要把注意力放在听众身上，时不时地提到听众的名字或是提到演讲开始以后发生的事。全身心投入到演讲中。
>
> **魏斯曼**
> 完美演讲TIPS

多年来我教给客户很多演讲方法，在这些方法里用得最少的就是“定制化”，但其实它是最事半功倍的方法。从这些技巧的使用情况一眼就能看出你的演讲是不是属于那类流于形式，没有注入感情，到哪都能用的“万金油”。多学习这样的方法，并多多使用。

德雷克教授的那场演讲给了我灵感，并一直影响着我。希望它也能对你们有所影响，使你们今后的演讲事半功倍。

Presenting to Win

第 12 章

让 PPT“动”起来

动画的说服力

看到“动画”这两个字，你脑子里想到了什么？也许是《兔八哥》那样有了些年代的动画短片，或者是近些年梦工厂的《怪物史莱克》，或皮克斯的《料理鼠王》和《机器人总动员》那样的动画电影。在商业演讲的语境下，动画特指让PPT动起来，这种动既可以是整页PPT，也可以是PPT上的某个部分。加了动画效果后，它们可以自己“走”上或者“离开”屏幕；在屏幕上变身：变大、变小或者消失。

在商业领域我们见过不同程度的电子动画，有网页上复杂的序列图，还有业界各种会议和贸易展上构思精妙的演讲PPT，其中很多动画效果堪比迪士尼或者皮克斯的手笔。很多时候，即使普通的产品推介会所达到的视觉效果，也能匹敌一项盛会的制作水准。

大多数这样的动画都是由专业的美工用Adobe Director或者Flash这样复杂的软件制作出来的。他们还会为了动画或者仅仅是为普通演讲，用Photshop处理图片的细节，使其更逼真、更丰富。

至于我们这样的普罗大众，则有微软的PowerPoint可以使用。全球每天有3 000万场演讲，为这些演讲提供技术支持的电脑上几乎都装有PowerPoint。

但是作为一个演讲指导，我的那些商界学员抱怨的最多的就是：“我又不是专业美工！”结果，他们认为 PPT 就应该像文档一样，写满文字就行。但是从第 6 章到第 9 章，我们知道只要在文字的基础上插入一些图片型、数字型、关联型图表，并且本着寓繁于简和减轻听众眼睛负担的原则设计它们，这些图表就会把你的意思表达得既有趣又到位。

但是，为这些图表制作动画效果可能会很让人沮丧。我们都见识过很多花里胡哨的演讲，演讲者把 PowerPoint 的所有动画功能几乎演示了个遍，搞得天花乱坠，最后只是为了质疑独立日的庆祝活动。这就好像让一个 14 岁的小孩开法拉利一样。

这种现象在美国军队里广泛存在。五角大楼的官员在幻灯片里使用了太多用 PowerPoint 做出来的动画武器和让人摸不着头脑的饼状图，使得参谋长联席会议主席不得不在国防部的一次演讲中发布了一道要求 PPT 简洁化的指令。

按常理说，军人和商人一样，都属于天生保守的那部分人，应该清楚花哨的动画只会给人留下不好的印象，但现实中做得像 MTV 一般的商业演讲就和好莱坞大片里的撞车戏一样常见，也一样令人心烦。

这些人之所以会用 PPT 对听众狂轰滥炸，是因为他们知道了怎样做动画，却不知道为什么使用以及在哪儿使用。书店的计算机书架上摆满了 PowerPoint 的教程，网络、电视、报纸、杂志上也有很多很棒的课程、课件，教你如何操作 PowerPoint，但是没有人告诉你为什么要使用动画效果，在哪儿使用以及什么时候使用，也没有说运用动画应该达到或者可能达到什么效果。关于这些问题的答案你可以在这一章中找到。

之所以会用 PPT 对听众狂轰滥炸，是因为他们知道了怎样做动画，却不知道为什么使用以及在哪儿使用。

魏斯曼
完美演讲TIPS

那么为什么要用动画效果呢？作为一个保守的生意人，你可能认为动画无关紧要，可有可无。你或许会认为：我站在上面又不是娱乐听众的。在听演讲时，人们只想知道事实，就是这么简单，这些花哨的噱头只会转移听众的注意力。

这些想法也有道理，如果使用不当，任何视觉上的辅助手段都有可能帮倒忙，造成听众注意力分散、心情烦躁或者是头脑混乱。动画效果也一样。但是两面性不正是所有事物的特征吗？

英文中的“动画”（animation）一词源于拉丁语词根“anima”，意思是“灵魂”（spirit）或者“生命力”（life），这就像英语中用“生机勃勃的”（animated）来形容活泼、精力充沛的人。为 PPT 上的图表增加动画效果会给原本平淡的演示带来生命力，甚至注入灵魂。

更重要的是，设计精当、使用恰当的动画可以让信息表达得更清楚。就像可以通过文本型、图片型、数字型和关联型 PPT 阐释重要的概念一样，你也可以给它们添加动画效果，让这些图表按照你的意思出现或消失在屏幕上以强调你的观点。**适当的动画可以让演讲看起来更有感染力，让演讲变得不仅是好而且夺人眼球，也因此更有说服力。**

至于在哪些地方使用动画，答案就在人类固有的认知过程以及电影院里。在前面的章节中，我们提到 PPT 设计的基本原则也是这两个来源。事实上，电影摄影学和剪辑的核心原理和动画的关系更加密切。下面我会把这些已经获得认可的著名原理归纳成一些简单的准则，方便你在添加动画效果时使用。我们首先从和人有关的因素开始。

适当的动画可以让演讲看起来更有感染力，让演讲变得不仅是好而且夺人眼球，也因此更有说服力。

魏斯曼
完美演讲TIPS

遵循从左向右的认知习惯

设计动画效果最重要的原则又回到了路德维希 · 密斯 · 凡德罗的寓繁于简。简洁是对演讲中所有 PPT 的要求，对动画自然也是如此。另外，无论何时涉及动画，我们必须考虑到影响人们感知和思考这些视觉信息的文化、心理学和神经学因素。

通过第 6 章，我们已经知道，心理学家和艺术史学家鲁道夫 · 阿恩海姆在他的著作《艺术与视知觉》中，描述了人们的眼睛看东西时习惯从左向右移动。这种固有习惯在西方文化中又进一步得以加深和巩固。在西方语言中，包括英语，文字是从左向右印刷的。这种倾向深深地影响着人们是如何感知视觉刺激的，包括听你演讲的听众。当眼睛从左向右吸收信息时，我们会感觉自然、正常、流畅、简单。很多视觉艺术也的确遵循了这个习惯。

- □在舞台上，主角通常从左向右走（他们和观众同呼吸、共命运），反派则向左走（他们不被观众待见）。
- □在影院，剧情积极、画面流畅时镜头几乎都是右移的；情节不顺、拖沓时镜头则向左移动。
- □在纹章学中，一条向右下方倾斜的对角线的纹饰叫“德克斯特杠”（Bar Dexter，来源于拉丁语 dexter，意思是右边的），据说它表示的是家族里的正式成员。而一条向左下方倾斜的对角线的纹饰叫“西尼斯特杠”（Bar Sinister，来源于拉丁语 sinister，意思是左边的），他表示的是私生子。尽管这种说法在纹章学家中还有争议，但是看一眼图 12—1，你就会发现“德克斯特杠”看着顺眼，“西尼斯特杠”则看起来迟滞。

□ 甚至在语言中，也顺应了我们内心对右边的偏好。“德克斯特”有灵巧、能干之意，而“西尼斯特”的意思是邪恶、恶毒。

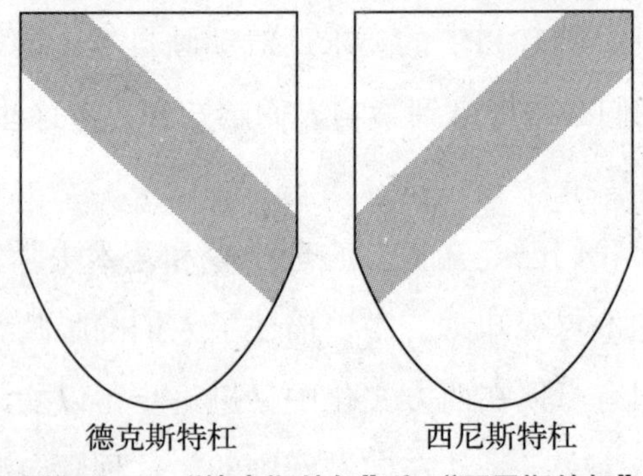

图 12—1　“德克斯特杠”和“西尼斯特杠”

基于这些理由，如果想传达积极的信息，你的动画也应该遵循从左向右的方向。当然，如果就是想传达一个消极的信息，比如面临的竞争，就应该换个方向。但自己一定得想清楚，不要搞混了。因为正如你在这一章会看到的，不同的运动方式会触发很多其他的心理感知。由于演讲的绝大部分都是关于你或者公司的，要传达正面信息，那么动画的默认移动方向应该是从左向右。

除了以上这些情绪因素，听众眼球的移动还和对光高度敏感的视觉神经有关。当屏幕上出现动画，听众的眼睛会不自觉地盯着动画看。如果他们的运动方式和你想传达的信息矛盾，听众立刻就迷糊了。这样几次之后，最好的情况也是听众昏昏欲睡，最差的则是听众完全抵制你说的东西。但如果运动方式和传达的信息吻合，听众就会一直认真听你演讲，他们也会更加愿意接受你的观点。

> 要传达正面信息，那么动画的默认移动方向应该是从左向右。
>
> **魏斯曼**
> **完美演讲TIPS**

PPT里的电影手法

在电影里，导演和剪接师通过镜头和一系列镜头的剪接表达故事蕴含的情感特质。人物、物体在镜头前的走位、镜头自身的移动加上不同场景的整合，都可以创造出正面或者负面的情绪。在爱情电影中，当久别的爱人重逢相拥时，画面通常给的都是一个流畅平顺的长镜头，意欲传达两人内心的渴望和放纵。警匪片中的飞车镜头多是从一个突兀的角度捕捉，配以画面短促的切换，制造一种张力。在西部片里，一辆载着定居者的大篷车穿过屏幕，镜头缓缓拉远直到整个北美大草原都映入眼帘，可见他们前途漫漫。而在一部谋杀悬疑片里，侦探正在昏暗、无人的房子里搜寻线索，突然听到一声响，镜头立刻就切到了门把手上，营造出紧张的氛围。

PPT 动画不可能像拍电影一样有那么多手法可供选择，但是以上技巧都可以浓缩为一句话：动画可以演绎出语言中暗含的行为，帮助你表达；动画可以反映并点燃自己希望在听众中激起的情绪。还是莎士比亚的那句话："动作搭配语言，语言和着动作。"

> 动画可以演绎出语言中暗含的行为，帮助你表达；动画可以反映并点燃自己希望在听众中引起的情绪。
>
> **魏斯曼**
> **完美演讲TIPS**

以上这些电影手法有很多在PPT上就能实现，这些工具就在PowerPoint里。

PPT的动画效果

PowerPoint这套应用程序并不像微软的其他软件一样，刚出来就开发得很完备。但是在数年的更新换代中，微软不断添加优化的新功能。

- □动画有两种基本形式：幻灯片切换（Slide Transition）和自定义动画（Custom Animation）。幻灯片切换是制造页与页之间的变动效果的；自定义动画则营造一页幻灯片上文字、图表的变化效果。
- □自定义动画主要有4种切换方式：进入（将某个内容移入PPT）、退出（将某个内容移出PPT）、强调（突出PPT上的某个内容）、动作路径（某个内容在PPT上的移动）。选定切换方式后，就可以选择自己想要的切换效果了，像什么百叶窗、盒子、飞入。每种效果，PowerPoint还有不同的方向和多种速度（非常快、快速、中速、慢速、非常慢）可供选择。
- □相似的选择在幻灯片切换效果中也有。幻灯片切换中一共有58种不同的效果，划分为5类：淡出和溶解、擦除、推进和覆盖、条纹和横纹、随机。每种效果有三种速度：慢速、中速、快速。一场演讲你可以从头到尾用一个效果，也可以每一页效果都不同。
- □此外，PowerPoint还预置了19种声音效果，可以把它们加到视觉动画中，甚至可以在PPT中添加自己的声音文件作为音效。但是本章的重点是视觉动画，所以关于听觉效果的凡德罗忠告，我依然再次引用那一句：寓繁于简。

这么多选择简直就是一个富矿，从中必然可以找到适合于演讲的一种。你可以花一段时间一个一个点击菜单上的选项，看看每一个都是什么效果。你对它们的第一印象会是：“哇噢！真漂亮！”但转念一想：“我会在什么时候用到它呢？”一种效果越奇特，用到它的情况也就越特殊。接下来，我们就会讨论为什么要用到其中一些常用或罕见的效果，以及在哪里会用到它们。学习使用这些新工具就像摸索新的数码相机或手机的新功能一样：需要耐心，边学边练，多尝试，最后就会发现其中的价值。一旦对这些功能都了如指掌，任何枯燥的演讲在你手中都能“活”起来。

现在，我们来看看在 PowerPoint 中如何实现前述的认知心理学知识和电影拍摄技法。在说到电影手法时，我们最好先从那条“用动画演绎出语言中暗含的行为，帮助你表达”开始，用动画表明观点、演示目录、串联要点、制造张力，但是，不必要的动画也会分散听众的注意力。为了让本章的讨论更细致，我们只关注 PowerPoint 提供的诸多效果中的一部分，看看它们都可以用来描述哪些行为。这些效果恰好也是我在培训和讨论中最常用的。

在深入探讨之前，我先说明两点：首先，大部分效果在幻灯片切换和自定义动画中都可以找到；其次，给幻灯片中的某个部分添加动画效果时，“进入”和“退出”都有很多效果可选。正是这些变化让你制作时得心应手。

制作开始，先打开一个 PowerPoint 文档，选中一个文本框或者图表。如果是 PowerPoint 2003，先找到顶端的工具栏点击“幻灯片放映”，在下拉菜单中选“幻灯片切换”就可以看到相应的效果，点“自定义动画”可以打开完整的动画效果菜单。

如果是 PowerPoint 2007，直接点“动画”（见图 12—2），58 种幻灯片切换动画效果就都在下面了，只要在使用时点击一下就可以。然后，打开速度菜单选择速度。如果想让整个幻灯片都是一个效果，只要点击“全部应用”。

图 12—2　PowerPoint 2007“动画”中丰富的动画效果

现在，我们来看看幻灯片中文字的动画效果。首先选中文字，然后要么选“幻灯片放映”、“自定义动画”（PowerPoint 2003），要么点“动画”、“自定义动画”（PowerPoint 2007）。不论哪个版本，这时都会在右边出现一个“自定义动画”的窗口、点击里面的“添加效果”，选择你想添加的动画效果。举一个例子，如果你在“添加效果”后选了“进入”——“擦除”，就会看到 4 种选择：向上、向左、向右、向下。“向右”是理想的选择，因为它符合人眼的自然运动方式，看着舒服，可以把这种效果设置成所有幻灯片的默认动画效果。

> “向右”是理想的选择，因为它符合人眼的自然运动方式，看着舒服。可以把这种效果设置成所有幻灯片的默认动画效果。
>
> **魏斯曼**
> **完美演讲TIPS**

向右擦除

自定义动画和幻灯片切换中都有向右擦除。对于很多演讲者来说，只需要用到这一种效果。页与页的切换用它，每页上的动画还可以用它。除非像下文提到的那样，你想传递一个不同寻常的视觉信息，否则向右擦除就是你每一次点击的默认动画效果。

这个效果还可以通过设置成幻灯片母板固定下来。幻灯片母板控制着所有新幻灯片的默认格式。在 PowerPoint 2003 中，选“视图”——“母板”

——“视图母板”；如果是 2007 版点击“视图”——“视图母板”，就可以看到母板是什么样子了（见图 12—3）。打开母板后，标题设置左对齐，然后输入每一页的内容就可以了。这时需要注意两点，一是每页的标题字号相同，二是标题只能有一行（眼睛扫视的次数最小化）。设置之后在放映幻灯片时，新一页的标题会在同一个地方替换掉前一页的标题，这样固定下来的母板就“活”起来了。

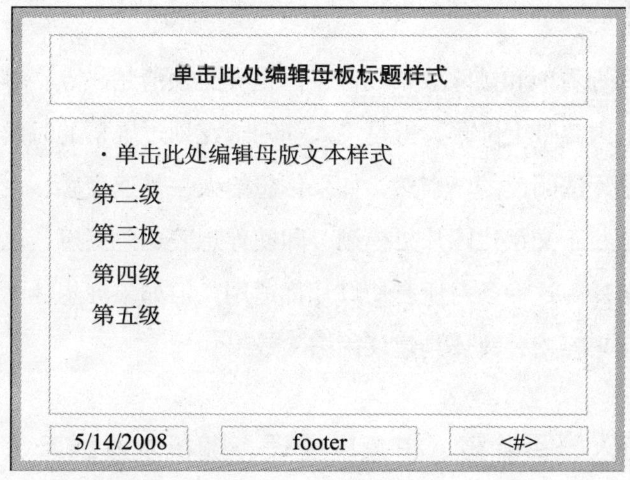

图 12—3　幻灯片母板

还记得第 6 章里的“习惯性换行”吗？听众习惯从左上角开始看新的一页幻灯片，这和他们看书的习惯一样。向右擦除的动画效果会让他们想起翻书时熟悉、舒服的感觉。

向左擦除

向左擦除在自定义动画和幻灯片切换里也都能找到，它和向右擦除效果相反，也违背了大多数人的习惯。只有在表达负面信息时，才用得到。因为任何从屏幕右边进入的内容，尤其是文字，都迫使听众的眼睛往回移回。

在我培训用的幻灯片上，向左擦除的效果都是用来暗示那些“禁忌”的。我的客户看到这种反常规的动画后都会感到一丝不适，这就增强了我的表达效果。

你也可以在幻灯片中用向左擦除表示负面信息，比如对手产品的缺点、公司曾经有过的问题、整个产业面临的最大的市场阻力。

飞入和闪烁

飞入和闪烁看似和擦除效果类似，但是你必须清楚一点：尽管它们和擦除一样都能把内容带上屏幕，但是飞入和闪烁在划过屏幕的时候文字是模糊的，图片也是无法阅读的。当然，如果你想给人一种速度感，也可以用这两种效果。但是鉴于文字比图片更模糊，即使你想表达急促感，也请把文本和数据转化为图片。这一条对所有幻灯片都适用。但如果你想让图片看起来舒服，文本读起来轻松，我还是建议用擦除效果。

无切换、切入、百叶窗、棋盘、梳理、随机水平线条、新闻快报

这一组幻灯片切换动画和上面的“飞入”和“闪烁”一样意在制造意外效果。在无切换和切入效果下，新信息跳上屏幕都很突然。这很像电影中的“撞车”剪接，电影人用这种方法造成一种出乎意料的对比。如果你在演讲中也想突出强烈的对比，比如公司新设计的标志和主要对手凌乱、不知所云的标志，就可以用无切换或者切入效果。

至于百叶窗、棋盘、梳理、随机水平条、新闻快报这些效果都很有艺术性，它们本身就足够吸引人了。所以如果没有目的的乱用，它们就会分散听众的注意力。但是“凡事都有定期，天下万物都有定时”，这些效果自然还是有它们的用处的。百叶窗、梳理和随机水平线条很适合切换

柱状图，而棋盘效果可以把表格衔接得很自然。如果看看那些多年前的好莱坞电影，就会发现这里所谓的“新闻快报”效果，就是那上面报纸头版旋转着撑满整个屏幕的画面。你可以用这种效果打出某个刊物的图片，上面划出对你的公司、产品或者服务的褒奖，但是这样做可能显得不自然。

这些效果华丽的动画用起来都要谨慎，要明白它们潜在的副作用，一个动画如果引起的反应只是“呃”、“那是什么”或者“我不能理解”，那它们就在转移听众的注意力。如果你在选择时犹豫不决，那么最保险的方法就是使用默认的向右擦除。

覆盖、推进、条纹、揭开

覆盖、推进、条纹、揭开这 4 种幻灯片切换效果是“擦除”的变种，他们引入新幻灯片的方式既能引人注意又不喧宾夺主。记住最基本的一条，动画“动”的方向应该和表达的主旨相吻合。举一个例子，如果你用的是向下覆盖，它给人的最终印象就是消极的，对于自己的业务，一般不想给人这样的印象吧。但是向下揭开就不一样了，它给人的感觉就像是揭开一件艺术品的神秘面纱。

> 最基本的一条，动画“动”的方向应该和表达的主旨相吻合。
>
> **魏斯曼**
> **完美演讲TIPS**

溶解和淡出

用溶解和淡出过渡非常流畅、自然，不着痕迹，事实也证明效果很好。其实我们对这种效果并不陌生，很久以前它们就出现在电影中了。在里面它们通常表现岁月荏苒，伴随着新的画面缓缓出现，前一副图景慢慢淡出荧幕。两组镜头重叠、溶解在一起，然后荧幕渐渐变黑，直至图像完全消失。你已经无数次看过电影用这种效果表现日夜、春秋和年华的轮转。

在 PowerPoint 里，幻灯片切换和自定义动画中进入、退出都有淡出和溶解效果。演讲中相似内容的提出可以用溶解效果过渡。例如，公司一款产品的图片可以溶解为其升级版的图片。与此不同的是，还可以用溶解制造一种扩散的细胞萎缩、消散的效果，然后引出一款公司的新药。对淡出我们还要认识到，幻灯片淡出或淡进时，给人一种破碎、分割之感。而商业演讲各个部分又偏偏不是彼此之间独立的，我们同时应对的是一系列紧密相关的问题。仔细想想，今天的商业演讲反而遵守亚里士多德提出的“三一律”[①]，所以淡出用的非常少。另外，不管淡出还是溶解，即使调成快速也比擦除慢，这样就会拖慢演讲的节奏。应该选择能让幻灯片紧凑的动画效果。记住：**一开始就抓住听众的注意力，一路引导他们，不让一个掉队，最终引领他们到达“终点”。**

向上擦除和向下擦除

这两个效果在幻灯片切换和自定义动画里也都有。如果要选这两个效果,必须是表达的寓意和上下的方向有直接联系。用向上擦除表示营收增长、市场份额扩大或者利润增加。用向下擦除表示开支缩减、错误率降低、员工流动率减少。

① 亚里士多德在《论诗学》中将古希腊戏剧的特点归纳为“三一律”，即时间的一致、地点的一致和表演的一致。就是说戏剧应该在一天之内，在一个地点围绕一条主线安排情节。——译者注。

圆形、盒状、分割

这三种功能都有向内、向外两种运动方式，分别表现一种压缩或是扩张的感觉，制作时选择与添加效果的内容最相近的自定义动画。

- □ 圆形扩展效果可以用来表现饼状图、球形图或者辐射状图形的膨胀。相应地，圆形收缩效果就表现它们的压缩。是扩展还是收缩，完全取决你想表达什么。
- □ 盒状效果表现表格的变窄或变宽。
- □ 从外到内分割表示好几个议题带来的多重性最后合并成一点。
- □ 从内到外分割表示一根有若干分支的主干。例如有很多用户的中央服务器，各级办事处环绕下的决策机构。从内到外分割还可以给听众一种拉开帘子，为他们打开一扇窗的感觉。

轮子和楔入

轮子和楔入效果也是不错的幻灯片切换方法，它让人们想到了无声电影里的圈入圈出遮盖法（iris effect）①，它是用圈入圈出的方法来实现幻灯片的过渡。

轮子效果最好的一个用法是用它突出一页幻灯上的一个词、一个数字或者一个物体，就像在一份文件上圈出想要强调的部分一样。不过在 PowerPoint 里，你可以用“轮子”给这个圈添加动画效果。

如果你用的是 PowerPoint 2003，打开绘图工具栏，创建一个圈或者椭圆，然后在图形被选中的情况下，在绘图工具栏里点“填充颜色”——“无

① 指以圆形或椭圆形圈入或圈出银幕上的一部分。——译者注

填充颜色”——“线条颜色”，选一个鲜艳或者对比强烈的颜色，再点“线型”——“6 磅”。

如果你用的是 PowerPoint 2007，则过程稍有不同。点“插入”——“形状”创建一个圈或者椭圆。双击这个图形会跳出格式栏，拉下形状填充菜单，选“无填充颜色”；再打开“形状轮廓”菜单，选一个鲜艳或者反差大的颜色；再在这个菜单中点“粗细”选“6 磅”。

完成之后，把这个圈或椭圆放到想要突出强调的词语或数字上（见图 12—4），这样就已经做好动画前的准备了。

要点	要点	要点	要点	要点
要点	要点	要点	要点	要点
要点	要点	要点	要点	要点
要点	要点	要点	要点	要点

图 12—4 “轮子”动画前的准备

选中那个圈或者椭圆，在 PowerPoint 2003 里选“幻灯片放映”——“自定义动画”。在 2007 里选“动画”——“自定义动画”，打开“自定义动画”的窗口。然后在两个版本里都点“添加效果”——“进入”——“其他效果”，在基本型里点“轮子”。在自定义动画窗口的辐射状框里选“1”，速度选“非常快”，最后点“幻灯片放映”，查看效果。

还可以用相似的办法在幻灯片上加一个“弧形箭头”，因为商业世界里经常要做的一件事就是调转矛头，改变方向。在 2003 版里，弧形箭头从绘图工具栏的“自选图形里”找。2007 版里，你可以选“插入”——

“形状”，在“箭头总汇”里找。楔入的效果也可以用上面所讲的轮子的方法得到。

强调

还有一种强调幻灯片上的词语、数字等内容的方法，是自定义动画里的强调效果。可以通过它更改字号、字体、字形或者放大、缩小，或者设置你想强调的词“陀螺旋”（还有更多强调效果）。有了这个功能，想要突出某个部分就有很多方法。有这么多的效果和色彩，最好事先浏览一下所有效果，看看哪种最适合。

“强调”菜单上应用最广的工具就是“放大、缩小”，有了它，几乎什么东西都可以变大、变小，比如一个里面带有文本的椭圆或者三角形。这样就可以放大某个部分，然后讨论里面的细节。

在 PowerPoint 2003 里，选这个功能点“幻灯片放映”——“自定义动画”。如果是 2007，先选定要应用的内容，再选“动画”——“自定义动画”。弹出一个窗口，选上面的“添加效果”——“强调”——“放大、缩小”。在尺寸框里选择一个比“100%”大的数，按回车，这时选定的内容就会放大。要想把它变回原来的大小，只需要按上面的步骤，把尺寸框里的数字改回 100%。

这个效果是对第 9 章中“基准项”的补充和扩展。每次只放大一个部分并不会打破整个 PPT 在听众眼中的连贯性，因此可以保证在演讲中插入细节介绍、讨论的同时，听众心中演讲的宏观图景依然清晰。

动作路径

动作路径是 PowerPoint 动画功能中最尖端的一种。它在 PowerPoint 的所有动画功能中最接近专业的电视演播室和数字动画电影工作室中具备的动画制作能力。有了动作路径，就可以实现同一物体在同一张幻灯片上从一处移动到另一处，这就让动画能够做出各种非常有表现力的说明：营收潜力增长、开支缩减、策略改变、合作伙伴更替、职位轮转。你要做的只是选定内容，打开自定义动画窗口，点击“添加效果”——“动作路径”，然后选择运动的方向，或者选择自定义路径。

当然使用尖端技术是有代价的，那就是复杂。在使用这种功能时你会发现，让一个物体上下左右、沿对角线移动相对容易。但一旦试过这些效果就会想拓展其他变化，你会绘制自定义路径：直线、曲线、自由曲线。这样动作路径的设置就变得复杂了。但不要畏惧艰难，多尝试、多学习。很快，你就会发现，**努力换来的是“演”出自己所想的鲜活动画。**

动画旁的演讲者

虽说这本书的重点是演讲的内容和PPT，而不是语言表达技巧，但是在此略谈一下演讲者的叙述和肢体语言还是很有必要的，因为它们和PPT的动画效果也有关系。这些演讲技巧叫做“图表同步”，在《魏斯曼演讲圣经3：臻于完美的演讲》一书中有详细介绍。现在你要记住，听众对光高度敏感的视觉神经会让他们对光线和移动的物体不自觉地产生反应。所以只要动画一播放，他们所有的注意力都立刻从你身上转移到屏幕上了。

人的大脑很难同时处理多种信息，尤其这些信息还是很不一样的视觉信息和听觉信息。播放动画时，他们都会聚精会神地看动画，无暇顾及你在说什么，也不会看你在做什么。在这期间，你的所说所做都会与屏幕上正在上演的内容产生冲突，成为对听众多余的感官负担。所以，无论什么时候演示动画，都不要说什么，也不要做什么，等动画“动”完。

无论什么时候演示动画，都不要说什么，也不要做什么，等动画“动”完。

魏斯曼
完美演讲TIPS

“动”是这里的关键词，“动”也是演讲的胜负手。“动”画就是为了更好地表达信息，而要表达的信息就是你对听众行“动”的呼唤。你所做的一切目的都是引出听众最好的反响。还记得牛顿第三运动定律吗？“任何作用力都存在一个大小相等、方向相反的反作用力。”如果借助动画对听众施加的作用力破坏了他们的心境，听众的注意力就会分散。如果动画效果和演讲内容、PPT 设计、你的声音以及肢体语言等其他因素配合得天衣无缝，就可以达成演讲的最终目的：说服听众行动起来，从起点走到你为他们预设的终点。

Presenting to Win

第 13 章

虚拟演讲的新力量

突破人际，超越时空

商务交流已经有了一个新的方式：网络会议（web conferencing 或者 online meeting），它就像一场虚拟的演讲。这种媒介结合了网络和相关的电子科技，可以让你即便不在场也能向远距离的听众汇报或者与他们交流信息和想法。实际上，你可以面对遍布在全国甚至是全世界的几十、几百人做演讲。借助几家专攻虚拟演讲的公司开发出的先进软件系统，这些远在天边的听众可以看见你的幻灯片和其他图表资料，听见你的声音，甚至和你互动。这些都是实时的。

虚拟演讲有很多优点。因为与会者通过互联网可以从世界任意一个角落（看办公室的条件了）登录，这就让你有可能面对一个“世界级”的听众席，而他们中有一些人原本是不可能出席的。那些改为网上参会的人也可以省下成千上万的差旅费（机票、住宿、伙食、交通还有其他在目的地的开销），这也大大减少了时间的消耗，没有了舟车劳顿之苦。演讲者也省下了租借酒店或会议中心、投影设备、音响设施和其他器材的费用。

当然，虚拟演讲也会产生相应的费用，具体多少取决于网络会议服务供应商，但肯定比现场演讲高昂的开销少得多。

虚拟演讲的7大特殊原则

从很多方面看，虚拟演讲的准备和现场演讲没有什么区别，现场演讲的所有原则在这里都可以适用。

- □了解自己的目的，找出听众的利益。
- □从个人观点中提取出几个要点（罗马石柱）。
- □按逻辑关系组织要点。
- □用 PPT 演示概念，按照第 6 章到第 9 章所说的基本原则设计、串联 PPT。
- □演讲前多开口练习。
- □定制化演讲，让它鲜活、生动、有针对性。

这些原则不论在虚拟演讲还是现场演讲中都同样重要，但有一些因素在准备网络演讲时更重要，尤其在你最初几次走到电脑前的时候。

第一，参加别人的虚拟演讲。适应虚拟演讲时的感觉有一个最好的办法，就是参加其他的网络会议。多登录几次同行的虚拟会议，或是参加供应商赞助的对所有人开放的网络会议。看看别人的演讲你都喜欢些什么，又不喜欢些什么：在演讲者使用的语言技巧、演示技巧中，哪些你觉得有用，能把事情说明白，让你信服；哪些你觉得很平淡，记录下来，以此为鉴，发展自己的演讲风格。

第二，听商业广播或公共广播。听的时候要不断去感觉。因为广播节目从本质上看就是没有图像的讲话，这与虚拟演讲很像，虚拟演讲实际上也是缺乏视觉关联的讲话。你要听听那些专业的主播是怎样用生动的语言在你脑海中描绘出一幅想象的图景的。美国国家公共广播电台一则简短的纪实广播或者现场发回的一则报道，都可以激发你找到自己在线叙述的改进之处。

第三，检查图表。用你在第 6 章到第 9 章学到的方法设计虚拟演讲。尤其是第 9 章，里面浓墨重彩地讲了如何用 PPT 串联演讲。在已经不能面对面交流的情况下，网络另一边的听众需要更多的线索才能知道讲到哪里了，接下来要讲什么。

在设计并完善了 PPT 后，按照程序应该上传或者发给供应商。传完后登录网站看一下它们在屏幕上显示的效果，PPT 的顺序是不是如你所想，看一下 PPT 怎么切换好，中间需要说哪些话过渡。如果在网上看到有的 PPT 和其他相比显得不协调，立即修改到合适为止。

第四，开口多练，掌握内容和时间。记得第 10 章说过，开口多说会让你对演讲结构了然于心。尽管 PPT 可以起到串联作用，但陈述在这一方面起到的作用更大。因为要对着一个自己看不见的听众在网上直播，这样他们的接受情况和反应就无法掌握，因此清晰地、有条理地说出你的想法就至关重要。开口多练会让你对自己要说的东西了如指掌，说出来也就更加准确到位。

事先演练还能让你知道一场演讲需要多少时间。这与报纸会刊登电视节目表类似，供应商也会在网上贴出你的演讲时长。你可不想听众中途离开赶着去赴别的约会吧。

第五，开始前做好准备。演讲那天，正式开始前至少一个小时以内的其他安排全部取消，再过一遍演讲的内容、PPT、过渡词和重点，找齐你可能用到的参考资料和备用资料，比如市场调研数据、媒体评论和相关网站的链接。

第六，临近演讲前，在休息室调整一下。回办公室时带上一两瓶水来润喉。注意，避免水意外溅到电脑和笔记本上。

第七，确保外面没有声音干扰演讲。如果附近办公室有施工队在施工，告诉他们可以休息一下。锁上办公室的门，防止有人进来打断。然后提前15分钟打通电话，登录网站。这样等听众都就位后，你就会感觉轻松自如。

> 虚拟演讲的准备和现场演讲没有什么区别，现场演讲的所有原则在这里都可以适用。
>
> **魏斯曼** 完美演讲TIPS

和看不见的听众交流

在很多方面，虚拟演讲都比传统演讲方便、高效，但它有一个最主要的缺点就是和听众缺乏直接的视觉交流。即使对方可以通过实时视频信号看到你，你也不可能在他们到来时亲自打招呼，和他们握手，彼此交换眼神和笑容。这些细微的人际交流可能看起来都是小节，但它们可以给人一种温暖的感觉，在彼此间建立一种联系，这些都能为后面成功说服他们做个铺垫。

值得欣喜的是，还是有办法弥补虚拟演讲中缺失的“人情味”的。下面就是你可以采用的一些方法。

通过测评了解听众。如果你面对的是一大群听众，这点尤其重要，而且应该尽早着手。演讲开始没多久，问听众三四个设计好的多选题，做到对听众心中有数。如果你是向来自全国不同地方、不同公司的潜在客户推荐新产品或者新服务，可以这样说：

> 下面我花一点时间了解一下各位。请就这个关于您工作的问题给出答案：如果您从事销售或者市场工作，请选A；人力资源，选B；策划，选C；其他部门，选D。（然后停下来，等听

> 众选完，直到结果显示在你的电脑屏幕上。）好，我现在看到大部分人都是做市场和销售的，只有很少的人是其他部门的。这样做可以让我今天完全从你们的角度演讲。现在请告诉我公司的规模。年营业额 1 000 万美元以下的选 A；1 000 万 ~5 000 万之间的选 B……

这种测评对演讲者和听众都有好处。它可以帮助演讲者了解听众，并据此调整演讲内容，而听众则由此知道如何和虚拟会议室里的其他人融合。（你参加会议时，都会环顾四周看看周围都有哪些人不是吗？这个测评对于那些“隐形”的听众起到的是相同的效果。）测评以后结果与听众共享，会让他们觉得尽管四散各地，但却像坐在一起。在接下来的演讲中还要继续测评。隔一段时间就为听众把把脉，这样才能紧握说服力的生命线：交流。

> 隔一段时间就为听众把把脉，这样才能紧握说服力的生命线：交流。
>
> **魏斯曼**
> 完美演讲TIPS

邀请听众提问题、谈看法。演讲中每过一段时间就停下来，给听众一个机会思考你的观点。这在你说完一个特别复杂或重要的话题后特别有用。这时邀请听众和大家分享他们可能怀有的任何问题或看法，并选择其中最有针对性的问题在线给予解答。你应该知道哪些问题被重复问得最多，因此这也是听众最为关心的，但这取决于以前在该话题上的演讲经验。在演讲现场在线回答的就是这些问题，至于那些提得不多的问题，可以在会后线下一一答复。

找一个助手帮你监控和协调整个演讲。不要勉强一个人应付所有事，找一个得力的助手来帮你（助手当然不能出现在摄像头里）。你会发现他或她会帮你做很多事。助手可以处理听众交上来的问题，选出哪些是你需要立即回答的，哪些可以延后，有的他或她甚至可以帮你作答。助手还可以写个便条递给你，告诉你遗漏了哪一点。

打造制胜的虚拟演讲

前面的那些建议都只是优化任何一场演讲必须用到的工具和方法。现在我们要提高标准，那么怎样才能做一场制胜的演讲呢？

用好注册名单，度身定制虚拟演讲。服务提供商会给你一份注有每一位参会者姓名、所在公司的记录。这份资料和你做的测评、听众提的问题一道成了"定制化"方法的绝好资源。

- □ **直接指称：**提及听众的名字。
- □ **间接指称：**在线会议中提到和参会者所在公司有合作关系的著名企业，或者是参会者互相有合作的也可以提到。
- □ **回应前文：**重复提到演讲开始后发生的事或者说过的话。

同时，融入需要提前准备的定制化方法。

- □ **时事化：**提到演讲当天发生的事。但要记住，听众可能生活在不同时区，所以要用今天替换掉所有"今天早上"或者"今天下午"之类的指称。另外，虚拟演讲是会存档的，尽管存档时会注上日期，但是将来看它的人要能够明白这些关于时间的上下文。
- □ **当地化：**提一些和听众所在地有关的方面，比如有名的事件、地点或者公司。

□ **引用资料**：提供支撑自己观点的最新数据和事实。

□ **开场 PPT**：演讲开始，打出一页 PPT，上面写上听众的信息、演讲地点和日期。

我在第 11 章里讲到这些方法时，后面还有一些告诫。在这里我还要再次强调。在过去 20 多年里，对客户提到的那么多方法中，“定制化”用到的最少，但它其实是最事半功倍的方法。在现场演讲中，定制化很重要，在虚拟演讲中，因为你和听众“天涯相隔”，变得更加重要。尽管在虚拟演讲中看不见听众本人，但他们同样期望和你有一种个人联系，甚至因为虚拟条件所限，这种期望会更深。而你的工作就是让听众觉得这场演讲是“首演”，是为他们准备的，创造出一种你们“在一起”的感觉。要做到这些，需要的就是你对他们的全心全意。让他们感到你是真真切切、实实在在的，这是激起听众共鸣的最高形式。因此，定制化的方法要学以致用。

> 让听众感到你是真真切切、实实在在的，这是激起听众共鸣的最高形式。
>
> **魏斯曼** 完美演讲TIPS

想象听众就在眼前。有了注册名单、测评结果、听众提的问题，就对听众有了初步印象，你可以有意识地想象他们边听你说边看着电脑屏幕上的幻灯片，甚至可以想象自己在一个传统的会议室里，听众就坐在你前面。想象他们消化着你说的内容，你一边解释他们一边点头，你说出他们的利益点，他们也赞赏地冲你微笑。脑子里有听众的影子会刺激你的肾上腺素分泌，演讲时也就更有精神，更明确重点在哪里。这会帮助你抵御因为一个人在办公室对着空气自说自话而带来的孤立感。

做好当场调整演讲内容的准备。生命中唯一不变的就是变化。和现场演讲经常发生的一样，实际到场的听众和你的预期也许并不一样；或者已经注册了的听众到时候爽约；又或者他们边听边忙别的事。为了应对这些情况，额外多准备点材料，根据测评反映出的信息调整你的内容。如果你准备了三个例子演示一个要点，这时就可以选择对与会人员最有效的那个，忽略其他两个。在听众关注的问题上花的时间也多点，听众兴趣不大的就一笔带过，或者干脆别提。

虚拟演讲的优点之一就是你可以根据自己的意思选择讲还是不讲某个部分。演讲者电脑的控制台上有一个窗口（听众的电脑上没有），列出了你所有的幻灯片，你可以跳前、跳后或者跳过某些幻灯片，只要把听众的问题阐释清楚即可。

关注自己的声音。虚拟演讲中主要缺失的一环就是你的存在。如果是一个音频会议，听众就看不到你，他们观察不了你的手势，不能回应你的面部表情，你们之间当然也没有眼神的交流。所以需要你调整演讲风格以弥补这一点，用声音宣示你的存在。很多人隔着话筒说话就像催眠似的，有了这些前车之鉴，演讲时就要抑扬顿挫表达清晰。在强调重点时，一定要说得字正腔圆，还要控制节奏，讲到要点前略微停顿一下。（在《魏斯曼演讲圣经3：臻于完美的演讲》一书中，你可以找到关于声音大小、音调变化、节奏快慢更完整的讨论。）

为了使声音效果达到最好，演讲时要保持站立。这样胸腔会更加开阔，就有更多的空气在肺部流动。坐着（更糟的是坐都坐不好，蜷缩在那里）会压缩你的肺，不利于换气。威尔·弗莱士（Will Flash）是微软 Office Live Meeting 的直播主管，每天都要用微软的 Office Live Meeting 演讲好几场，所以他把平常的办公桌换成了一个高一点的，这样他就能在演讲时即使站着也可以看到电脑屏幕。

通常，商业人士说话都会更加平铺直叙一点，但他们自己还没意识到。通过网络说话一定要高低有致、张弛有度。这也不是让你变得太夸张或者变得不自然，但是如果你在平时的基础上，声音高低的区分度增加 10%~20%，肯定有利于演讲者在网络空间中表情达意。为了提高这方面的能力，开口练习的时候用录音机把自己的声音录下来，过后再听一下。

使用耳麦。为了获得最好的声音效果，也为了自己演讲方便，在基于电话传声的会议上使用耳麦而不是原来的听筒或者开免提。听筒拿着很麻烦，而开免提声音会失真，而且动一两下，说不定就听不到你的声音了。一个轻质的耳麦可以把你的手解放出来点鼠标、翻看记事贴，同时你也可以保持站立姿态，增加肺容量，提升声音的品质。

如果可以，最好买一个专业的耳麦或者领夹式麦克风。和听筒一样，耳麦的麦克风就在嘴边，这样不仅音效更好，活动也方便。但专业耳麦对音效的提升与普通的相比效果更佳，领夹式麦克风可以夹在衬衫的翻领上或者是领带上，因此可以获得一样好的效果。

注重保持完美的视频形象。常见的视频会议就用一个简单的摄像头，这种办法既有优点也有缺点：优点就是价格实惠（100 美元或更少）、连接便捷、使用方便；缺点就是画质一般，因为大部分摄像头分辨率都不高。所以会议当天需要穿着颜色简单、柔和的衣服（上面不要有扎眼的图案），站在有颜色对比的纯色墙体或背景前。因为摄像头拍到的动作在接收端看到时会有延时，所以动作幅度不要太大。记住，听众只能在电脑上的一个小窗口看见你，所以动作的范围也不要太大。

演讲时，正对摄像头说就行。把摄像头想象成一个听众，所有的话都对着它说。自己电脑上的幻灯片就是讲词提示器，这样眼神也不用偏离摄像头太多。但向下看提示不能太频繁，这在视频会议中比在现场演讲中更明显。

虚拟演讲的明天

和所有的新技术一样，网络会议正逐渐为人们所接受。随着越来越多人的使用和参与，随着越来越多的公司实现网络化办公、网络基础设施的不断升级，以及越来越多的公司用网络交流取代现场会议，毫无疑问，虚拟演讲会更加普遍。这只是时间问题。

也许有人会不同意，虚拟交际的出现不是拉远了商业交往中人与人的距离吗？这也不尽然。重要的人际关系或合作关系限于破裂之时，是没有什么能够代替个人接触的。我们总是需要面对面交流。大家都很享受与人交往带来的活力，见面打个招呼、活跃办公室氛围、聊聊天、开开会、交流交流信息、传一传小道消息。无论企业办公网络化达到什么程度，传统的销售会议、行业会议、管理会议和面对面的演讲在我们的文化中都会占有一席之地。

但是虚拟演讲肯定会日益成为许多日常商业交流的媒介。**谁掌握其中的技巧，谁就会成为这门新技艺的大师。**

Presenting to Win

结 语

打造一场完美的演讲

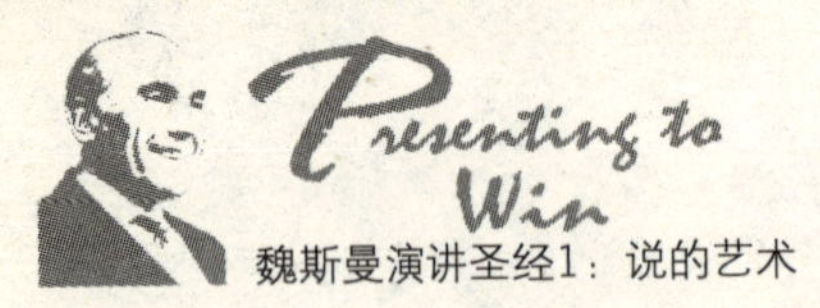

一切从演讲内容开始

在第10章，你读到过一种串联演讲的方法叫“首尾呼应”：演讲开始先举一个例子或设置一个立足点，到演讲结束时再提到它。这一前一后、你来我往就像两个括号把整个演讲纳入其中。我既然说了，自己当然也要这么做。在引言里我写了自己与杰夫·莱克斯共事的经历。现在让我们重新演奏这一部分吧，就像普契尼歌剧或百老汇音乐剧一样。

那段日子，我和杰夫在一起的所有时间都用来安排演讲的结构了，一次都没有指导他注意说话的音调和肢体语言问题。事实证明，倾尽全力关注演讲本身是有用的，杰夫的演讲广受好评。因为演讲流畅的结构本身就给了他充足的自信表达自己。这里的经验就是：准备充分的演讲，可以促进演讲者的现场发挥。

杰夫·雷克斯的例子对所有演讲者都适用。说服听众说到底就是有没有准备好一个逻辑清晰、事实充分、联系紧密、简单易懂的演讲内容。你得知道要把听众引往哪里，也就是终点的问题，还要知道怎么引领。为此，你需要特别留意演讲中的要点，把它们顺畅地组织起来，表述的时候不时地联系听众的利益，也就是“维惠”问题。听众如果仔细想一下你的号召，就会高兴地发现他们的利益得到了满足。最后你的演讲还要佐以寓繁于简的图表，它们有助于你清楚地表达。如此一来，听众就可以全身心地看着你并倾听你的演讲，你就成了主角。

> 准备充分的演讲，可以促进演讲者的现场发挥。
>
> **魏斯曼**
> 完美演讲TIPS

如果这些你都做得很好，一件不寻常的事自然而然就会发生：说的本领大大提高了。**胸有成竹毫无疑问会提升你的信心，使你更沉稳，结果就是演讲更加出彩，听众更加信服。这就是绝大多数演讲制胜的铁律。**

演讲者的声音和肢体语言这些细节是否重要呢？当然啦！辛辛苦苦准备的演讲和图表就像高尖端的通信卫星，演讲者就是把卫星送上天的“宇宙神”（Altas）号火箭。美国国家航空航天局花费巨资，经过几年研究才造出了这些卫星，如果火箭这个运送系统不过关，卫星就进不了轨道。演讲也是一样，如果演讲者词不达意，整个演讲就偏离了目标。肚子里的货再好也要有本事倒出来。

但是，如果让你在演讲内容和图表准备好之前就着手打磨表达风格，就好像在双脚还捆着的时候让你游泳一样。也正是因为这个原因，我在这本书里有意识地只关注演讲的内容，而把表达技巧放到《魏斯曼演讲圣经3：臻于完美的演讲》中。

这样做还有其他几个原因。最主要的就是商业人士不是演员，他们也不愿意自己被当做演员看待。如果过分强调表达，演讲时就会有压力。但是如果首要关注的是内容，表达自然会有所提高。

这又会带来另外一个细微但很重要的问题：大多数普通商业人士在

站起来讲话时，都会经历一阵子紧张、焦虑。大卫·华勒钦斯基（David Wallechinsky）在《榜单大全》（*The Book of Lists*）中引用的一组研究显示，在公众面前说话最容易引起紧张，超过了人们对高度、昆虫、飞行和死亡的恐惧。在处于紧张状态时，人体的本能反应就是释放肾上腺激素，这会让你不能自然地行为。随后面临的就是"或战或逃"的应激状态。但是，**头脑清晰可以减轻紧张的程度。**

不在本书中讨论表达技巧的另一个原因和演讲者如何陈述 PPT 有关。因为很多 PPT 都会犯全文照搬数据的毛病，这就给陈述带来了不利影响：演讲者会转向荧幕，照着 PPT 上的内容一字不落地念下来，引得听众不悦。他们会想：读，谁不会啊。

针对这一问题的解决办法是协调表达技巧、PPT 设计和叙述结构，即"图表同步"，在《魏斯曼演讲圣经 3：臻于完美的演讲》中对此有专门论述，但即使在那本书里，三者的出发点也是 PPT 的设计。如果遵循寓繁于简的原则设计 PPT，演讲者就可以集中精力直接面对听众陈述，并在要点之间补充细节，自然而然也就成为全场的焦点了。

练习、练习、再练习

在基础准备好之后，如果投入足够的时间打磨和练习，你的信心和说服听众的能力会进一步增强。要多做表达练习，它是让演讲转化为实际说服力的要件之一。在表达练习和间隔学习上花费的时间越多，最后的演讲效果就越好。

间隔学习会让你更加自如地应付演讲，说的时候也就更有自信，不再操之过急，而是操持稳重。此外，隔一段时间练习一次也利于完善演讲内容。每开口说一次，你都会发现新的修改之处。最后，间隔学习会给你充足的时间雕琢演讲：掠过那些细枝末节，删去有趣但无关的内容，完善好观点，呈现出一场一针见血、毫不拖沓的演讲。

这里是你练习时要检查的内容：

- □重复排练演讲。可以一个人说，也可以录下来。不要用录像机，录像会让你担心自己的形象，只有录音才会让你一门心思扑在叙述上。你也可以在同事或朋友面前试讲一下。所有的练习都要带上 PPT。
- □练习的时候要计时，确保在预定的时间内做到最好。
- □每次练习都要以内部串词组织要点，以外部串词联系听众。
- □练习时尤其留心是不是从积极方面来说的，牢记激起听众共鸣。

让这些好的演讲方法成为习惯，以后就会自觉使用它们。开口说和间隔练习可以巩固其他演讲方法的效果，所以练习、练习、再练习。

> 间隔学习会给你充足的时间雕琢演讲：掠过那些细枝末节，删去有趣但无关的内容，完善好观点，呈现出一场一针见血、毫不拖沓的演讲。
>
> **魏斯曼**
> 完美演讲TIPS

演讲制胜

本书，是我多年指导 IPO 路演经验的结晶。IPO 路演是所有演讲中最关键的演讲，就像驾驶一艘太空飞船、指挥费城爱乐乐团、参加奥运会决赛或世界职业棒球赛第七场生死大战一样关键。我希望这些有关 IPO 的故事能让你们对演讲技巧和方法有一个更加清晰的了解。

更重要的是，我希望你们意识到，这些方法可以也应该用在每一场演讲中。它们的基本原理自亚里士多德起就存在于世，并且被亚伯拉罕·林肯、温斯顿·丘吉尔、约翰·肯尼迪和马丁·路德·金广泛使用。而今天，你也可以使用。

你进入商界也许很长时间了，而且事业有成，但从没有机会做一场 IPO 路演。你也许在一个通常被认为不属于商界的领域工作，例如政府部门、社区组织或者为社会提供很多重要的、有价值服务的非营利性机构。你甚至是一位志愿者，也许是轮扶社（Rotary club）[①]、学校董事会或者慈善基金会的工作人员。

不管你的演讲内容是什么，在哪里做，听众是谁，你都希望演讲打动人心，令人信服。你所面临的挑战可能很紧要，如获得管理层对你的商业创意的支持，可能很家长里短，如赢得邻居对你在当地选举中的支持，也可能很个人，如在开学第一天，激起一屋子一年级小朋友的兴趣。不论哪种情况，结果都由演讲左右。

如果演讲值得做，就应该做好它。倾尽你的全力，投入时间和精力，让每一场演讲都成为才智之作。

你也许永远不会经历“生死之战”，但你每次出场，都将主宰胜负。用演讲制胜吧！

---

① 依循国际轮扶规章成立的地区性社会团体，以增进职业交流及提供社会服务为宗旨。其特色是每个轮扶社的成员需来自不同职业，并且在固定时间及地点每周举行一次例行聚会。——译者注

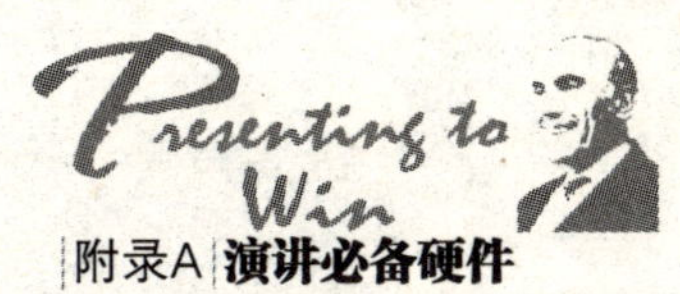

从威廉·莎士比亚到亚瑟·米勒，即使是世界上最好的剧作家创作的最脍炙人口的戏剧，一旦走进剧院，其效果就会被舞台所左右。演讲也是同样的道理。你可以用浅显易懂的叙述配上这本书教会你的生动形象的PPT，做出一个很有说服力的演讲，但是如果演讲环境这个环节掌握不好就会功亏一篑。

作为一个演讲者，你必须对演讲的全过程负责。为了确保你和你的PPT最大限度地影响听众，你必须使演讲的环境最优化。为此，你必须：

◇ **熟悉环境：**提前到达演讲地点，将整个场地走一遍，而不仅仅是你做演讲的那一小块地方。从每一个角度，每一个方位察看视线如何，并且一遍又一遍地检查每一个细节。

◇ **检查设备：**准备一套备用设备，包括电脑、视频播放设备、产品样品、投影仪。因为千万别忘了墨菲定律：事情如果有变坏的可能，不管这种可能性多小，他总会发生。也别忘了由此得出的一个推论，即奥沙利文定律：墨菲是个乐观主义者。

◇ **提高声音**：检查音响设备，测试麦克风效果。演讲者大多需要提高嗓门让 50 位或更多的听众听到自己的声音。如果你的声音不够洪亮，请使用一个能满足 25 位或更多听众的麦克风。

◇ **右置投影屏幕**：面对听众的时候，将投影的屏幕安排在你的右边。因为在第 6 章关于视觉交流与认知心理学的讨论中，我们已经知道，在西方文化中，听众觉得视线从左向右移动最自然。这样放置屏幕就能保证在每次播放新的 PPT 时，听众都能够在你和 PPT 之间过渡轻松、舒适。

◇ **调节照明**：调低照明的亮度，衬托出投影的效果，但也要有足够的光线保证你和听众的眼神交流。

◇ **避免使用指示物**：激光笔、可伸缩或带发光箭头的金属教鞭、木质教鞭，所有类似的东西都不要带进会场。他们只会给你帮倒忙。

◇ **控制时间**：安排一个相识的人在你演讲时坐在听众席上，在预定时间快到时提醒你，好让你在事先分配的时间内完成演讲。

◇ **补充水分**：喝水润喉。但不要饮用牛奶及其他奶制品，因为他们会使你的喉咙不清爽，也不要喝碳酸饮料。

◇ **注意服装**：一定要“入乡随俗”，穿着得体。商务演讲穿正装，非正式的演讲可以穿得随意休闲些。但是男士一定要系上西服上衣的纽扣，女士不要佩戴叮当作响或者闪闪发光的珠宝。

然而，不幸的是这个世界总有各种不随人意。即使你的演讲是在最豪华的饭店宴会厅、最现代化的简报中心或者是在配备了最新、最高端也最昂贵的设备的会议室，你也需要对各种硬件做出细微调整。在演讲的世界里，有时是不能达到最理想的状态的。如果真是这样，也要学会接受和适应。

如果你克服万难，听众也会理解你的处境，赞赏你的努力，自然更加重视你。

在现有的条件下，你要做的就是竭尽所能。正如那句谚语所说的：如果上帝只给了你一个柠檬，那就用它榨出可口的柠檬汁吧。

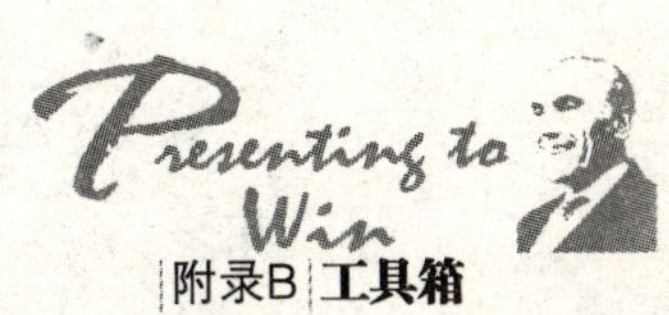

4个关键问题

◇1. 你的目的是什么?

◇2. 你面对的是谁? 他们的诉求又是什么?

◇3. 你的罗马石柱是什么?

◇4. 为什么要用特定的顺序排列罗马石柱? 换句话说，你选用哪种结构?

6个利益触发点

◇1. 这对您很重要，因为……（补充听众的利益）

◇2. 这对您意味着什么呢? （从听众的立场解释）

◇3. 为什么我和您说这些? （从听众的立场解释）

◇4. 谁在乎呢? （“你应该在乎，因为……”）

◇5. 那又怎样? （说出结果）

◇6. 还有就是……（说出听众利益）

7种经典的开场白

◇1. 提问式（Question）：向听众发问。

◇2. 陈述式（Factoid）：说出一组惊人的数据或一段鲜为人知的事实。

◇3. 回顾或前瞻式 (Retrospective/Prospective)：向前展望或向后回首。

◇ 4. 轶事式（Anecdote）：说一个简短、温暖的小故事。

◇ 5. 引证式（Quotation）：从可靠的来源引用一段有利于你的话。

◇ 6. 格言警句式（Aphorism）：用大家都熟悉的俗语开始。

◇ 7. 类比式（Analogy）：借由两种看似不相干的东西的比较，理清一个复杂、晦涩或模糊的主题。

16种叙述结构

◇ 1. 模块型（Modular）：一系列相似的组成部分前后相接，但是各部分之间的顺序是可以互换的。

◇ 2. 历时型（Chronological）：以时间为线串联起各个部分，这种结构反映了事件发生或应该发生的先后顺序。

◇ 3. 物理型（Physical）：根据演讲内容的物理或地理位置编排顺序。

◇ 4. 空间型（Spatial）：依据物理意义上的隐喻或类比，概念化地组织演讲内容，提供一个关于主题的空间化视角。

◇ 5. 问题-解决型（Problem/Solution）：围绕一个问题，提供你的或者公司的解决办法。

◇ 6. 议题-对策型（Issue/Action）：围绕一项或多项议题，提出你打算采取的对策。

◇ 7. 机遇–手段型（Opportunity/Leverage）：以一个商业机会为契机，证明你或公司打算以什么手段抓住机遇。

◇ 8. 形式–功能型（Form/Function）：以一个商业概念、方法或技术为中心，发散出许多关于它的应用或功能。

◇ 9. 特色–利益型（Features/Benefits）：列出产品或服务的特色，说明它们带来的利益。

◇ 10. 案例研究型（Case Study）：复述一遍你或公司是如何具体解决问题或满足客户需要的。叙述时，要涵盖公司业务的所有方面。

◇ 11. 以退为进型（Argument/Fallacy）：主动提出不利于公司的观点，然后指出其中隐藏的谬论或错误进行反驳。

◇ 12. 比较–对比型（Compare/Contrast）：比较说明公司与同行的不同之处。

◇ 13. 矩阵图表型（Matrix）：使用 2 阶或更大的图表，把复杂概念简化成容易消化、理解与记忆的形式。

◇ 14. 平行结构型（Parallel Tracks）：在一系列相关要点下，以相同的结构深化每一要点。

◇ 15. 自问自答型（Rhetorical Questions）：自己提出并回答听众可能最想问的问题。

◇ 16. 数字榜单型（Numerical）：列出一连串联系不密切的想法、事实或论点。

12种内部串词

◇ 1. 回到叙述结构：演讲过程中，不断参照你的叙述结构。

◇ 2. 逻辑过渡：承上启下。

◇ 3. 前后照应：演讲中不同地方出现的相同概念可以前后照应。

◇ 4. 反问：提出一个问题，并给出答案。

◇ 5. 主题的反复出现：演讲开始时先举一个例子或埋下一个立足点，在后面的演讲中经常回头提到它。

◇ 6. 首尾呼应：演讲一开始时就先举一个例子或埋下一个立足点，直到演讲结束时再提到它。

◇ 7. 重复：反复使用某个口号或夺人眼球的好句子。

◇ 8. 中间小结：在重大转折处停一下，总结前面的要点。

◇ 9. 枚举法：相关的概念放在一起逐条说明。

◇ 10. 算术法：通过比较解读数字信息。

◇ 11. 强调“终点”：在演讲中，多次呼吁听众采取行动。

◇ 12. 说出公司名称：常常提及公司、产品和服务的名字。

7种外部串词

◇ 1. 直接指称：点名提及听众中的一位或几位。

◇ 2. 间接指称：提到与你和听众都有关联的人、公司或组织。

◇ 3. 提问：直接向一位或几位听众提问题。

◇ 4. 时事化：联系当下发生的事。

◇ 5. 当地化：提到与演讲地有关的信息。

◇ 6. 引用资料：引用能支持你观点的相关资料。

◇ 7. 量身定制开场 PPT：用一页写有听众、演讲地点和日期的 PPT 开始演讲。

5 种图表串联技巧

◇ 1. 缓冲页：各个主要部分之间插入的分隔页，能够简单、利落地实现过渡。

◇ 2. 色标或索引：以一个重复出现的符号或图片为标志，以不同的颜色表示不同的部分。

◇ 3. 符号：用可辨识的象征性记号表示各点间的关系。

◇ 4. 基准项：连续的 PPT 中重复出现的部分，创造出前后相继的感觉。

◇ 5. 预期空间：为接下来的内容预留空白，先吊起听众的胃口，再满足他们的期望。

未来，属于终身学习者

我这辈子遇到的聪明人（来自各行各业的聪明人）没有不每天阅读的——没有，一个都没有。巴菲特读书之多，我读书之多，可能会让你感到吃惊。孩子们都笑话我。他们觉得我是一本长了两条腿的书。

——查理·芒格

互联网改变了信息连接的方式；指数型技术在迅速颠覆着现有的商业世界；人工智能已经开始抢占人类的工作岗位……

未来，到底需要什么样的人才？

改变命运唯一的策略是你要变成终身学习者。未来世界将不再需要单一的技能型人才，而是需要具备完善的知识结构、极强逻辑思考力和高感知力的复合型人才。优秀的人往往通过阅读建立足够强大的抽象思维能力，获得异于众人的思考和整合能力。未来，将属于终身学习者！而阅读必定和终身学习形影不离。

很多人读书，追求的是干货，寻求的是立刻行之有效的解决方案。其实这是一种留在舒适区的阅读方法。在这个充满不确定性的年代，答案不会简单地出现在书里，因为生活根本就没有标准确切的答案，你也不能期望过去的经验能解决未来的问题。

湛庐阅读APP：与最聪明的人共同进化

有人常常把成本支出的焦点放在书价上，把读完一本书当做阅读的终结。其实不然。

时间是读者付出的最大阅读成本

怎么读是读者面临的最大阅读障碍

“读书破万卷”不仅仅在“万”，更重要的是在“破”！

现在，我们构建了全新的“湛庐阅读”APP。它将成为你“破万卷”的新居所。在这里：

- 不用考虑读什么，你可以便捷找到纸书、有声书和各种声音产品；
- 你可以学会怎么读，你将发现集泛读、通读、精读于一体的阅读解决方案；
- 你会与作者、译者、专家、推荐人和阅读教练相遇，他们是优质思想的发源地；
- 你会与优秀的读者和终身学习者为伍，他们对阅读和学习有着持久的热情和源源不绝的内驱力。

从单一到复合，从知道到精通，从理解到创造，湛庐希望建立一个“与最聪明的人共同进化”的社区，成为人类先进思想交汇的聚集地，共同迎接未来。

与此同时，我们希望能够重新定义你的学习场景，让你随时随地收获有内容、有价值的思想，通过阅读实现终身学习。这是我们的使命和价值。

湛庐阅读APP玩转指南

湛庐阅读APP结构图:

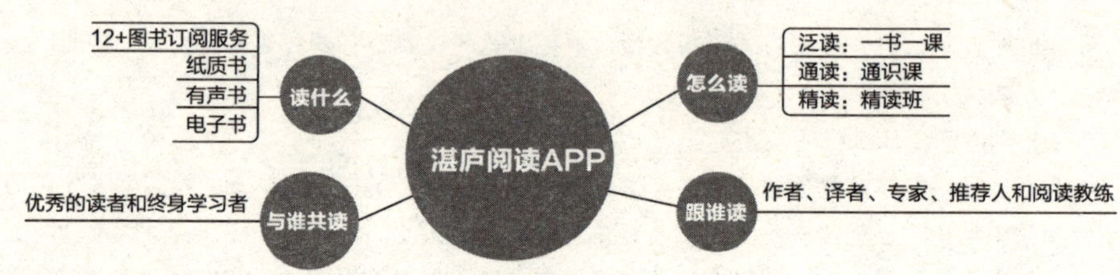

三步玩转湛庐阅读APP:

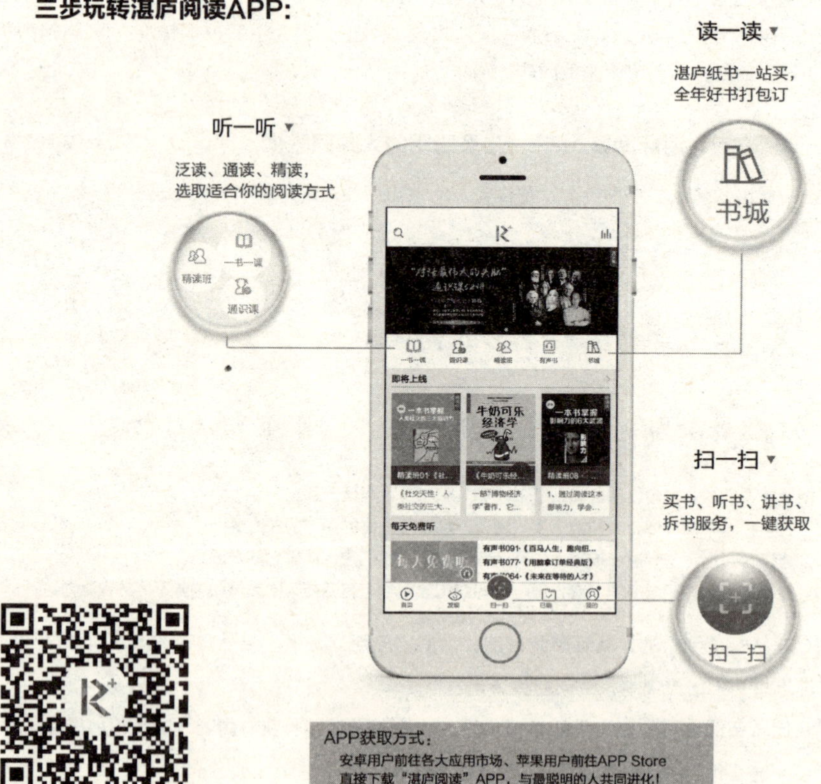

使用APP扫一扫功能，遇见书里书外更大的世界！

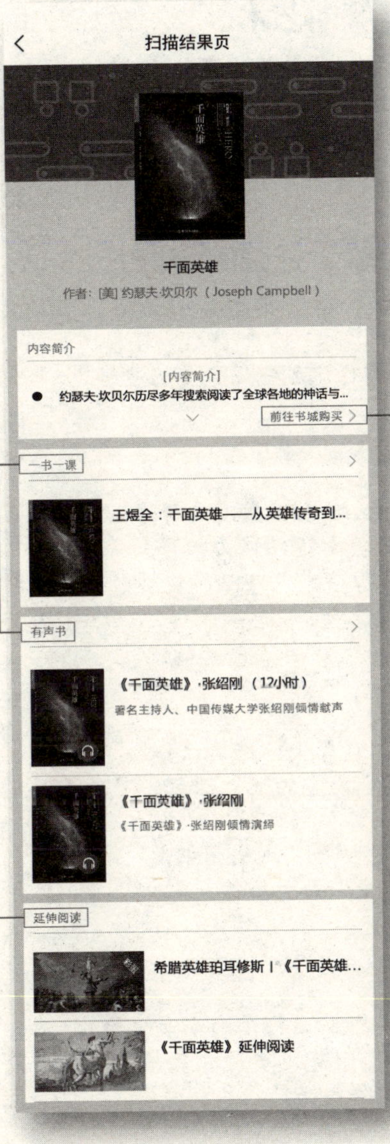

扫描结果页

千面英雄

作者：[美] 约瑟夫·坎贝尔（Joseph Campbell）

内容简介

[内容简介]

● 约瑟夫·坎贝尔历尽多年搜索阅读了全球各地的神话与...

前往书城购买 >

快速了解本书内容，
湛庐千册图书一键购买！

一书一课

王煜全：千面英雄——从英雄传奇到...

大咖优质课、
献声朗读全本一键了解，
为你读书、讲书、拆书！

有声书

《千面英雄》·张绍刚（12小时）

著名主持人、中国传媒大学张绍刚倾情献声

《千面英雄》·张绍刚

《千面英雄》·张绍刚倾情演绎

你想知道的彩蛋
和本书更多知识、资讯，
尽在延伸阅读！

延伸阅读

希腊英雄珀耳修斯 | 《千面英雄...

《千面英雄》延伸阅读

延伸阅读

《魏斯曼演讲圣经 2：答的艺术》

- ◎ 全球顶级商务沟通大师、世界排名第一的演讲教练杰瑞·魏斯曼经典演讲著作。
- ◎ 面对棘手的问题，答案并不是最重要的，重要的是，你应该如何做出回答。

《魏斯曼演讲圣经 3：臻于完美的演讲》

- ◎ 全球顶级商务沟通大师、世界排名第一的演讲教练杰瑞·魏斯曼经典演讲著作。
- ◎ 演讲大师的真实案例，帮你完成一场完美的演讲。

《哈佛经典沟通术》

- ◎ 秉承哈佛商学院实战特色，从人性角度破解沟通难题，"多元智能理论"之父霍华德·加德纳倾力推荐。
- ◎《哈佛商业评论》、《奥普拉杂志》、ESPN 电台、CBS 广播公司资深专家的沟通建议。

《哈佛经典谈判术》

- ◎ 美国最著名的谈判学、心理学大师经典之作。
- ◎ 美国企业界、商学院最受欢迎的谈判课程，长踞亚马逊谈判类图书排行榜前列。
- ◎ 获得国际冲突预防与解决协会"杰出图书奖"，管理大师史蒂芬·柯维、沃伦·本尼斯鼎力推荐。

《看懂肢体语言》

- ◎ 享誉世界的肢体语言专家教你看懂沟通中最重要的 55%。
- ◎ 迪士尼、宝洁、沃尔玛、耐克、奥迪、雀巢、丰田等全球知名企业教练马克·鲍登最畅销作品。

图书在版编目（CIP）数据

魏斯曼演讲圣经 1：说的艺术 /（美）魏斯曼著；尹碧天译．—北京：中国人民大学出版社，2012

ISBN 978-7-300-15389-6

Ⅰ．①魏… Ⅱ．①魏… ②尹… Ⅲ．①演讲学－通俗读物 Ⅳ．① H019-49

中国版本图书馆 CIP 数据核字（2012）第 041335 号

本书法律顾问　北京诚英律师事务所　吴京菁律师
　　　　　　　北京市证信律师事务所　李云翔律师

魏斯曼演讲圣经1：说的艺术

[美] 杰瑞・魏斯曼　著

尹碧天　译

Weisiman Yanjiang Shengjing 1: Shuo de Yishu

出版发行	中国人民大学出版社		
社　　址	北京中关村大街31号	邮政编码	100080
电　　话	010-62511242（总编室）		010-62511398（质管部）
	010-82501766（邮购部）		010-62514148（门市部）
	010-62515195（发行公司）		010-62515275（盗版举报）
网　　址	http:// www. crup. com. cn		
	http:// www. ttrnet. com（人大教研网）		
经　　销	新华书店		
印　　刷	北京中印联印务有限公司		
规　　格	170 mm × 230 mm　16开本	版　　次	2012 年 6 月第 1 版
印　　张	19.5　插页 1	印　　次	2017 年 8 月第10 次印刷
字　　数	246 000	定　　价	54.99 元